JN418512

쉽게 풀어 쓴

현금흐름표 분석

Analyzing The Statement of Cash Flows

윤주석 저

도서출판 두남

머리말

외환위기와 IMF 관리체제를 겪으면서 현금흐름경영이란 새로운 경영패러다임이 자리잡게 되었다. 이후 외부회계정보이용자들도 과거의 기업규모나 발생주의에 따른 재무상태표와 손익계산서 중심의 평가방법에서 탈피해 실제 사실 정보인 투명성 높은 현금흐름정보를 제공하는 현금흐름표에 각별한 관심을 갖기 시작하였다.

본서는 이러한 환경변화에 부응해서 회계정보이용자가 현금흐름정보를 제공하는 재무제표인 현금흐름표를 알기 쉽게 이해하고 분석하여 실무에 활용하고, 또한 정보이용자의 경제적 의사결정에 활용할 수 있도록 집필된 것이다.

본서는 현금흐름표의 이해와 분석에 대한 내용을 2부로 구성하여 설명하고 있다.

제1부에서는 현금흐름표의 기본적인 내용을 풍부한 예제를 통해 익혀서 현금흐름표 내용을 쉽게 이해할 수 있게 하였다. 또한 실무에서 대부분 채택하고 있는 양식상의 간접법 방식에 대한 이해를 돕기 위해서 자세한 설명을 하였으며, 특히 일반기업회계기준과 국제회계기준에 따른 간접법 양식의 차이를 이해하기 쉽도록 간단한 예를 통해 설명하였다.

제2부에서는 현금흐름표의 분석방법을 설명하였으며, 특히 국내와 외국 실제 기업의 현금흐름표를 가지고 만든 예제를 포함시켜 현실감을 높이고자 하였다. 또한 다양한 현금흐름비율을 자세히 소개하였고, 이를 바탕으로 실제 기업에 적용한 사례 즉, 우량기업인 삼성전자와 LG전자 그리고 분식과 대출사기극으로 큰 파란을 일으켰던 부실기업인 주식회사 모뉴엘의 현금흐름표 분석사례를 수록하여 독자들의 분석 능력과 실무 응용력을 제고시키고자 하였다.

한편 현금흐름표에 대한 관심을 불러일으킬 수 있는 읽을거리를 마련해서 관련된 부분에다 수록하였다.

본서가 회계정보이용자의 현금흐름표 분석에 대한 체계적인 학습에 도움이 되고, 실제의 업무와 경제적 의사결정에 활용될 수 있기를 기대한다. 그러나 본서의 내용이 아직도 부족한 점이 많아 앞으로 독자들의 지적을 받아가면서 더 좋은 책이 되도록 수정과 보완할 것을 약속드리는 바이다.

끝으로 이 책을 출판해주신 도서출판 두남의 전두표 사장님과 편집부 여러 분께 감사를 드린다.

2018년 11월

윤 주 석 씀

차례

Part 1 현금흐름표 이해

Part 2 현금흐름표 분석방법과 사례

Part 1

현금흐름표 이해

Chapter 01

현금흐름표의 기본

1. 현금흐름표의 작성 배경은?

인류가 조직화된 사회에서 살게 된 이래로 인간은 경제적 사건이나 거래를 기록함으로써 그 일들을 기억해낼 수 있게 되었다. 역사를 통해서 볼 때 경제적 사건이나 거래를 돌, 점토판, 파피루스, 종이 또는 기록할 수 있는 물질이면 어느 것이든 간에 기록함으로써 이러한 것이 가능하게 된 것이다.

원래 주기적으로 재무제표를 작성할 목적으로 회계기록이 행해진 것은 아니다. 장부에다 거래를 기입한 것은 기업의 영업을 보고하기 위한 것이 아니라 기업의 영업을 수행하는 것을 돕기 위해서였다. 예를 들어 거래처에 갚아야 할 금액을 기입한 것은 재무상태표상에다 매입채무의 정확한 금액을 나타내기 위해서가 아니라, 거래처에 얼마가 지급되었고 그리고 얼마가 지급되지 않았는가를 알기 위해서였다. 그러나 결국 재무제표 작성이란 특정 목적 때문에 기록이 유지되게 되었다.

잘 알다시피 재무제표는 비교적 최근의 만들어진 것이다. 예수 탄생하기 오래전부터 회계가 있어 왔지만 재무제표라는 모습으로 꾸며진 재무상태표는 A.D 1600년 경에 비로소 모양을 드러냈다. 재무상태표는 수백 년에 걸친 회계처리과정의 중요한 산물이었다. 사실 별개의 재무제표로써 손익계산서는 1800년대 말까지도 만들어지지 않았으며, 만들어진 이후에도 손익계산서가 제공하는 정보는 재무상태표만큼 중요시되지 않았다.

20세기 초에도 여전히 손익계산서는 중요한 재무제표로서의 위치를 획득하고 있지 못했다. 그 당시 미국 기업에게 있어서 은행으로부터의 차입은 외부조달자금의 주된 형태였다. 이에 따라 채권자들이 재무제표의 주된 이용자였으며, 이들이 원하는 정보를 지닌 재무제표가 주된 위치를 차지하는 것은 당연한 것이었다. 채권자들의 주된 관심사는 회사의 채무상환능력이었기 때문에 자산, 부채 및 소유주지분 간의 관계에 초점을 맞춘 재무상태표가 가장 중요시되었다.

1920년대에 접어들면서 미국 기업은 확장하는데 소요되는 자금을 조달하는 방식에 변화를 주기 시작하였다. 그들은 은행으로부터의 차입보다는 주식발행을 통한 자금조달 방식을 더 선호하기 시작했다. 주식발행이 외부자금조달의 주요 원천이 되자 이제는 주주들이 재무제표의 주된 이용자가 되게 되었다. 주주는 기업의 경영성과와 배당금 지급 그리고 주식의 가치에 관심을 가지게 되었다. 이에 따라 당기순이익이 재무제표 이용자의 주된 관심사가 되었고, 자동적으로 손익계산서가 재무상태표보다 중요한 위치를 차지하게 되었다. 시간이 지나면서 장기채권자 조차도 수익력이 부채상환능력의 결정적인 측정치라는 것을 깨닫게 되었으며, 이에 따라 채권자 역시 재무상태표보다 손익계산서를 더욱더 신뢰하기 시작했다.

그러나 그 이후 어느 재무제표가 더 중요하다는 사고 대신에 재무상태표와 손익계산서는 함께 사용하는 것이 최상이란 인식이 명백해짐에 따라 이 두 재무제표는 기업이 반드시 작성해야 할 기본적인 재무제표로 자리 잡게 되었다.

그러나 1970년대의 지속적인 만성적 인플레와 경기불황에 따른 기업의 재무구조 악화, 그리고 이에 따른 기업의 전반적인 유동성과 지급능력의 저하, 인플레 지속으로 인한 발생주의 회계이익과 현금흐름의 격차 심화, 80년대 초의 연쇄적인 기업도산(특히 흑자도산 기업)의 속출 등의 시대상황은 발생주의에 따라 작성되고 있는 재무상태표와 손익계산서만 가지고서는 회계정보이용자의 경제적 의사결정에 유용한 정보를 제공하는데 한계가 있다는 것을 인식하게 만들었다. 이에 미국에서 수년 동안의 개선책을 마련하기 위한 노력과 연구 끝에 현금주의에 따라 작성하는 현금흐름표가 필요하다는 결론에 이르게 되어 마침내 1988년(우리나라의 경우는 1994년)부터 새로운 재무제표로 현금흐름표가 추가로 작성되어 오늘에 이르고 있다.

이에 따라 현금흐름표는 발생주의에 따른 두 재무제표의 한계점을 보완하면서 두 재무제표와 함께 기업의 유동성, 재무탄력성, 수익성 및 위험을 평가하는데 유용한 정보를 추가적으로 제공하고 있다.

2. 현금흐름표란 무엇인가?

회계는 정보이용자의 경제적 의사결정에 유용한 정보를 제공하는 것을 그 목적으로 하고 있다. 회계목적을 달성하기 위해서는 정보이용자의 정보욕구를 충족시킬 수 있는 회계정보가 작성·공시되어야 한다. 일반적으로 정보이용자들의 공통된 관심사는 특정 기업의 미래현금창출능력이다. 이러한 정보욕구를 충족시키기 위해서 회계는 정보이용자들이 특정 기업에 유입되리라 예상되는 미래의 순현금흐름의 금액과 시기 및 불확실성(amounts, timing and uncertainties)을 평가하는데 유용한 정보를 제공하여야 한다. 미래의 순현금흐름을 예측하기 위해서는 여러 정보를 이용할 수 있다.

예를 들면 기업의 단기지급능력을 나타내는 유동성에 관한 정보라든가, 기업의 경영성과 또는 배당성향 등을 들 수 있다. 기업의 유동성에 관한 정보는 재무상태표에서, 경영성과는 손익계산서에서 그리고 배당성향은 이익잉여금처분계산서에서 얻을 수 있다. 그러나 이러한 정보는 현금을 어떻게 조달하여 어디에 사용하였는지에 대한 명확한 정보를 제공하지 못하므로 미래의 현금흐름을 예측하는 데는 한계를 지닐 수밖에 없다. 그리하여 일정기간 동안 현금의 조달과 그 사용에 관한 정보를 제공하기 위하여 작성되는 재무보고서가 바로 현금흐름표(statement of cash flows)이다.

현금흐름표는 기업의 현금흐름을 나타내는 표로서, 현금의 변동내용을 명확하게 보고하기 위하여 당해 회계기간에 속하는 현금의 수입과 지급내용을 영업활동·투자활동 및 재무활동별로 구분하여 표시한 재무보고서를 말한다. 현금흐름표는 일정기간의 각 경영활동별 현금흐름에 관한 정보와 이로 인한 현금의 증감액에 대한 정보를 제공할 뿐만 아니라 아울러 기초의 재무상태에서 기말의 재무상태로 변동된 원인을 설명한다.

3. 현금흐름표는 다른 재무제표와 어떤 점이 다른가?

재무회계는 정보이용자의 경제적 의사결정에 유용한 정보를 제공하기 위하여, 당해 기업의 경제적 자원과 경제적 자원에 대한 청구권 및 이들 양자의 변동을 초래하는 거래 또는 사건 등을 재무제표에 반영·보고한다. 당해 기업의 경제적 자원(자산)과 경제적 자원에 대한 청구권(부채와 자본)은 재무상태표작성일 현재의 재무상태(financial position)를 의미하는 것으로, 이를 보고하기 위해 재무상태표(예전 명칭은 대차대조표이며, 현재 중소기업회계기준에서는 사용되고 있음)가 작성된다. 거래가 발생하면 기업의 재무상태는 변동하므로 일정기간 재무상태의 변동내용을 설명하기 위한 재무보고서가 필요하다.

손익계산서와 자본변동표에서는 재무상태의 변동내용 중 이익잉여금의 증감원인만을 설명하므로 이외의 변동내용은 설명이 되지 않는다. 재무상태표와 손익계산서 및 자본변동표를 통하여 설명되지 않는 재무상태의 변동내용을 설명하는 재무보고서가 바로 현금흐름표다.

기업의 거래는 궁극적으로 현금흐름을 발생시키게 하므로 뒤에서 설명하지만 현금흐름을 발생시키는 거래가 대부분 재무상태의 변동원인이 된다. 그러므로 기초의 재무상태에서 기말의 재무상태로 변동된 원인의 대부분이 현금흐름표에서 설명된다.

4. 기업활동은 어떤 재무제표에 반영되는가?

1) 기업이 달성해야 할 두 가지 목표와 세 가지 활동

기업은 투자자에게 이익을 분배하기 위하여 재화(goods)나 용역(services)을 고객에게 판매하고 이를 통하여 이익을 창출하는 것을 목적으로 설립·운영된다.

기업들은 판매하는 주된 재화나 용역이 상이함에도 불구하고 수익성(이익창출능력)과 유동성(지급능력)의 확보라는 동일한 목표를 가지고 있으며 이러한 목표를 달성하기 위하여 재무활동·투자활동 및 영업활동을 계속해서 반복적으로 수행한다.

기업의 목표와 이를 위한 세 가지 활동 간의 관계를 도표로 정리하면 다음 <표 1-1>과 같다.

각 기업들은 고객으로부터 충분한 돈을 벌어들여서 기업 자체의 경비를 지출할 수 있어야 하며, 또한 투자자에게 적정한 배당을 하여 지속적인 투자가 이루어질 수 있도록 충분한 이익을 창출하여야 한다.

〈표 1-1〉 **기업의 목표와 활동**

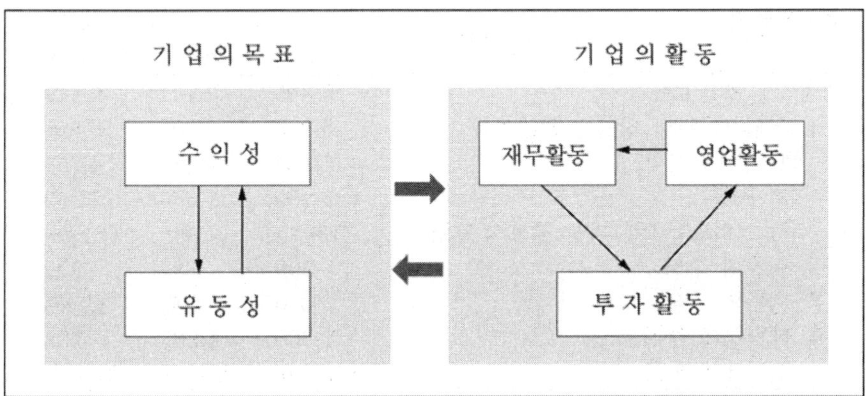

새로운 투자자를 유치하고 기존 투자자의 지속적인 투자를 유지하기 위해서는 충분한 이익을 창출하여야 하므로 이러한 필요성에서 수익성이란 목표가 생겨났다. 또한 기업을 운영하는데 필요한 경비를 충당하고 투자자에게 배당을 하며, 만기가 도래한 부채를 상환하기 위해서는 충분한 자금을 보유하고 있어야 하는데 이러한 필요성에서 유동성이란 목표가 생겨났다.

예를 들어, 현대자동차가 이익을 남길 수 있는 가격으로 많은 자동차를 판매한 경우 수익성이란 목표는 달성할 수 있으나, 만약 차를 구입한 고객이 제때에 구입대금을 갚지 않는다면 현대자동차는 거래처와 종업원에게 지급할 수 있는 자금이 부족하여 유동성이라는 목표는 달성할 수 없게 된다.

수익성 목표를 달성하고 있지 못하나 유동성 목표를 달성하고 있으면 지급능력은 유지되고 있기 때문에 단기적으로는 생존이 가능하다. 그러나 일정 기간 후에도 수익성 목표를 달성하지 못하면 도산의 길로 들어설 수밖에 없다. 수익성 목표를 달성하고 있으나 유동성 목표를 달성하지 못하면 지급능력이 상실되어 곧바로 도산기업으로 전락하게 된다. 이렇게 도산하는 기업을 흑자도산기업이라고 한다.

예제 1-1 현대자동차의 유동성과 수익성

현 금 흐 름 표

현대자동차 (단위 : 십억원)

	46 기	45 기	44 기
영업활동 현금흐름	6,395	7,141	6,471
1. 영업으로부터 창출된 현금흐름	5,407	6,809	6,558
(1) 당기순이익	5,182	5,280	4,751
(2) 조정	1,259	1,630	2,953
(3) 영업활동관련 자산·부채의 변동	(1,034)	(100)	(1,146)
2. 이자의 수취	509	387	339
3. 이자의 지급	(13)	(76)	(146)
4. 배당금의 수취	1,568	1,367	793
5. 법인세의 지급	(1,076)	(1,346)	(1,074)

위의 표는 현대자동차의 현금흐름표 중에서 영업활동에 대한 부분이다. 이 부분에서 영업활동 현금흐름은 유동성 지표라고 보면 되는데, 현대자동차의 영업활동 현금흐름은 흑자이면서 당기순이익보다 더 많은 금액을 표시하고 있기 때문에 유동성이 매우 양호한 상태에 있다고 말할 수 있다.

또한 당기순이익은 수익성의 지표인데, 역시 당기순이익이 흑자상태로서 그 금액도 많은 금액을 나타내고 있기 때문에 수익성도 양호한 상황이라고 볼 수 있다.

이와 같이 영업활동 현금흐름과 당기순이익이 모두 흑자이면서 비슷한 금액을 나타내면 유동성과 수익성 모두 양호한 상태라고 평가할 수 있다.

만약 수익성 지표인 당기순이익은 흑자이나 유동성 지표인 영업활동 현금흐름이 적자이면서 적자상태가 여러 해 지속되면 도산의 가능성이 높아지며, 현금흐름 적자에서 벗어나지 못하고 도산에 이를 경우 이를 흑자도산이라고 한다.

결국 收益性(profitability)과 流動性(liquidity)은 수레의 두 바퀴와 같은 것으로서 기업이 생존하고 성장하기 위해서는 반드시 함께 달성하여야 할 목표이다. 모든 기업들은 이 목표를 달성하기 위하여 3가지 기업활동, 즉 재무활동·투자활동·영업활동을 지속적으로 수행한다.

2) 기업이 수행하는 세 가지 활동이란?

기업을 설립하거나, 새로운 프로젝트를 수행하기 위해서 제일 먼저 착수해야 할 활동은 재무활동이다. 이러한 財務活動(financing activities)은 기업을 설립·운영하는데 필요한 자금을 조달하는 행위와 관련된 것으로, 주식을 발행하여 소유주와 투자자로부터 자금을 조달하거나 이익을 소유주 또는 투자자에게 분배하는 행위 및 채권자로부터 자금을 차입하거나 차입된 자금을 상환하는 행위 등을 말한다.

재무활동을 통해서 자금이 조달되면 그 다음에 수행하는 활동이 바로 이 자금을 가지고 본격적인 영업활동을 준비하는 투자활동이다. 구체적으로 投資活動(investing activities)은 기업이 재화나 용역을 생산·판매하는 과정에서 필요한 각종 자산을 취득하거나 처분하는 것과 관련된 활동을 말한다.

투자활동이 수행되면서 본격적으로 기업의 본업인 영업활동이 이루어지기 시작한다. 다시 말하면, 營業活動(operating activities)이란 기업의 목적사업과 관련된 활동으로, 원재료나 상품의 구입, 제품의 생산, 상품이나 제품 또는 용역의 판매 및 대금의 회수, 종업원의 급여 등 판매비와 관리비의 지급, 정부에 대한 세금납부 등이 포함된다. 세 가지 기업활동을 요약하면 다음 <표 1-2>와 같다.

〈표 1-2〉 **기업의 세 가지 활동**

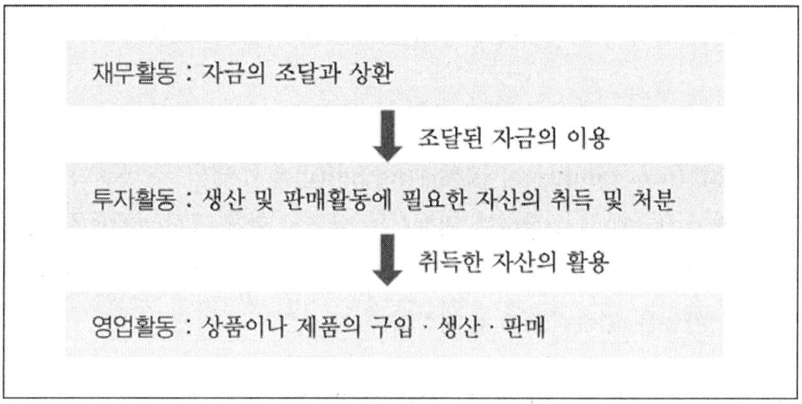

재무활동 : 자금의 조달과 상환

↓ 조달된 자금의 이용

투자활동 : 생산 및 판매활동에 필요한 자산의 취득 및 처분

↓ 취득한 자산의 활용

영업활동 : 상품이나 제품의 구입 · 생산 · 판매

3) 어떤 기업활동이 어떤 재무제표에 반영되는가?

기업의 세 가지 활동은 회계정보시스템의 측정과정을 거쳐 재무제표(Financial Statements ; F/S)에 반영된다.

재무상태표(statement of financial position) 또는 대차대조표(balance sheet)는 특정 시점의 재무상태 즉, 기업의 자산과 부채 및 자본을 표시하는 재무제표이다. 재무상태표상 자산은 재화나 용역을 생산·판매하는데 필요한 경제적 자원으로, 이는 투자활동의 결과를 표시하며, 부채와 자본은 기업이 소유하고 있는 자산을 취득하는데 필요한 자금을 조달하기 위하여 채권자나 소유주 또는 투자자로부터 각각 조달한 자금의 크기를 표시하는 것으로, 이는 재무활동의 결과를 표시한다. 이때 자본은 소유주 또는 투자자가 출자한 부분과 기업이 창출한 이익중 재투자를 위하여 유보된 이익잉여금으로 구분된다. 결국 재무상태표는 재무활동과 투자활동이 반영된 재무제표인 것이다.

손익계산서(profit and loss statement)는 회계기간 동안의 경영성과를 보고하는 재무제표이다. 따라서 손익계산서는 기업의 본업 즉, 재화나 용역을 생산·판매하는 활동인 영업활동의 결과가 반영되어 기업의 경영성과인 이익이 어떻게 얼마나 창출되었는지를 설명하게 된다.

현금흐름표(statement of cash flows)는 회계기간 동안의 현금흐름내용을 보고하는 재무제표이다. 따라서 현금흐름표는 기업을 운영하는데 있어서 영업활동과 투자활동 및 재무활동을 통하여 기업 안으로 유입되고 기업 밖으로 유출된 모든 현금흐름을 반영하게 된다. 결국 현금흐름표는 재무활동과 투자활동이 반영된 재무상태표와 영업활동이 반영된 손익계산서를 합친 재무제표인 것인데, 다른 점은 현금이 수반된 재무활동과 투자활동 및 영업활동만을 따로 모아서 작성된 것이란 점이다. 이에 따라 재무상태표와 손익계산서는 발생주의에 따른 재무제표, 현금흐름표는 현금주의에 따른 재무제표라고 한다. 세 가지 기업활동과 재무제표간의 관계를 요약하면 다음과 같다.

〈표 1-3〉 **세 가지 기업활동과 재무제표**

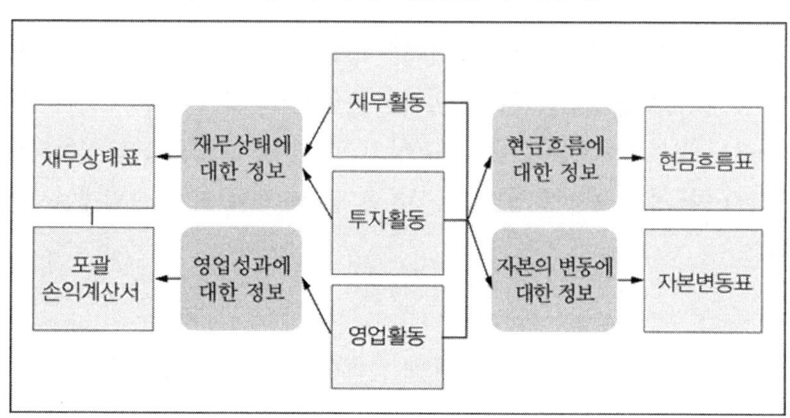

5. 현금주의와 발생주의의 비교

회계상 이익을 측정하기 위해서는 먼저 수익과 비용을 언제 인식할 것인가라는 인식문제부터 해결되어야 한다. 수익과 비용의 인식기준에는 현금주의와 발생주의가 있다.

1) 현금주의

現金主義(cash basis)는 수익은 현금을 수취한 시점에 인식하고, 이러한 수익을 창출하기 위하여 발생한 비용은 현금이 지급된 시점에 인식하는 방법이다.

현금주의는 적용이 간편하고 추정 등이 개입되지 않는 장점을 지니고 있으나, 인식된 수익과 수익을 창출하기 위하여 발생한 비용이 같은 시점 또는 같은 회계기간에 귀속되지 않아 수익과 비용이 적절히 대응(matching)되지 않기 때문에 경영성과가 왜곡된다는 문제점을 지닌다. 이를 좀 극단적인 예를 들어 설명하면 [예제 1-2]와 같다.

이와 같이 현금주의는 수익과 관련된 비용이 인식되는 기간이 달라 손익계산서에 보고되는 당기순이익이 당기의 적정한 경영성과를 반영하지 못한다.

한편 현금주의에 따라 측정된 순이익은 영업활동을 통해서 벌어드린 현금을 의미한다. 다시 말해 영업활동이 반영되는 손익계산서를 현금주의로 다시 작성해서 산출된 당기순이익은 현금흐름표상의 영업활동 현금흐름과 일치되게 된다. 따라서 현금흐름표상의 영업활동부분은 현금주의에 따른 손익계산서로 보면 된다.

예제 1-2 현금주의

20×5년에 원가 ₩10,000의 상품을 현금매입한 후 ₩20,000에 외상으로 판매하였으며, 그 대금을 20×6년에 회수하였다고 하자. 이 경우 현금주의로 수익과 비용을 인식하여 이익을 측정하면 수익과 비용이 동일한 회계연도에 인식되지 않는 결과가 초래된다. 즉, 수익은 현금이 회수된 20×6년에, 비용은 현금이 지급된 20×5년에 각각 인식된다. 현금주의의 결과를 요약하면 다음과 같다.

	20×5년	20×6년	합 계
수익	₩ 0	₩20,000	₩20,000
비용	10,000	0	10,000
이익(손실)	(10,000)	20,000	10,000

2) 발생주의

發生主義(accrual basis)는 수익과 비용을 현금의 수취나 지급과는 관계없이, 기업의 거래나 사건이 실제로 발생한 시점 또는 그 시점이 속하는 회계기간에 인식하는 방법이다.

발생주의하에서 수익은 수익의 창출과정 중 결정적인 사건이 발생하였을 때 인식하는 실현주의가 적용되고, 비용은 관련된 수익이 인식되는 시점이나 그 시점이 속한 회계기간에 인식한다는 대응의 원칙이 적용된다. 여기서 수익의 창출과정 중 결정적인 사건(critical event)이란 기업의 정상적인 영업활동의 전 과정(예를 들어 상품의 매입, 보관, 판매 및 대금의 회수활동) 중 가장 중요한 활동을 지칭하는 것으로, 이는 곧 수익의 획득과정이 완료되었거나 거의 완료된 상태를 의미한다. 정상적인 영업활동과정 중에서 결정적인 사건이란 일반적으로 판매활동을 의미하므로, 수익의 인식시점은 바로 판매시점이 된다.

현금주의에서 설명한 예를 그대로 사용하여 발생주의에 의한 수익과 비용을 인식하여 이익을 산출하면 그 결과는 다음과 같다.

예제 1-3 발생주의

20×5년에 원가 ₩10,000의 상품을 현금매입한 후 20×5년에 ₩20,000에 외상으로 판매하여 그 대금을 20×6년에 회수하였다고 하자. 이를 발생주의로 수익과 비용을 인식하면, 수익과 비용이 동일 연도에 계상되면서 이익이 측정되기 때문에 경영성과가 정확히 측정되는 장점을 지니게 된다. 즉, 20×5년도에 상품이 판매되었으므로 수익은 현금수수와 관계없이 20×5년도에 인식하며 비용 역시 관련된 수익이 인식된 20×5년도에 인식하게 된다. 발생주의의 결과를 요약하면 다음과 같다.

	20×5년	20×6년	합 계
수익	₩20,000	₩ 0	₩20,000
비용	10,000	0	10,000
이익(손실)	10,000	0	10,000

이와 같이 발생주의는 실현된 수익과 관련된 비용을 적절하게 대응시켜 순이익을 산출하므로 현금주의에 비해 보다 적정한 경영성과를 반영·보고하며, 경영성과를 기초로 한 당해 기업의 미래이익창출능력 즉, 미래현금흐름의 창출능력을 평가하는 데 보다 유용한 정보를 제공한다.

따라서 거래의 대부분이 신용거래로 이루어지고 있는 오늘날의 현실에 따라 일반적으로 인정된 회계원칙(GAAP)에서는 보다 적정한 경영성과를 반영하는 발생주의가 수익과 비용의 인식 기준으로 사용되게 된 것이다.

3) 발생주의의 문제점을 보완하는 현금흐름표

그러나 발생주의를 적용하는 경우 수익과 비용에 영향을 미치는 거래나 사건이 실제로 어느 시점에 발생하였는지에 대한 판단 문제(인식시기의 결정 문제)와 수익과 비용의 인식시점과 현금의 수취나 지급이 동시에 이루어지지 않은 경우 수익과 비용을 얼마로 계상할 것인가의 판단 문제(측정기준 결정 문제)가 발생하게 된다. 이에 대하여 앞에서 언급한 것처럼 수익은 결정적인 사건이 발생한 시점에 수익을 인식한다는 수익의 실현주의(realization basis)가 적용되고, 비용은 관련된 수익이 인식되는 기간에 관련된 비용을 인식하는 수익·비용대응의 원칙(matching principle)이 적용되지만 회계담당자의 주관적인 판단에 영향을 받을 수밖에 없다.

발생주의의 적용시 또 하나의 문제는 손익계산서에 계상·보고된 당기순이익이 이용가능한 현금을 나타내는 것이 아니라는 것이다. 흔히 일상생활에서 이익이 남았다 하는 것은 현금투자액보다 현금회수액이 많은 것으로 이해하고 있어 손익계산서상 당기순이익도 이와 같이 해석하는 경우가 있을 수 있다. 그러나 손익계산서는 앞에서 설명한 것처럼 현금수수와는 관계없이 발생주의를 근거로 수익과 비용이 인식되므로 손익계산서의 당기순이익은 당기의 현금흐름과는 일치하지 않는다. 따라서 당기순이익을 많이 보고한 기업이라 하더라도 현금의 부족으로 현금배당을 할 수 없거나 자금의 부족이 심한 경우 흑자 도산이 이루어질 수도 있다.

발생주의의 이러한 문제점을 보완하고자 실제의 현금의 유입과 유출에 관한 객관적인 정보를 현금흐름표를 통하여 제공하고 있다.

6. 회계거래와 재무제표

회계상 거래는 재무제표를 작성하기 위하여 장부에 기록되는 경제적 행위이므로, 재무제표는 일정 기간 동안 발생한 거래의 결과가 반영된다. [예제 1−4]의 거래내용이 재무제표에 반영된 결과를 설명하면 다음과 같다.

예제 1−4 재무제표의 작성과정

4월 1일에 창업한 (주)늘봄의 1개월간 거래는 다음과 같다고 하자.

4월 1일	주식 20주(액면단가 ₩5,000)를 주당 ₩5,000에 발행하고 대금은 현금으로 납입받다.
3일	차량 ₩50,000을 현금구입하다.
5일	상품 ₩60,000을 현금매입하다.
10일	원가 ₩40,000의 상품을 ₩70,000에 현금매출하다.
13일	상품 ₩80,000을 외상매입하다.
15일	광고비 ₩2,000을 현금으로 지급하다.
25일	원가 ₩50,000의 상품을 ₩80,000에 외상매출하다.
27일	외상매입금 ₩30,000을 현금으로 갚다.
30일	급여 ₩20,000을 현금으로 지급하다.

이상의 거래를 먼저 회계등식표에 기입하면 다음과 같다.

일자	자산				부채	자본		
	현 금	외상매출금	상 품	차량운반구	외상매입금	자 본 금	이익잉여금	
4/ 1	100,000					100,000		
4/ 3	(50,000)			50,000				
4/ 5	(60,000)		60,000					
4/10	70,000						70,000	매출수익
			(40,000)				(40,000)	매출원가
4/13			80,000		80,000			
4/15	(2,000)						(2,000)	광 고 비
4/25		80,000					80,000	매출수익
			(50,000)				(50,000)	매출원가
4/27	(30,000)				(30,000)			
4/30	(20,000)						(20,000)	급 여
잔액	8,000	80,000	50,000	50,000	50,000	100,000	38,000	

회계등식에 기입된 모든 거래는 재무제표에 반영되게 된다. 자산·부채·자본의 잔액은 재무상태표에 반영되며, 수익과 비용의 총액은 손익계산서에 나타난다. 그리고 손익계산서에서 계산된 당기순이익과 이익잉여금의 처분 항목인 배당금은 자본변동표의 이익잉여금 항목란 반영되며, 마지막으로 현금흐름표는 회계등식 상의 현금란에 기입된 모든 현금거래의 증감분을 가지고 기업의 3가지 활동, 즉 영업활동·투자활동·재무활동으로 나누어서 작성되게 된다.

회계등식에 기입된 내용을 총계정원장에 기입하면 다음과 같다.

자 산 +

현 금

4/ 1	100,000	4/ 3	50,000
10	70,000	5	60,000
		15	2,000
		27	30,000
		30	20,000

상 품

4/ 5	60,000	4/10	40,000
13	80,000	25	50,000

외상매출금

4/25	80,000		

차량운반구

4/ 3	50,000		

부 채 +

외상매입금

4/25	30,000	4/13	80,000

자 본 금 +

자 본 금

		4/ 1	100,000

이익잉여금

매 출

		4/10	70,000
		4/25	80,000

매 출 원 가

4/10	40,000		
4/25	50,000		

광고선전비

4/15	2,000		

급 여

4/30	20,000		

회계등식에 기입된 내용과 총계정원장에 기입된 내용이 똑같음을 알 수 있다. 그러나 회계등식표에 기입된 것보다 총계정원장에 기입된 것이 훨씬 복잡하지 않고 체계적임을 한 눈에 알아볼 수 있다.

총계정원장에 기입된 내용을 토대로 재무제표를 작성하면 다음과 같다.

재무상태표

(주)늘봄	4월 30일 현재		(단위 : 원)
현　　금	8,000	외상매입금	50,000
외상매출금	80,000	자 본 금	100,000
상　　품	50,000	이익잉여금	38,000
차량운반구	50,000		
	188,000		188,000

손익계산서

(주)늘봄	4/1~4/30		(단위 : 원)
매 출 원 가	90,000	매　　출	150,000
급　　여	20,000		
광고선전비	2,000		
당기순이익	38,000		
	150,000		150,000

자본변동표(이익잉여금항목)

(주)늘봄 4/1~4/30	(단위 : 원)
이익잉여금기초잔액	0
가산 : 당기순이익	38,000
미처분이익잉여금	38,000
차감 : 배 당 액	(0)
이익잉여금기말잔액	38,000

현금흐름표

(주)늘봄	4/1~4/30	(단위 : 원)
Ⅰ. 영업활동 현금흐름		(42,000)
가. 매출 등 수익활동으로부터의 유입액	70,000	
나. 매입 및 종업원에 대한 유출액	(110,000)	
다. 영업비용의 유출액	(2,000)	
Ⅱ. 투자활동 현금흐름		(50,000)
1. 차 량 구 입	(50,000)	
Ⅲ. 재무활동 현금흐름		100,000
1. 주 식 발 행	100,000	
Ⅳ. 현금의 증가(Ⅰ+Ⅱ+Ⅲ)		8,000
Ⅴ. 기초의 현금		0
Ⅵ. 기말의 현금		8,000

현금흐름표상 영업활동 현금흐름 중 매입 및 종업원에 대한 유출액은 상품의 현금매입액 ₩60,000, 외상매입금 지급액 ₩30,000 및 급료 지급액 ₩20,000이 포함된 것이며, 영업비용의 유출액은 광고비 지급액 ₩2,000을 기입한 것이다.

영업활동 현금흐름은 손익계산서를 현금주의로 작성할 경우의 순이익에 해당한다. 따라서 현금흐름표상의 영업활동 부분은 현금주의에 따른 손익계산서라고 보면 된다. 위의 현금흐름표에 나타난 영업활동 현금흐름 즉 현금주의 순이익은 −₩42,000으로 적자를 나타내고 있다. 그러나 손익계산서에서 계산된 당기순이익은 ₩38,000으로 영업활동 현금흐름과 정반대의 흑자를 나타내고 있다. 이는 현금흐름이 수반되지 않은 수익과 비용 항목이 반영되는 발생주의와 현금흐름이 수반되는 수익과 비용 항목만 반영되는 현금주의 간의 차이에 기인하는 것임을 기억할 필요가 있다.

7. 현금흐름표의 기본내용

1) 건강진단서 역할을 하는 현금흐름표

사람 몸속의 혈액이 힘차게 온 몸을 잘 돌면, 몸이 따뜻해지면서 건강을 유지할 수 있게 된다. 또한 비만과 성인병을 촉발시키는 육식과 인스턴트식품의 과잉섭취로 몸이 비대해지고, 동맥경화증 같은 성인병이 생겼는데도 운동과 섭생을 게을리하게 되면, 언젠가는 혈관이 막혀서 갑자기 심장마비로 이 세상을 하직하는 불행한 사태가 발생하게 된다.

사람 몸속의 혈액은 기업의 경우 바로 현금에 해당된다. 따라서 사람과 마찬가지로 기업도 기업을 운영하는 데 있어 현금이 원활하게 순환되면, 건강한 기업이 된다. 그러나 기업이 달성해야 할 2가지 목표, 즉 수익성과 유동성을 계속 유지하는 것에 신경 쓰지 않고, 주제넘게 몸집 불리기 위주의 방만한 확장경영을 무리하게 시도하다가, 갑자기 돈줄이 막혀서 부도를 내고 도산으로 쓰러지는 경우가 있다.

따라서 기업이 건강한 상태를 유지하고 있는 지를 정확히 진단하기 위해서는 반드시 현금흐름의 내용을 잘 파악할 필요가 있다. 이러한 현금흐름을 기업의 세 가지 활동별로 나누어서 각각의 현금유입과 유출 내용에 관한 정보를 상세하게 제공하여 기업의 건강 정도를 정확하게 파악할 수 있게 해주는 재무제표가 현금흐름표이다.

2) 현금의 증감원인을 설명하는 현금흐름표

현금흐름표(statement of cash flows)란 일정기간 동안 기업의 영업활동과 투자활동 및 재무활동으로 인한 각각의 현금의 유입액과 유출액을 보고하면서, 이를 통해 기초의 현금잔액이 기말의 현금잔액으로 변동한 원인을 명백하게 설명해준다.

예제 1-5 현금의 증감원인을 설명하는 현금흐름표

현금흐름표

영업활동 현금흐름	8,000
투자활동 현금흐름	2,000
재무활동 현금흐름	10,000
현금의 증가	20,000
기초의 현금	30,000
기말의 현금	50,000

재무상태표 (기초시점)

차변	금액	대변	금액
현 금	30,000	차 입 금	40,000
상 품	50,000	자 본 금	50,000
비 품	20,000	이익잉여금	10,000
	100,000		100,000

재무상태표 (기말시점)

차변	금액	대변	금액
현 금	50,000	차 입 금	50,000
상 품	60,000	자 본 금	50,000
비 품	18,000	이익잉여금	28,000
	128,000		128,000

손익계산서 (현금거래)

차변	금액	대변	금액
매입액	40,000	매출액	50,000
통 신 비	2,000		
당기순이익	8,000		
	50,000		50,000

기초재무상태표와 기말재무상태표를 보면, 현금은 ₩30,000에서 ₩50,000으로 변동되어 ₩20,000이 증가하였는데 그 원인이 현금흐름표상 세 가지 활동별로 구분·표시되고 있다. 즉, 영업활동 현금흐름 ₩8,000은 매출대금 ₩50,000에서 거래처에 대한 상품 매입대금 지급액 ₩40,000과 통신비 지급액 ₩2,000을 합한 ₩42,000을 차감시킨 차액으로 바로 영업을 통해 벌어들인 돈이다. 투자활동 현금흐름 ₩2,000은 기초와 기말의 비품간

의 변동액으로 비품매각대금이다. 재무활동 현금흐름 ₩10,000은 기초와 기말의 차입금간의 변동액으로 당기 중에 차입한 현금이다.

세 가지 기업활동으로부터 들어온 현금을 모두 합하면 바로 ₩20,000이 된다. 결국 현금흐름표는 손익계산서 항목과 재무상태표 항목 중 현금과 관련된 항목을 세 가지 경영활동별로 모아놓은 재무제표임을 알 수 있다. 이상의 현금흐름표 작성과 관련된 설명내용은 아직 이해하기 힘들 것이다. 지금으로서는 현금의 순증감액에 대한 원인을 경영활동별로 자세히 설명해주는 재무제표라는 정도만 알아두면 될 것이다. 이와 관련된 내용은 뒤에서 자세하게 설명된다.

3) 세 가지 기업 활동별 현금의 유입과 유출의 주요 내용

기업의 세 가지 활동별 현금의 유입과 유출의 주요 내용을 살펴보면 위의 <표 1-4>와 같다.

〈표 1-4〉 **세 가지 활동별 현금흐름**

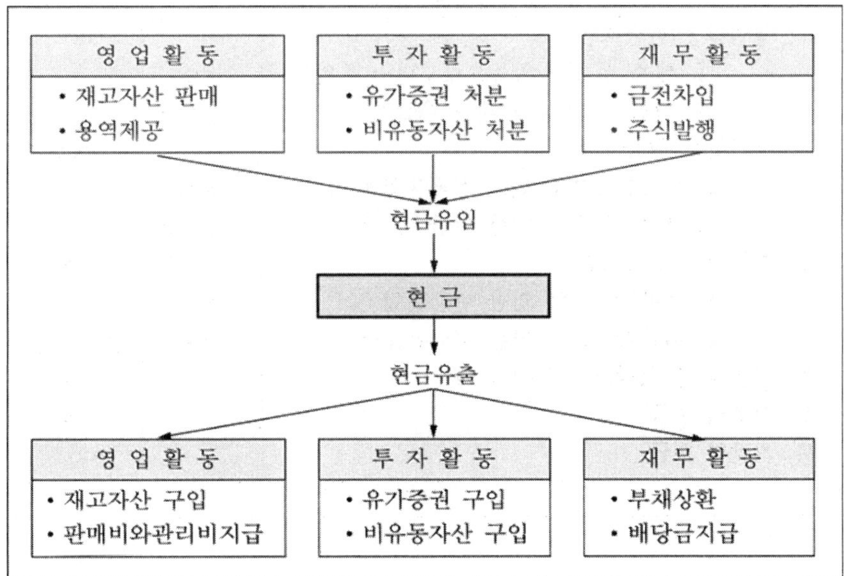

4) 세 가지 활동별 현금유입과 유출은 어떻게 표시되나?

기업의 세 가지 활동별 현금의 유입내용과 유출내용을 반영한 현금흐름표의 양식은 두 가지가 있다. 영업활동에서의 현금흐름을 어떤 방식으로 나타내느냐에 따라, 직접법에 의한 양식과 간접법에 의한 양식 두 가지로 분류된다. 직접법은 글자 그대로 영업활동에서의 현금유입내용과 유출내용을 직접 나타내는 방식으로 정보이용자 입장에서 이해하기가 쉽다. 간접법은 재무상태표와 손익계산서를 이용해서 영업활동에서의 현금흐름을 간접적으로 계산해서 나타내는 방식인데, 회계원리에 대한 지식이 없으면, 이해하기가 쉽지 않다. 그런데 실무에서는 거의 전적으로 이 방법에 따라 작성되고 있다. 간접법은 뒤에서 설명하기로 한다. 직접법에 의한 양식은 기업의 세 가지 활동별 현금의 유입과 유출의 주요 내용이 설명된 <표 1-4>의 내용이 그대로 반영된 <표 1-5>와 같다.

〈표 1-5〉 **현금흐름표의 양식(직접법)**

현금흐름표

(회사명) (회계기간) (단위:원)

Ⅰ. 영업활동 현금흐름		xxx
가. 매출 등 수익활동으로부터의 유입액	xxx	
나. 매입 등 비용에 대한 유출액	(xxx)	
Ⅱ. 투자활동 현금흐름		xxx
1. 투자활동으로 인한 현금유입액	xxx	
2. 투자활동으로 인한 현금유출액	(xxx)	
Ⅲ. 재무활동 현금흐름		xxx
1. 재무활동으로 인한 현금유입액	xxx	
2. 재무활동으로 인한 현금유출액	(xxx)	
Ⅳ. 현금의 증가(감소) (Ⅰ+Ⅱ+Ⅲ)		xxx
Ⅴ. 기초의 현금		xxx
Ⅵ. 기말의 현금		xxx

5) 현금흐름표는 유동성 파악에 가장 적합한 재무제표인가?

기업활동의 목표인 유동성과 수익성은 단기적으로는 서로 비례관계를 갖기보다는 독립적인 관계를 보인다. 따라서 수익성이 있는 기업이라 하더라도 유동성(또는 현금)이 부족해서 지급불능에 처해지는 경우도 종종 있으며, 반면에 수익성이 없는 기업인데도 충분한 현금을 보유하고 있어 지급능력을 유지하기 때문에 단기적으로 계속 존속하는 데 문제가 되지 않는 경우도 많이 있다. 따라서 정보이용자 입장에서 기업의 미래를 평가하기 위해서는 유동성과 수익성 모두 중요하지만, 단기적으로는 유동성에 먼저 관심을 갖고 재무제표를 분석하여야 한다.

전통적으로 수익성에 관한 정보는 손익계산서를 통하여 얻을 수 있으며 유동성에 관한 정보는 재무상태표를 이용하여 얻을 수 있는 것으로 알려져 있다. 그러나 재무상태표만을 이용하여 유동성을 평가하는 경우에는 일정 시점(결산시점)의 유동성만을 나타낼 뿐만 아니라, 기업에서 악의적으로 일부 유동자산(특히 매출채권과 재고자산 등)을 부풀려서 유동성을 양호한 것처럼 허위로 눈속임할 수 있는 여지가 많이 있기 때문에 그 기업의 진정한 유동성을 나타내는 데는 한계가 있다.

따라서 기업의 진정한 유동성을 파악하기 위해서는 일정기간 동안의 기업활동별 모든 현금흐름이 반영되는 현금흐름표를 이용해야 한다. 특히 투명한 회계보고 의식이 낮은 기업풍토가 만연된 환경에서는 분식의 여지가 상대적으로 좁은 현금흐름표를 이용하는 것이 현명하다. 현금흐름표는 실제의 현금흐름이 반영되기 때문에 그렇다.

일단 영업활동을 통하여 많은 현금흐름을 창출할수록 유동성이 양호한 기업으로 보면 틀림없다.

읽을거리 1 유동비율을 전적으로 믿지 말라

전통적으로 기업의 유동성을 평가하는데는 재무상태표를 이용해서 유동비율을 가지고 한다. 그러나 유동비율이 높다고 해서 기업의 유동성 즉, 단기지급능력이 양호하다고 속단해서는 안 된다.

기말에 유동부채에 비해 유동자산이 많으면 유동비율이 높게 나타난다. 보통 유동자산 중 매출채권과 재고자산의 비중이 높기 마련인데 이 때 불량채권이나 진부화된 재고자산이 많이 포함되었거나 순이익을 과대계상할 목적으로 이들 자산을 과대계상하였다면 실제의 유동성은 결코 양호한 것이 아니다. 따라서 조작가능의 여지가 많은 유동비율에 전적으로 의존해서 유동성을 평가할 경우 그릇된 평가가 될 가능성이 있기 때문에 반드시 다른 방법으로 보완해서 판단을 내려야 한다.

유동비율의 문제점을 보완하는 방법 중의 하나는 당좌비율을 이용하는 것이다. 당좌비율은 당좌자산을 유동부채로 나눈 비율로서 당좌자산에는 유동자산에서 재고자산이 제외되었기 때문에 단기지급능력의 엄격한 측정치가 되고 있다. 이와 함께 고려해야 할 것은 매출채권에 있어서 불량채권의 비중이 어느 정도인지, 기업의 단기차입능력을 평가할 수 있는 담보자산을 어느 정도 보유하고 있는지, 경영규모가 어느 정도인지, 최근 매출액 성장세는 어느 정도인지 등에 대한 정보이다.

또 하나의 보완하는 방법은 현금흐름표상의 현금흐름정보, 특히 영업활동 현금흐름정보를 분석하는 것이다. 영업활동 현금흐름이 계속적으로 +를 나타내고 있는지, 설비투자액의 어느 정도를 충당할 수 있는지 등을 파악해야 한다. 영업활동 현금흐름이 계속적으로 +를 나타내고 있고, 설비투자액의 상당부분을 충당할 수 있으면 유동성에는 문제가 없는 것으로 본다.

다음은 영진약품의 요약재무상태표와 현금흐름표이다.

요약재무상태표

영진약품 (단위 : 억원)

	93.12	94.12	95.12	96.12
유 동 자 산	1,048.4	1,302.1	1,483.8	1,748.9
고 정 자 산	583.5	617.0	679.9	678.4
자 산 총 계	1,631.9	1,919.1	2,163.7	2,427.3
유 동 부 채	543.7	756.9	756.3	837.2
고 정 부 채	647.0	596.1	702.5	885.1
부 채 총 액	1,190,7	1,353.1	1,458.9	1,722.3
자 본 금	190.7	266.4	350.0	350.0
자본잉여금	89.9	140.3	195.5	195.5
이익잉여금	154.0	152.7	152.7	159.4
자 본 총 계	441.1	565.9	704.7	704.9

현 금 흐 름 표

영진약품 (단위 : 백만원)

	1992	1993	1994	1995	1996
Ⅰ. 영업활동 현금흐름	-11,596	-8,293	-9,326	-16,623	-15,598
Ⅱ. 투자활동 현금흐름	-8,835	-5,572	-4,801	-9,173	365
Ⅲ. 재무활동 현금흐름	17,558	11,275	22,263	24,231	20,614
Ⅳ. 현금의 증가	-2,873	-2,590	8,136	-1,566	5,381
Ⅴ. 기초의 현금	11,264	8,391	5,801	13,937	12,371
Ⅵ. 기말의 현금	8,391	5,801	13,937	12,371	17,752

영진약품의 유동비율을 계산해보면 93년에는 192.8%, 94년에는 172.8%, 95년에는 196.1% 그리고 96년에는 208.9%로 나타나고 있다. 유동비율만 가지고 평가한다면 유동비율이 높은 편이기 때문에 영진약품의 유동성은 별 문제가 없는 것처럼 보인다. 그러나 현금흐름표를 보면 영업활동 현금흐름이 5년 동안 계속해서 -를 기록하고 있어 영업활동을 통한 내부창출현금이 부족하다는 사실을 알 수 있다. 이에 따라 만성적인 자금난을 겪고 있는 이 기

업은 부족자금을 외부에서 조달하여 일부 설비투자와 부채상환에 사용하고 있다. 이 기업의 현금흐름표에 나타난 현금흐름패턴을 통해서 이 기업의 유동성에는 심각한 문제가 있다고 결론지을 수 있다.

영진약품은 만성적인 자금난에 시달리다가 결국 자금시장이 극도로 경색되었던 1997년에 부도를 내고 말았다.

이 사례는 유동성 평가 시 유동비율만 단순하게 볼 경우 흑자도산이란 함정에 걸려들 수 있다는 사실을 잘 보여주고 있다. 이런 함정에 빠지지 않기 위해서는 현금흐름정보를 포함한 여러 가지 사항을 종합적으로 고려해서 최종 판단을 내려야 한다.

6) 현금흐름표를 통한 유동성 평가

간단한 현금흐름표를 가지고 유동성 평가를 한 번 해보자.

예제 1-6 현금흐름표에 의한 유동성 평가

다음의 3회사는 동일 업종에 속한 회사로 수년 간 영업을 지속해오고 있다.

현 금 흐 름 표

	A회사	B회사	C회사
영업활동 현금흐름	90,000	40,000	(24,000)
투자활동 현금흐름			
유형자산의 처분			26,000
유형자산의 취득	(48,000)	(25,000)	
재무활동 현금흐름			
차입금의 차입			13,000
차입금의 상환	(27,000)		
현금의 증가	15,000	15,000	15,000

이들 3회사의 현금흐름 증가액은 모두 ₩15,000으로 동일하다. 그러나 이들 회사의 현금흐름에 대한 원천과 운용은 아주 상이하다. A회사는 영업활동 현금흐름 ₩90,000을 창출하여 이를 가지고 유형자산을 ₩48,000에 취득하고 차입금 ₩27,000을 상환하고 있다. B회사는 영업활동 현금흐름 ₩40,000을 창출하여 이를 가지고 유형자산을 ₩25,000에 취득하는 데만 사용하고 있다. C회사는 영업활동 현금흐름을 창출하지 못하고 오히려 영업활동에서 ₩24,000을 사용하고 있다. 이에 따라 이 회사는 부족자금을 보충하기 위해서 보유하고 있는 유형자산을 ₩26,000에 처분하고 차입금 ₩13,000을 차입하여 결과적으로 현금의 증가 ₩15,000을 보고하고 있다.

이러한 현금흐름분석을 통해서 A회사가 B회사나 C회사보다 미래의 의무를 이행할 수 있는 현금창출능력이 뛰어나다는 것을 알 수 있다. 즉 유동성이 제일 양호한 회사라고 말할 수 있다. 또한 A회사의 영업활동을 통한 현금창출능력의 우수성은 미래의 성과에 대한 양호한 징조가 되고 있다. 반면에 C회사 영업활동을 통한 현금창출능력의 부실은 유동성의 위기로 이어질 가능성을 갖고 있기 때문에 미래의 성과에 대한 불길한 징조가 되고 있다. 물론 이러한 평가는 잠정적인 것으로서 대차대조표와 손익계산서가 제공하는 정보를 포함한 다른 정보에 의해서 뒷받침이 되어야 한다.

7) 현금흐름 우량기업과 불량기업의 실제 사례

일단 영업활동을 통하여 창출한 현금흐름으로 투자활동을 수행하고, 그러고도 남는 현금이 있어 그 현금으로 재무활동에서 현금유출이 발생되도록 하는 기업을 현금흐름이 우량한 기업으로 보면 틀림없다. 이에 비해 영업활동을 통하여 현금흐름이 창출되지 못하는 상황에서 영업활동과 투자활동에 소요되는 현금을 전적으로 재무활동에 의존하는 기업을 현금흐름이 불량한 기업으로 보면 틀림없다.

예제 1-7 현금흐름 우량기업과 불량기업의 실제 사례

<현금흐름 우량기업의 요약 현금흐름표>

현 금 흐 름 표

한국화인케미칼(주) (단위 : 백만원)

	1992	1993	1994	1995	1996
Ⅰ. 영업활동 현금흐름	5,545	8,448	5,834	5,500	15,099
Ⅱ. 투자활동 현금흐름	-5,326	-6,891	-4,345	-19,193	-5,124
Ⅲ. 재무활동 현금흐름	-236	-1,091	2,117	18,658	-3,275
Ⅳ. 현금의 증가	-17	466	3,607	4,964	6,700
Ⅴ. 기초의 현금	3,430	3,413	3,879	7,485	12,450
Ⅵ. 기말의 현금	3,413	3,879	7,485	12,450	19,150

<현금흐름 불량기업의 요약 현금흐름표>

현 금 흐 름 표

태일정밀(주) (단위 : 백만원)

	1992	1993	1994	1995	1996
Ⅰ. 영업활동 현금흐름	-24,111	-5,579	-11,839	-9,167	-33,473
Ⅱ. 투자활동 현금흐름	-4,229	-29,815	-26,610	-36,443	-113,850
Ⅲ. 재무활동 현금흐름	30,611	55,573	45,021	89,906	109,372
Ⅳ. 현금의 증가	2,271	20,179	6,572	44,297	-37,951
Ⅴ. 기초의 현금	3,167	5,438	25,617	32,189	76,486
Ⅵ. 기말의 현금	5,438	25,617	32,189	76,486	38,535

Chapter 02

현금흐름표의 심화 내용

1. 현금흐름표는 투명성이 가장 높은 재무제표

현금흐름표는 재무제표 중에서 투명성이 가장 높은 재무제표로 알려져 있다. 현금흐름표가 제공하는 현금흐름정보가 재무상태표와 손익계산서가 제공하는 발생주의 회계정보에 비해 투명성이 높을 수밖에 없는 이유와 그밖에 색다른 특징들을 정리해보면 다음과 같다.

1) 추정이 개입되지 않는 객관적 정보

현금흐름표가 제공하는 현금흐름정보에는 재무상태표와 손익계산서에서 제공되는 발생주의 회계정보와는 달리 추정 또는 예측(예를 들어 매출채권의 회수가능성, 재고자산의 진부화 정도, 상각자산의 내용연수와 잔존가액, 우발채무의 계상 여부 등)과 같은 회계담당자의 주관적 판단이 개입되지 않는다. 따라서 회계담당자의 주관적 판단이 개입될 수밖에 없는 재무상태표와 손익계산서에서 제공되는 발생주의 회계정보는 객관적인 정보가 될 수 없다. 뿐만 아니라 이를 악용해서 경영자의 의도대로 조작할 가능성이 많기 때문에 기업의 실상과는 거리가 먼 왜곡된 정보일 수도 있다. 이에 반해 현금흐름표가 제공하는 현금흐름정보는 회계담당자의 주관적 판단의 산물이 아니고 실제 사실을 반영한 객관적 정보이기 때문에 더욱 신뢰할 수 있을 뿐만 아니라 목적적합한 정보가 되고 있다.

2) 대체적 회계처리방법에 영향 받지 않는 실제 정보

재무상태표와 손익계산서를 작성할 때에는 여러 가지 대체적인 회계처리방법(예를 들어 재고자산평가의 경우 선입선출법과 후입선출법, 감가상각의 경우 정액법과 정율법 등)이 허용되고 있으며, 이에 따라 재무상태표와 손익계산서에서 제공되는 발생주의 회계정보는 경제적 사건이 달라서가 아니라 단지 사용하는 회계처리방법이 다르기 때문에 차이나는 회계정보가 제공되게 되어 비교가능성을 해치게 된다. 그러나 현금흐름표는 대체적인 회계처리방법으로 인한 영향을 전혀 받지 않고 기업의 실제현금흐름을 사실대로 나타낸다. 따라서 현금흐름정보는 대체적 회계처리방법에 의해서 모호해지는 기업간의 진정한 차이를 식별할 수 있게 해주는 비교가능성이 높은 정보인 것이다.

예제 2-1 대체적 회계처리방법에 영향 받지 않는 현금흐름표

A기업과 B기업이 있는데 두 기업의 영업내용은 실제로 똑같고, 모두 금년에 영업을 개시하였다. 금년 중 두 기업은 다음과 같이 상품을 매입하였다.

월 일	수 량	단 가	금 액
1/4	10,000단위	@ ₩40	₩400,000
4/6	5,000단위	50	250,000
8/9	7,000단위	60	420,000
11/27	10,000단위	70	700,000
	32,000단위		₩1,770,000

금년 매입분 중 대금을 지급하지 않은 금액은 ₩700,000이다. 금년도에 두 기업은 22,000단위를 판매하였으며, 판매대금은 모두 회수되었다. 1월 초에 두 기업은 10년의 내용년수와 잔존가치가 없는 기계설비를 ₩1,000,000에 구입하였다.

A기업은 재고자산의 평가방법으로 FIFO(선입선출법)를 사용하기로 했고, 감가상각방법은 정액법을 사용하기로 하였다. 이에 따라 매출원가는 ₩1,070,000, 감가상각비는 ₩100,000이 계상되었다. 반면에 B기업은 재고자산의 평가방법으로는 LIFO, 감가상각방법으로는 정률법(상각률 20%)을 사용하기로 하였다. 이에 따라 매출원가는 ₩1,370,000, 감가상각비는 ₩200,000이 계상되었다. 두 기업의 12월 31일 현재의 시산표에는 다음 항목이 포함되어 있다.

매출액 ································· ₩2,200,000
판매비와 관리비······················ 500,000(전액 현금지급)

이상의 자료를 가지고 먼저 손익계산서를 작성해보면 영업내용이 같음에도 불구하고 사용하는 회계처리 방법이 다름에 따라 다음과 같이 경영성과가 다르게 나타나 있다.

손익계산서

A기업	1/1~12/31	(단위: 원)
매 출 액		2,200,000
매 출 원 가		1,070,000
매출총이익		1,130,000
판매·관리비		500,000
감가상각비		100,000
당기순이익		530,000

손익계산서

B기업	1/1~12/31	(단위: 원)
매 출 액		2,200,000
매 출 원 가		1,370,000
매출총이익		830,000
판매·관리비		500,000
감가상각비		200,000
당기순이익		130,000

두 기업의 현금흐름표상의 영업활동 현금흐름을 계산해보면 다음과 같다.

	A기업	B기업
Ⅰ. 영업활동 현금흐름		
1. 당기순이익	530,000	130,000
2. 현금의 유출이 없는 비용 등의 가산		
감가상각비	100,000	200,000
3. 영업활동으로 인한 자산·부채의 변동		
매입채무의 증가	700,000	700,000
재고자산의 증가	(700,000)	(400,000)
	630,000	630,000

위의 계산 결과를 보면 영업내용이 똑같은 두 기업의 영업활동 현금흐름이 똑같게 나타나고 있다. 두 기업이 사용하고 있는 대체적 회계처리방법이 당기순이익을 계산하는 데 상이한 영향을 미친 것과는 달리 영업활동 현금흐름에는 전혀 영향을 미치지 않은 사실을 확인할 수 있다.

따라서 현금흐름표는 대체적 회계처리방법의 영향을 받고 있지 않기 때문에 재무상태표나 손익계산서가 제공하는 정보보다 더 신뢰성·목적적합성·비교가능성이 높은 정보를 제공하는 투명성 높은 재무제표라고 말할 수 있다.

3) 흑자기업도산의 원인과 가능성을 밝혀주는 정보

현금흐름정보는 흑자도산기업의 원인을 밝히거나 예측하는데 도움을 준다. 흑자도산기업의 경우 대개 매출채권이나 재고자산에 대한 과대투자로 인해 자금회수가 지연되거나 또는 과잉설비투자로 인해 자금이 묶여서 극심한 자금난을 겪다가 지급불능사태에 이르러 결국 도산이란 최악의 사태를 맞게 된다. 이러한 도산의 원인들은 현금흐름표에 잘 나타나 있기 때문에 여러 연도의 현금흐름정보에 대한 세심한 분석을 통해서 흑자도산의 가능성(예를 들어 여러 연도를 통해 계속되는 −의 영업활동 현금흐름은 도산위험 신호임)을 쉽게 예측할 수 있다.

예제 2-2 흑자도산기업의 손익계산서와 현금흐름표

손익계산서

태일정밀(주) (단위 : 백만원)

	1992	1993	1994	1995	1996
Ⅰ. 매 출 액	123,594	163,977	197,652	264,144	390,539
Ⅱ. 매 출 원 가	108,039	145,804	175,609	232,358	349,328
Ⅲ. 매 출 총 이 익	15,555	18,173	22,043	31,785	41,212
Ⅳ. 영 업 이 익	11,100	12,702	14,933	18,322	19,019
Ⅴ. 경 상 이 익	3,257	4,683	5,481	7,616	11,660
Ⅵ. 당 기 순 이 익	2,257	3,738	4,138	4,485	7,935

현금흐름표

태일정밀 (단위 : 백만원)

	1992	1993	1994	1995	1996
Ⅰ. 영업활동 현금흐름	−24,111	−5,579	−11,839	−9,167	−33,473
Ⅱ. 투자활동 현금흐름	−4,229	−29,815	−26,610	−36,443	−113,850
Ⅲ. 재무활동 현금흐름	30,611	55,573	45,021	89,906	109,372
Ⅳ. 현금의 증가	2,271	20,179	6,572	44,297	−37,951
Ⅴ. 기초의 현금	3,167	5,438	25,617	32,189	76,486
Ⅵ. 기말의 현금	5,438	25,617	32,189	76,486	38,535

이 회사는 매년 당기순이익을 계상하여 수익성이 양호한 것처럼 보이지만 현금흐름표를 보면 심각한 자금난을 겪고 있음을 알 수 있다. 즉, 이 회사는 영업활동에서 현금을 창출시키지 못하고 있기 때문에 필요한 자금을 외부자금으로 조달해서 회사를 꾸려나가고 있다. 결국 이 회사는 영업활동으로부터의 현금창출능력이 개선되지 못한 상황에서 채권자의 자금회수사태에 직면하면서 97년 10월에 부도를 내고 흑자도산의 비운을 맛보게 되었다.

결국 흑자도산의 가능성은 여러 기간의 현금흐름표 분석을 통해서 알 수 있다.

4) 분식결산 가능성을 밝혀주는 정보

대개 분식결산을 통해서 사실상은 적자이거나 소폭의 흑자인데 이를 마치 실제보다 큰 폭의 흑자가 난 것처럼 발생주의 회계원칙을 최대한 악용하거나 회계장부를 조작하여 손익계산서에 가공의 당기순이익을 보고하는 부도덕한 기업을 종종 발견하는 경우가 있다. 이런 기업의 경우 현금흐름표상의 영업활동 현금흐름을 보면 그 금액이 큰 폭의 -로 감소되어 있는 경우가 대부분인 것으로 알려져 있다. 따라서 현금흐름표는 흑자분식결산의 가능성을 발견하는 데 효과적인 도구가 될 수 있다.

예제 2-3 분식기업의 순이익과 영업활동 현금흐름

증권관리위원회는 1991년 부도상장기업(不渡上場企業)의 90사업년도 결산보고서에 대한 특별감리의 실시를 통해 분식결산사실을 적발해 내었다.

이들 기업들은 모두 분식결산을 통해 적자규모를 적게 줄이거나, 사실상 적자인데도 흑자를 낸 것처럼 회계장부를 조작하였음이 밝혀졌다. 이들 기업 중 4개사의 당기순이익(NI)과 영업활동 현금흐름(CFO)을 다음과 같이 <표>로 나타내 보았는데, 이들 기업들의 당기순이익은 거의 흑자로 표시되고 있는데 반해 영업활동 현금흐름은 -로 나타나고 있어 90사업년도의 분식에 대한 징후가 명확히 드러나고 있으며, 그 이전 연도의 경우도 분식가능성이 있을 것으로 예상해 볼 수 있다.

분식기업의 당기순이익(NI)과 영업활동 현금흐름(CFO)

(단위 : 백만원)

기업명	흥 양			기온물산		
연도 / 항목	88	89	90	88	89	90
NI	418	452	545	100	305	663
CFO	-5,965	-2,732	-11,565	-1,726	-1,472	-4,713

기업명	금하방직			아남정밀		
연도 / 항목	88	89	90	88	89	90
NI	1,133	134	-37,395	622	1,728	463
CFO	-3,533	-7,122	-21,507	-6,200	-32,421	-4,440

5) 분식결산에 영향받지 않는 정보

순이익을 과대계상하기 위해서는 감가상각비와 같은 비용을 과소계상하고, 매출채권이나 재고자산과 같은 영업활동과 관련 있는 유동자산을 과대계상하여야 하며, 매입채무와 같은 영업활동과 관련 있는 유동부채를 과소계상해야 하는 데, 이렇게 분식 회계 처리할 경우 이들 항목들은 순이익을 그만큼 증가시키기는 하지만 영업활동 현금흐름에는 아무런 영향을 끼치지 않는다. 이와 같이 현금흐름정보는 이러한 유형의 분식결산의 효과가 배제되기 때문에 그만큼 신뢰할 수 있는 정보가 된다. 따라서 분식을 통해서라도 경영성과를 양호하게 나타내야 할 가능성이 많은 기업, 예를 들어 주식상장 예정기업, 합병 대상기업, 증자나 차입에 의한 자금조달 추진기업, 적자에서 흑자로 전환된 기업 등에 대한 재무제표 분석시에는 현금흐름표가 제공하는 현금흐름정보로 반드시 보완할 필요가 있다.

예제 2-4 분식결산에 영향을 받지 않는 현금흐름표

먼저 발생주의에 입각한 손익계산서를 다음의 회계자료를 이용해서 작성해보자.

회계자료:

매출액 ₩700,000 (외상매출액 중 미회수액 ₩500,000이 포함되어 있음)
매입액 ₩600,000 (외상매입액 중 미지급액 ₩400,000이 포함되어 있음)
기말재고액 ₩200,000 감가상각비 ₩100,000
판매관리비 ₩100,000

손익계산서

(발생주의)

매 출 원 가	400,000	매 출	700,000
감가상각비	100,000		
판매관리비	100,000		
당기순이익	100,000		
	700,000		700,000

※ 매출원가: 매 입 600,000원 − 기말재고액 200,000원 = 400,000원

다음에 현금흐름표상의 영업활동 현금흐름을 계산하면 다음과 같다.

현금흐름표

영업활동 현금흐름		(100,000)
매출대금회수액	200,000	
매입대금지급액	(200,000)	
판매관리비 지급액	(100,000)	

발생주의하의 경영성과가 ₩100,000(당기순이익)이 계상되어 있다. 경영자는 이 금액이 경쟁기업의 경영성과에 비해 낮기 때문에 경쟁기업의 경영성과보다 높은 ₩300,000이 계상되도록 분식을 지시하였다고 해보자. 이에

따라 회계담당자는 경영자의 지시를 이행하기 위해 다음과 같이 분식하기로 결정하였다.

분식내용

① 가공매출계상 : 외상매출액을 ₩100,000 추가계상시킴

② 기말재고액과대계상 : 기말재고액을 ₩200,000에서 ₩300,000으로 ₩100,000 가공계상시킴

위의 분식내용을 반영해서 발생주의에 의한 손익계산서를 작성하면 다음과 같다.

분식후 손익계산서

(발생주의)

매 출 원 가	300,000	매 출	800,000
감가상각비	100,000		
판매관리비	100,000		
당기순이익	300,000		
	800,000		800,000

※ 매출원가: 매 입 600,000원 − 기말재고액 300,000 = 300,000원

이러한 분식은 현금에 영향을 끼치지 않기 때문에 현금흐름표는 전혀 영향을 받지 않게 된다. 따라서 분식 전후의 현금흐름표는 동일하게 된다.

6) 특수상황에 처한 기업의 현실을 정확히 전달하는 정보

이밖에도 당기순이익이 기업의 경영성과를 정확하게 반영하지 못하고 있는 특수한 상황에 처해 있는 기업, 예를 들면 비현금지출비용이 거액 계상되는 기업이나 초고속 성장하는 기업의 경우 현금흐름정보는 그 기업의 현실을 정확하게 반영하고 있기 때문에 현금흐름분석은 대단히 중요하다.

감가상각비와 대손상각비 같은 비현금지출비용을 거액 계상하는 기업의 순

이익은 실제 상황보다 비관적으로 보고될 수 있다. 사실 이런 기업은 영업활동 현금흐름이 +로 나타난 기간에 순손실이 보고되는 경우가 있다. 이런 경우에는 영업활동 현금흐름이 단기적으로 채권자, 거래처, 종업원 그리고 투자자들에게 계속해서 의무를 이행할 수 있는지 여부를 판단할 수 있는 더 나은 지표가 된다. 물론 현금흐름이 +라고 해서 보고된 순손실을 걱정하지 않아도 된다는 말은 결코 아니다. 다시 말해 +의 현금흐름은 얼마동안 기업이 영업을 계속할 수 있다는 것을 의미하는 것이며, 순손실의 보고는 기업의 미래기간에 심각한 문제가 발생할 수 있음을 암시하는 것으로 받아들여야 한다.

예제 2-5 비현금지출비용이 많은 기업의 현금흐름표

현 금 흐 름 표

대한항공 (단위 : 억원)

	제53기	제52기	제51기
Ⅰ. 영업활동 현금흐름	1,841	1,762	2,066
(현금유출이 없는 비용)	(2,666)	(2,717)	(2,640)
(당기순이익)	(-205)	(-290)	(-260)
Ⅱ. 투자활동 현금흐름	-800	-1,128	-480
Ⅲ. 재무활동 현금흐름	1,630	-872	-1,698
Ⅳ. 현금의 증가	-588	-238	-113

대한항공은 감가상각비와 같은 현금이 유출되지 않는 비용이 많은 회사이다. 따라서 제53기와 제52기에 적자가 발생했어도 영업활동으로 인한 현금흐름은 큰 폭의 +를 기록하고 있어 지급능력에 전혀 문제가 생기지 않고 있다. 이에 따라 대한항공은 충분한 영업활동 현금흐름으로 투자활동(유형자산 취득, 관계기업 투자 등)과 재무활동(차입금 상환, 이자지급, 배당금 지급 등)을 문제없이 수행하고 있다.

제품 생산의 확충을 위해 거액의 자금이 소요되는 초고속 성장기업을 평가하는데 있어서도 현금흐름분석은 귀중한 도구가 된다. 이런 기업의 경우 보고되는 순이익은 흑자이지만 영업활동을 통해서 현금을 창출하기보다는 오히려 소비를 하는 경우가 많다. 따라서 초고속 성장하는 기업이 보고한 흑자의 순이익은 결코 현재의 지급의무를 이행하는데 충분한 현금흐름이 있다는 것을 보증하는 것이 아니라는 것을 명심하고 이에 현혹되지 말아야 할 것이다.

예제 2-6 고속성장하는 기업의 현금흐름표

현 금 흐 름 표

모디아 (단위 : 억원)

	1999	2000	2001
Ⅰ. 영업활동 현금흐름	-13	-49	-119
(당기순이익)	(18.2)	(34.4)	(102.6)
Ⅱ. 투자활동 현금흐름	-19	-12	-299
Ⅲ. 재무활동 현금흐름	42	73	432
Ⅳ. 현금의 증가	11	12	15

98년에 설립된 모바일 시스템 통합업체인 모디아는 시장 선두업체의 위치를 차지하면서 급성장을 보이고 있다. 01년의 급격한 이익증가가 이를 단적으로 말해주고 있다. 이처럼 설립 후 계속 흑자를 시현하고 있으나, 이와 비례해서 영업활동 현금흐름의 −가 큰 폭으로 확대되고 있다. 따라서 영업활동에서 현금이 창출되지 못하는 상황에서 영업활동에 필요한 현금과 투자에 필요한 현금을 재무활동 즉, 외부자금에 의존해서 현금을 조달하고 있다.

2. 현금흐름표의 유용성

현금흐름표는 현금이 어떻게 조달되어 사용되었는가 또한 일정기간 동안 현금이 얼마만큼의 증감이 이루어졌는가에 대한 설명과 재무상태의 변동에 대한 설명을 통하여 다음과 같은 유용한 정보를 제공한다.

1) 기업의 미래현금흐름 창출능력에 관한 정보제공

재무보고의 기본목적은 정보이용자의 경제적 의사결정에 유용한 정보를 제공하기 위하여 당해 기업의 미래의 현금흐름을 예측할 수 있는 정보를 제공하는 것이라 하였다. 현금흐름표는 경영활동별 현금흐름을 반영·보고함으로써 재무제표를 이용한 미래 현금흐름에 대한 예측능력을 향상시키게 된다.

2) 이익의 질에 관한 정보제공

뒤에서 설명되지만 현금흐름표상 영업활동으로 인한 현금흐름은 영업활동에서 발생한 현금수입액에서 현금지출액을 차감한 것으로, 이의 산출시에는 추정 및 임의적인 원가배분 등이 개입되지 않는 실제 금액이나 손익계산서상의 순이익은 발생주의가 적용됨으로써 회계담당자의 추정이나 임의적인 원가배분에 의한 결과로 산출된 추정치이다. 그러므로 현금흐름표가 보다 신뢰성이 높은 정보를 제공한다고 말할 수 있다.

신뢰성이 높은 현금흐름표상의 영업활동으로 인한 현금흐름과 발생주의에 따른 손익계산서상의 순이익을 비교함으로써 그 차이 및 차이에 대한 발생원인을 설명할 수 있게 된다. 따라서 현금흐름표상 영업활동 현금흐름과 손익계산서상 순이익을 비교하여 이익의 질(Quality of Income)을 평가할 수 있게 된다.

예제 2-7 이익의 질 평가

발생주의에 따른 순이익은 회계담당자의 주관이 반영된다. 그러나 영업활동현금흐름은 회계담당자의 주관이 반영되지 않는 실제정보로 객관성이 높은 정보이다. 따라서 주관적인 발생주의 순이익을 객관적인 현금주의 순이익에 해당하는 영업활동현금흐름과 비교하여 순이익의 질 즉, 현금전환 가능성을 평가하게 된다. 보통 발생주의에 따른 순이익보다 영업활동현금흐름이 많으면 순이익의 질이 우수한 것으로 평가한다.

다음은 우리나라 몇몇 기업들의 2017년도 연결손익계산서상의 당기 순이익과 연결현금흐름표사의의 영업활동현금흐름 자료이다. 단위는 십억원이다.

	당기순이익	영업활동현금흐름
신세계	214	357
삼성바이오로직스	(97)	150
아시아나항공	248	660
NAVER	770	940
엔씨소프트	444	595
현대중공업	2,693	593

3) 투자활동에 관한 정보제공

현금흐름표는 투자활동으로 인한 현금흐름을 반영·보고함으로써 미래에 대비하기 위한 신규투자는 얼마나 이루어졌는가 또는 어떤 자산을 취득하고 처분하였는가, 투자에 필요한 자금조달은 어떻게 이루어졌는가 등에 대한 정보가 제공한다.

4) 재무활동에 관한 정보제공

현금흐름표는 재무활동으로 인한 현금흐름을 반영·보고함으로써 자금이 외부차입에 의존하고 있는지 아니면 주식발행을 통하여 이루어지는 지에 대한 정보와 부채는 어느 정도 상환되고 있는지에 대한 정보를 제공한다.

5) 기업의 배당금 지급능력·부채의 상환능력 및 외부자금 조달의 필요성에 관한 정보제공

기업이 건전한 재무구조를 갖기 위해서는 영업활동에서 발생한 현금으로 현금배당을 실시하고 부채를 상환하여야 한다. 그러나 영업활동에서 수입된 현금보다 지출된 금액이 많은 경우에는 부족한 영업자금을 보충하기 위하여 보유하고 있는 자산을 처분한다든가 아니면 외부에서 자금을 조달하여야만 할 것이다. 만약에 영업활동에서 발생한 부족자금이 계속해서 누적되는 경우 심한 자금 압박으로 인한 도산의 가능성도 고려할 수 있을 것이다.

이와 같이 현금흐름표에 영업활동 현금흐름을 반영·보고함으로써 기업의 배당금 지급능력·부채의 상환능력 및 외부자금조달의 필요성에 관한 정보를 제공하게 된다.

3. 현금흐름표상 현금은 무엇을 의미할까?

회계기준상 현금흐름표에서 現金이라 함은 현금 및 현금성 자산을 말한다. 여기서 현금과 예금은 재무상태표상 현금과 예금으로 통화 및 통화대용증권과 당좌예금·보통예금·정기예금·정기적금 등으로서 1년 내에 도래하는 예금을 말하며, 현금성 자산이란 현금의 단기적 운용을 목적으로 한 유동성이 높은 유가증권으로서, 첫째 큰 거래비용 없이 현금으로 전환이 용이하고, 둘째 이자율 변동에 따른 가치변동의 위험이 중요하지 않을 것 등의 조건을 충족하는 것(다만, 상환조건이 없는 주식 등은 제외한다.)을 말한다. 현금성자산의 예를 들면 다음과 같다.

① 취득 당시 만기가 3개월 이내에 도래하는 채권

② 취득 당시 상환일까지의 기간이 3개월 이내인 상환우선주

③ 환매채(3개월 이내의 환매조건)

4. 기업활동별 현금흐름의 이해

현금흐름표는 기중에 발생한 거래 중 현금흐름에 영향을 미치는 거래를 기업활동별로 구분하여 보고한다고 하였다. 일반기업회계기준에 따라 설명하면 다음과 같다. 국제회계기준과 관련된 내용은 뒤에서 다루어지는 현금흐름표 작성에서 자세히 설명된 것이다.

1) 영업활동

營業活動이란 일반적으로 제품의 생산과 상품 및 용역의 구매·판매활동을 말하며, 투자활동과 재무활동에 속하지 아니하는 거래를 모두 포함한다. 영업활동으로 인한 현금유입에는 제품 등의 판매에 따른 현금유입(매출채권의 회수 포함), 이자수익과 배당금수익에서 발생된 현금유입이 포함된다. 영업활동으로 인한 현금 유출에는 원재료, 상품 등의 구입에 따른 현금유출(매입채무의 결제 포함), 기타 상품과 용역의 공급자와 종업원에 대한 현금지출, 법인세비용(유형자산의 처분에 따른 특별부가세 제외)의 지급, 이자비용에서 발생된 현금유출이 포함된다.

2) 투자활동

投資活動이란 현금의 대여와 회수활동, 단기투자자산·투자자산과 유형자산 및 기타자산의 취득과 처분활동 등을 말한다. 투자활동으로 인한 현금의 유입에는 대여금의 회수, 단기투자자산의 처분, 투자자산과 유형자산 및 무형자산의 처분 등이 포함된다. 투자활동으로 인한 현금의 유출에는 현금의 대여, 단기투자자산의 취득, 투자자산과 유형자산 및 무형자산의 취득에 따른 현금유출로서 취득 직전 또는 직후의 지급액(자본화되는 이자비용 포함) 등이 포함된다.

3) 재무활동

財務活動이란 현금의 차입과 상환활동, 신주발행이나 배당금의 지급활동 등과 같이 부채 및 자본계정에 영향을 미치는 거래를 말한다. 재무활동으로 인한 현금의 유입에는 장·단기차입금의 차입, 어음·사채의 발행, 주식의 발행 등이 포함된다. 재무활동으로 인한 현금의 유출에는 배당금의 지급, 유상감자, 자기주식의 취득, 차입금의 상환, 자산의 취득에 따른 부채의 지급 등이 포함된다.

이상에서 설명한 경영활동을 구분하여 각 활동별 세부적인 거래를 기업회계기준에 따라 정리하면 <표 2-1>과 같다.

〈표 2-1〉 **경영활동별 거래내용**

활동별	현금유입	현금유출
영업활동	① 재고자산(용역) 판매, 매출채권회수 ② 이자수입* ③ 배당금수입*	① 재고자산 구입, 매입채무 결제 ② 판매비와 관리비 지급 ③ 이자비용 지급* ④ 법인세비용 지급
투자활동	① 대여금 회수 ② 단기투자자산 처분 ③ 투자·유형·무형자산 처분 ④ 미수금 회수	① 금전대여 ② 단기투자자산 취득 ③ 투자·유형·무형자산의 취득에 따른 직전 또는 직후의 지급액 (자본적 지출 포함)
재무활동	① 금전차입, 사채발행 ② 유상증자(자기주식 처분)	① 차입금 상환, 미지급금 지급 ② 유상감자(자기주식 취득) ③ 배당금 지급
	*국제회계기준에서는 이자지급액은 영업활동과 재무활동 중에서 선택 표시하도록 하고 있고, 이자수입과 배당금 수입은 영업활동과 투자활동 중에서 선택해서 표시하도록 하고 있음.	

4) 외화환산으로 인한 환율변동

외국 기업과 무역거래가 이루어지고 있는 기업은 외화를 보유하게 된다. 이에 따라 현금 및 현금성자산에는 원화로 환산한 외화가 포함되게 된다. 이와 같이 외화를 보유하는 경우 실제로 현금 및 현금성자산의 유출입이 없다 하더라도 환율의 변동에 의해서 현금 및 현금성자산이 증가 또는 감소된 것처럼 재무상태표에 표시되게 된다.

따라서 환율변동으로 인한 현금 및 현금성자산의 증가나 감소를 현금흐름표상에 반영하지 않으면 영업활동이나 재무활동에서 현금흐름이 발생한 것처럼 보이게 된다. 이런 상태를 바로 잡기 위해서 환율변동으로 인한 외화환산액의 현금 변동액을 현금흐름표 마지막 부분에 가서 반영하게 된다.

예제 2-8 외화 환율변동 효과의 조정

MW상사의 기초와 기말의 원화와 외화보유현황 및 환율이 다음과 같다고 하자.

기 초	
원화현금	₩100,000
외화 원화환산금액($100, 환율 1$ = ₩1,100)	₩110,000
합 계	₩210,000
기 말	
원화현금	₩150,000
외화 원화환산금액($100, 환율 1$ = ₩1,000)	₩100,000
합 계	₩250,000

이 회사는 다른 거래는 없고 오직 기초의 보유현금 ₩100,000으로 상품을 매입하고 기말에 판매하여 ₩150,000의 현금을 수취하였다고 하자. 이 경우 상품판매를 통해 이익 ₩50,000이 발생하고, 영업활동에서 ₩50,000의 현금흐름이 창출되게 된다. 그런데 현금 및 현금성자산은 기초의

₩210,000에서 기말의 ₩250,000으로 ₩40,000의 증가로 표시되어 기간 동안의 현금 및 현금성자산의 증가와 차이가 발생하게 된다. 이는 환율변동에 따른 보유외화의 환산금액 때문에 그렇게 된 것이다. 따라서 이 차이를 현금 및 현금성자산의 증감을 계산하기 전에 현금흐름표에 반영해주어서 현금 및 현금성자산의 기초와 기말잔액간의 차이와 일치되도록 해주어야 한다.

이 회사는 현금흐름표상에는 법인세차감전순이익으로 상품판매이익 ₩50,000에서 외환환산손실 ₩10,000을 차감한 ₩40,000이 표시되며, 이 법인세차감전순이익에다 현금유출이 없는 비용인 외화환산손실 ₩10,000을 가산해서 영업활동현금흐름이 계산된다. 외화환산손실은 다시 한 번 외화환산으로 인한 환율변동 부분에서 조정해주어야 현금및현금성자산의 증감이 정확하게 표시되게 된다. 지금까지 설명한 내용을 반영해서 현금흐름표를 작성하면 다음과 같다.

현금흐름표

Ⅰ. 영업활동 현금흐름		₩50,000
법인세차감전순이익	₩40,000	
현금유출이 없는 비용가산		
외화환손실	10,000	
Ⅱ. 투자활동현금흐름		–
Ⅲ. 재무활동현금흐름		–
Ⅳ. 외화환산으로 인한 환율변동		(10,000)
Ⅴ. 현금및현금성자산의 증가		40,000
Ⅵ. 기초의 현금및현금성자산		210,000
Ⅶ.기말의 현금및현금성자산		₩250,000

5. 현금흐름표의 양식

현금흐름표는 영업활동 현금흐름의 표시방법에 따라 직접법과 간접법으로 나누어진다.

직접법은 영업활동에서 현금을 수반하여 발생한 수익 또는 비용항목을 총액으로 표시하는 방법을 말하며, 간접법은 당기순이익(손실)에 현금의 유출이 없는 비용 등을 가산하고 현금의 유입이 없는 수익 등을 차감하며, 영업활동으로 인한 자산·부채의 증감액을 가감하여 표시하는 방법을 말한다.

직접법과 간접법에 의한 현금흐름의 표시방법 간의 차이를 명확하게 이해할 수 있도록 표로 나타내면 <표 2-3>, <표 2-4>와 같다.

〈표 2-3〉 **직접법에 의한 현금흐름**

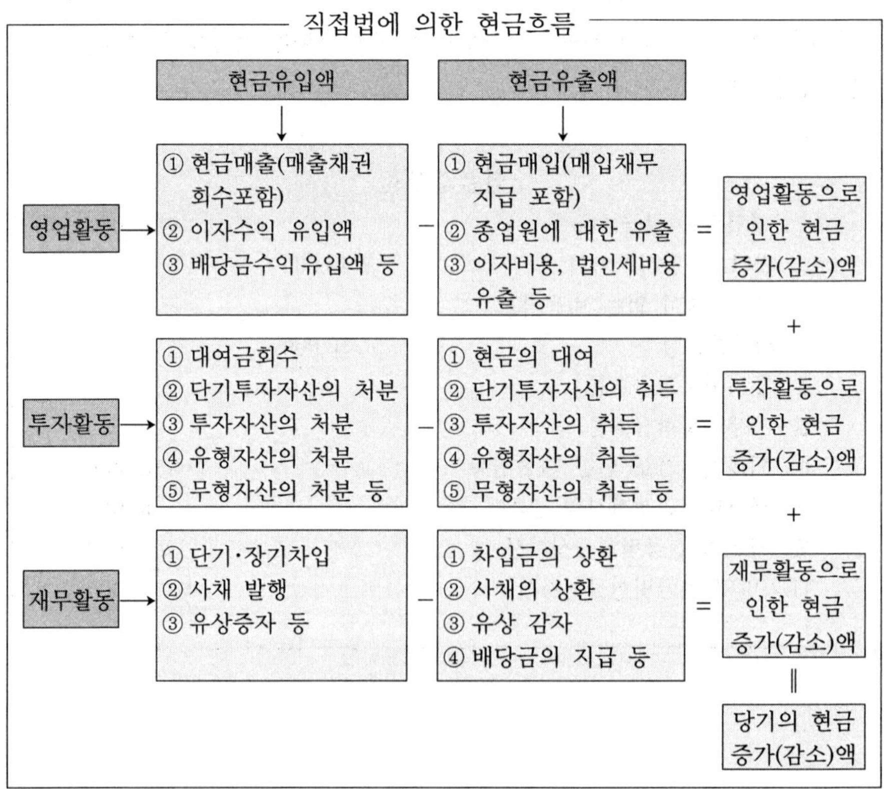

〈표 2-4〉 **간접법에 의한 현금흐름**

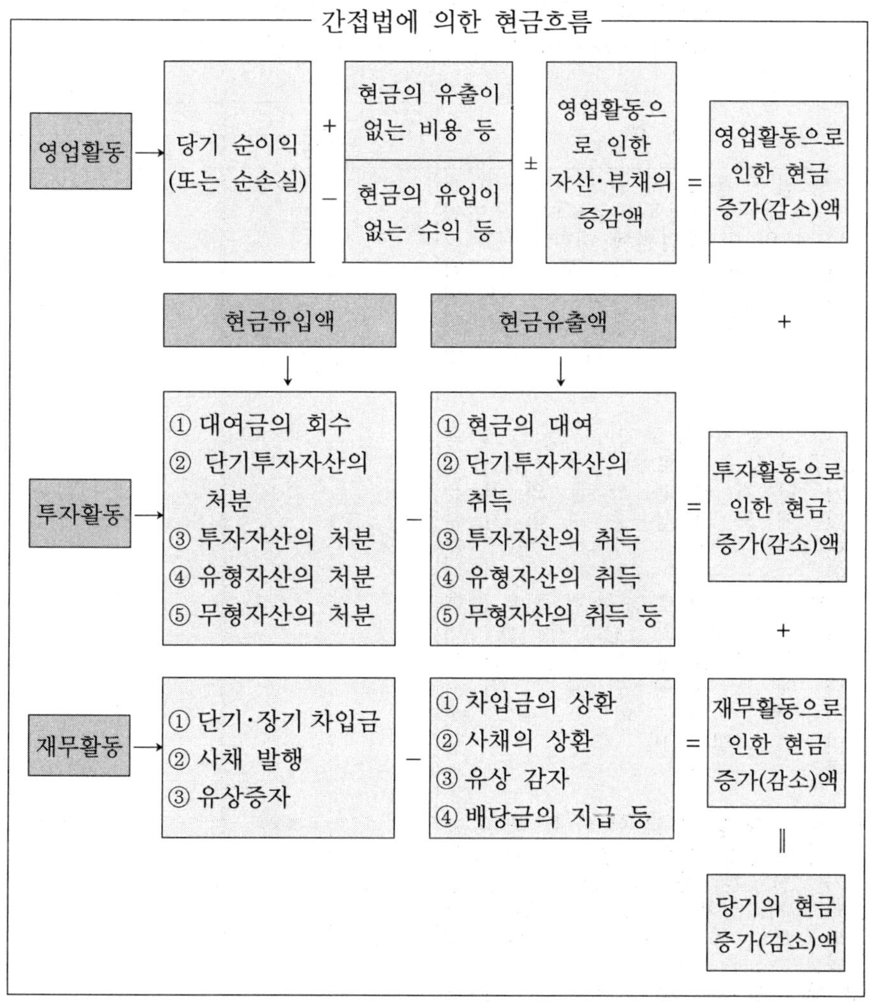

일반기업회계기준에서 정하고 있는 양식(직접법과 간접법)과 국제회계기준에 따른 양식(간접법)은 다음과 같다.

국제회계기준에 따른 간접법 양식에서는 이자지급액, 이자수입, 배당금 수입은 모두 영업활동으로 분류하였다는 점을 유념하기 바란다.

현금흐름표(직접법)

제×기 20××년×월×일부터 20××년×월×일까지
제×기 20××년×월×일부터 20××년×월×일까지

회 사 명 (단위 : 원)

과 목	제×(당)기		제×(전)기	
	금 액		금 액	
Ⅰ. 영업활동으로인한현금흐름		×××		×××
가. 매출등수익활동으로부터의유입액				
나. 매입 및 종업원에 대한 유출액				
다. 이자수익유입액				
라. 배당금수익유입액				
마. 이자비용유출액				
바. 법인세의지급				
사.				
Ⅱ. 투자활동으로인한현금흐름		×××		×××
1. 투자활동으로인한현금유입액				
가. 단기금융상품의처분				
나. 매도가능증권의처분				
다. 토지의처분				
라.				
2. 투자활동으로인한현금유출액				
가. 현금의단기대여				
나. 단기금융상품의취득				
다. 매도가능증권의취득				
라. 토지의취득				
마. 개발비의지급				
바.				
Ⅲ. 재무활동으로인한현금흐름		×××		×××
1. 재무활동으로인한현금유입액				
가. 단기차입금의차입				
나. 사채의발행				
다. 보통주의발행				
라.				
2. 재무활동으로인한현금유출액				
가. 단기차입금의상환				
나. 사채의상환				
다. 유상감자				
라.				
Ⅳ. 현금의증가(감소)(Ⅰ+Ⅱ+Ⅲ)		×××		×××
Ⅴ. 기초의현금		×××		×××
Ⅵ. 기말의현금		×××		×××

현금흐름표(간접법: 일반기업회계기준)

제×기 20××년×월×일부터 20××년×월×일까지
제×기 20××년×월×일부터 20××년×월×일까지

회 사 명 (단위 : 원)

과 목	제×(당)기		제×(전)기	
	금 액		금 액	
Ⅰ. 영업활동으로 인한 현금흐름		×××		×××
1. 당기순이익(손실)				
2. 현금의 유출이 없는 비용등의 가산				
가. 감가상각비				
나. 퇴직급여				
다.				
3. 현금의 유입이 없는 수익등의 차감				
가. 사채상환이익				
나.				
4. 영업활동으로인한자산·부채의변동				
가. 재고자산의 감소(증가)				
나. 매출채권의 감소(증가)				
다. 이연법인세차의 감소(증가)				
라. 매입채무의 증가(감소)				
마. 미지급법인세의 증가(감소)				
바. 이연법인세대의 증가(감소)				
사.				
Ⅱ. 투자활동으로 인한 현금흐름		×××		×××
1. 투자활동으로 인한 현금유입액				
가. 단기금융상품의 처분				
나. 매도가능증권의 처분				
다. 토지의 처분				
라.				
2. 투자활동으로 인한 현금유출액				
가. 현금의 단기대여				
나. 단기금융상품의 취득				
다. 매도가능증권의 취득				
라. 토지의 취득				
마. 개발비의 지급				
바.				
Ⅲ. 재무활동으로 인한 현금흐름		×××		×××
1. 재무활동으로 인한 현금유입액				
가. 단기차입금의 차입				
나. 사채의 발행				
다. 보통주의 발행				
라.				
2. 재무활동으로 인한 현금유출액				
가. 단기차입금의 상환				
나. 사채의 상환				
다. 유상감자				
라.				
Ⅳ. 현금의 증가(감소)(Ⅰ+Ⅱ+Ⅲ)		×××		×××
Ⅴ. 기초의 현금		×××		×××
Ⅵ. 기말의 현금		×××		×××

현금흐름표(간접법: 국제회계기준)

제×기 20××년×월×일부터 20××년×월×일까지
제×기 20××년×월×일부터 20××년×월×일까지

회 사 명 (단위 : 원)

과 목	제×(당)기		제×(전)기	
	금	액	금	액
Ⅰ. 영업활동현금흐름		×××		×××
1. 법인세차감전순이익(손실)				
2. 현금유출이 없는 비용등의 가산				
가. 감가상각비				
나. 퇴직급여				
다. 이자비용				
라.				
3. 현금유입이 없는 수익등의 차감				
가. 사채상환이익				
나.				
4. 영업활동으로 인한 자산부채의 변동				
가. 재고자산의 감소(증가)				
나. 매출채권의 감소(증가)				
다. 선급비용의 감소(증가)				
라. 매입채무의 증가(감소)				
마. 미지급비용의 증가(감소)				
바.				
영업에서 창출된 현금흐름				
가. 이자수익유입액				
나. 배당금수익유입액				
다. 이자비용유출액				
라. 법인세의 지급				
Ⅱ. 투자활동현금흐름		×××		×××
1. 투자활동으로 인한 현금유입액				
가. 단기금융상품의 처분				
나. 기타포괄손익인식 금융자산의 처분				
다. 유형자산의 처분				
라.				
2. 투자활동으로 인한 현금유출액				
가. 단기대여금회수				
나. 단기금융상품의 취득				
다. 기타포괄손익인식 금융자산의 취득				
라. 유형자산의 취득				
마. 무형자산의 취득				
바.				
Ⅲ. 재무활동현금흐름		×××		×××
1. 재무활동으로 인한 현금유입액				
가. 단기차입금의 차입				
나. 사채의 발행				
다. 보통주의 발행				
라.				
2. 재무활동으로 인한 현금유출액				
가. 단기차입금의 상환				
나. 사채의 상환				
다. 배당금지급				
라.				
Ⅳ. 외화환산으로 인한 현금의 변동		×××		×××
Ⅴ. 현금의 증가(감소)(Ⅰ+Ⅱ+Ⅲ)		×××		×××
Ⅵ. 기초의 현금		×××		×××
Ⅶ. 기말의 현금		×××		×××

국제회계기준에서는 간접법의 경우 영업활동부분에서 이자수취액, 이자지급액 및 법인세지급액을 별도로 공시하는 것이 원칙으로 되어 있다. 따라서 법인세비용차감전순이익에서 출발하여 여기에다 이자수익과 이자비용을 먼저 가감조정하게 된다. 그리고 미수이자, 미지급이자 및 미지급법인세의 증감액에 대해서는 조정항목에서 제외시킨다. 그밖에 조정항목을 반영해서 영업에서 창출된 현금흐름을 계산하고서 이자수취액, 이자지급액 및 법인세지급액을 가감하여 영업활동 현금흐름을 표시하게 된다.

이렇게 계산된 영업활동 현금흐름은 일반기업회계기준의 작성 방법인 당기순이익에서 출발하여 가감항목을 반영해서 계산하던 금액과 동일하게 표시된다.

다음 [예제 2-9]는 간접의 경우 일반기업회계기준과 국제회계기준 방식 간의 차이에 대한 비교를 제시해 주고 있다.

예제 2-9 간접법에 따른 영업활동 현금흐름 표시 비교

일반기업회계기준 방식		국제회계기준 방식	
영업활동		영업활동	
당기순이익	40,000	법인세차감전순이익	65,000
		이자수익	(11,000)
		이자비용	12,000
감가상각비	10,000	감가상각비	10,000
유형자산처분이익	(10,000)	유형자산처분이익	(10,000)
매출채권의 증가	(10,000)	매출채권의 증가	(10,000)
미수이자의 감소	3,000		
재고자산의 증가	(10,000)	재고자산의 증가	(10,000)
매입채무의 증가	10,000	매입채무의 증가	10,000
미지급이자의 증가	2,000		
미지급법인세의 감소	(5,000)		
		영업 창출 현금	56,000
		이자수취액	14,000
		이자지급액	(10,000)
		법인세지급액	(30,000)
영업활동 현금흐름	30,000	영업활동 현금흐름	30,000

6. 현금흐름표의 작성방법 : 직접법

손익계산서와 비교재무상태표를 이용하여 영업활동 현금흐름을 산출하는 방법에는 직접법과 간접법이 있다.

직접법은 영업활동 현금흐름을 발생원천별로 구분하여 표시하는 방법으로, 이는 손익계산서에 계상된 매출액·매출원가·판매비와관리비·이자비용·이자수익·배당금수익·법인세비용 등을 현금수입액이나 현금지출액으로 전환시켜 현금흐름표에 반영·보고하는 방법이다. 항목별 현금수입액이나 현금지출액의 산출방법은 다음과 같다.

(1) 현금매출액

현금매출액은 손익계산서상 매출액과 비교재무상태표상 매출채권을 이용하여 다음과 같이 산출한다.

매출채권

기초잔액	×××	현금회수액(?)	×××
매 출 액	×××	대손발생액	×××
		기말잔액	×××

←

대손충당금

대손발생액	×××	기초잔액	×××
기말잔액	×××	대손상각비	×××

(2) 상품의 현금매입액

현금매입액은 손익계산서상 매출원가와 비교재무상태표상 상품과 매입채무를 이용하여 다음과 같이 산출한다.

매입채무

현금지급액	×××	기초잔액	×××
기말잔액	×××	매입액	×××

←

상 품

기초잔액	×××	매출원가	×××
매입액(?)	×××	기말잔액	×××

(3) 이자와 배당금의 현금수입액

현금수입액은 손익계산서상 이자수익 및 배당금수익과 비교재무상태표상 미수수익과 선수수익을 이용하여 다음과 같이 산출한다.

수익계정

기초미수수익	×××	기초선수수익	×××
수익계상액	×××	현금수입액(?)	×××
기말선수수익	×××	기말미수수익	××

(4) 판매비와관리비·이자 및 법인세의 현금지급액

현금지급액은 손익계산서상 판매비와관리비·이자비용 및 법인세비용과 비교재무상태표상 선급비용과 미지급비용을 이용하여 다음과 같이 산출한다.

비용계정

기초선급비용	×××	기초미지급비용	×××
현금지급액(?)	×××	비용계상액	×××
기말미지급비용	×××	기말선급비용	×××

7. 현금흐름표의 작성방법 : 간접법(일반기업회계기준)

1) 간접법에 의한 영업활동으로 인한 현금흐름 산출과정

일반기업회계기준에 의한 간접법은 손익계산서상 당기순손익에 현금의 유출이 없는 비용 등은 가산하고 현금의 유입이 없는 수익 등은 차감하여 영업활동으로 인한 현금흐름을 산출하는 것으로, 이는 발생주의의 당기순이익을 영업활동으로 인한 현금흐름인 현금주의 순이익으로 전환시키는 방법이다. 현금주의 순이익은 영업활동에서 발생한 현금수입액(이를 현금영업수익이라 한다)에서 영업활동에서 발생한 현금지출액(이를 현금영업비용이라 한다)을 차감한 것인데, 기업회계기준상 현금흐름표의 작성시 영업활동이란 이자수입·배당금수입·이자지급·법인세지급거래를 포함하는 것으로, 손익계산서의 순이익을 산출하기 위한 거래내용과는 차이가 있음을 유의하여야 한다. 발생주의의 당기순이익과 현금주의의 순이익(영업활동으로 인한 현금흐름)을 산출하는 식은 다음과 같다.

> (발생주의) 당기순이익 = 수익과 이득 − 비용과 손실
> (현금주의) 순이익 = 현금수익 − 현금비용

따라서 발생주의 당기순이익을 현금주의 순이익(영업활동으로 인한 현금흐름)으로 전환시키기 위해서는 다음과 같은 과정을 거쳐야 한다.

① 현금지출이 없는 비용과 현금수입이 없는 수익을 당기순이익에 가감

② 당기순이익에서 투자활동과 재무활동에서 발생한 이득은 차감하고 손실은 가산

③ 영업활동으로 인한 자산·부채의 변동액을 당기순이익에 가감

발생주의의 당기순이익과 현금주의의 순이익(영업활동으로 인한 현금흐름)을 산출하는 과정은 다음 <표 2-5>와 같다.

〈표 2-5〉 **간접법에 의한 영업활동 현금흐름 산출과정**

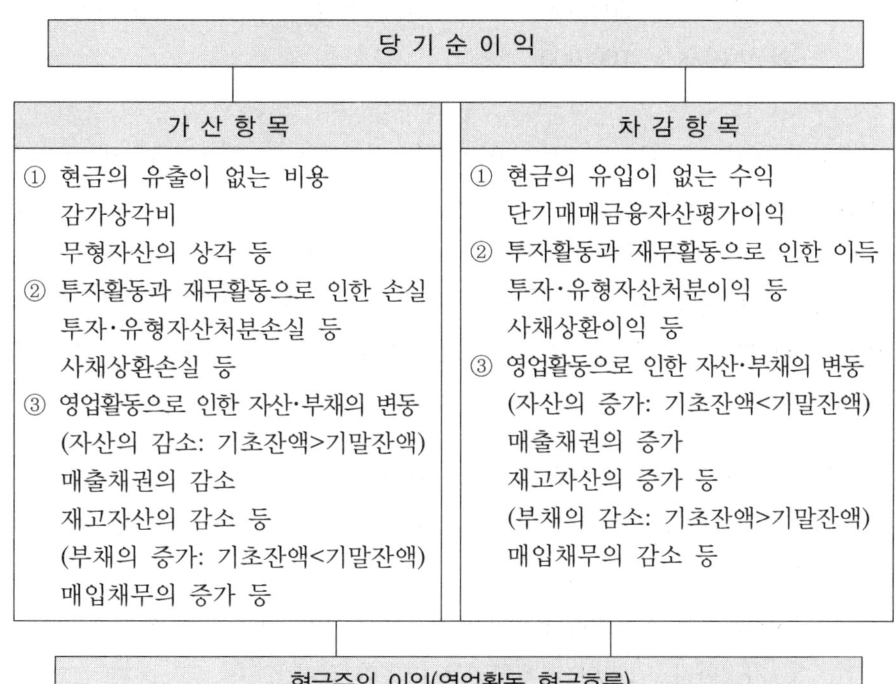

당기순이익에 가감하는 항목 및 그 이유를 설명하면 다음과 같다.

(가) 현금의 수입이 없는 수익은 당기순이익에서 차감하고 현금의 지출이 없는 비용은 가산하며, 수익으로 계상되지 않은 현금영업수익은 가산하고 비용으로 계상되지 않은 현금영업비용은 차감한다. 가감하여야 할 항목과 금액은 감가상각비 등 현금유출이 없는 비용과 <표 2-5>에서 제시한 재무상태표상 항목중 영업활동으로 분류된 계정과목의 기중 증감액이 된다. 이에 대한 예를 들어 설명하면 다음과 같다.

예를 들어 한 회계기간 동안 매출액 ₩300,000 중 ₩200,000은 현금으로 회수하고 나머지 ₩100,000은 외상매출하였으며 이외의 거래가 없다고 하자. 그러면 회계처리는 다음과 같다.

(차)	현 금	200,000	(대) 매 출	300,000
	외상매출금	100,000		

따라서 현금기준 이익은 ₩200,000(현금 수입액)으로 재무상태표상 차변에 현금 ₩200,000이 증가되나, 발생기준 순이익은 ₩300,000으로 재무상태표상 대변에 자본 ₩300,000이 증가되어, 각 방법에 의한 순이익은 외상매출금 증가액 ₩100,000만큼 차이가 발생한다. 이의 조정을 위해 손익계산서상 순이익 ₩300,000에서 외상매출금 증가액 ₩100,000을 차감하면 현금기준 순이익 ₩200,000이 산출된다.

(나) 손익계산서상 순이익에 투자 및 재무활동에 따른 비용(또는 손실)은 가산하고 수익(또는 이익)은 차감시키는데, 이에 대한 예를 들면 다음과 같다.

예를 들어 취득원가 ₩20,000의 토지를 ₩25,000에 현금 처분하였다고 가정하자. 그러면 회계처리는 다음과 같다.

(차) 현 금	25,000	(대)	토 지	20,000
			유형자산처분이익	5,000

이상의 유형자산 처분거래는 현금흐름표상 투자활동 현금유입액 ₩25,000으로 계상되므로 현금수입액이 모두 기입된다. 그런데 유형자산처분이익 ₩5,000은 손익계산서상 순이익에 포함되어 있으므로 순이익을 영업활동 현금흐름에 전액 포함시키는 경우 유형자산처분이익 ₩5,000은 이중계상(영업활동과 투자활동)되며 또한 이는 영업활동의 결과가 아니므로 영업활동 현금흐름

에 포함시킬 수가 없어 순이익에서 유형자산처분이익 ₩5,000을 차감하는 것이다. 이외의 이득과 손실을 순이익에 가감하여 조정하는 논리도 이와 유사하다.

2) 간접법에서 당기순이익에 가감하는 항목 및 그 이유

간접법으로 작성된 현금흐름표를 이해하기 위해서는 발생주의에 의한 당기순이익을 현금주의에 의한 당기순이익으로 전환하는 과정에 대한 원리를 이해할 필요가 있다. 위에서 전환하는 절차를 도표로 요약 정리하여 제시하였지만 예를 가지고 설명하여 보자.

먼저 단순한 예로써 다음에 제시된 손익계산서는 금년도에 사업을 처음 시작한 회사의 발생주의에 따른 손익계산서라고 하자.

손익계산서(발생주의)

매출원가	80,000	매 출 액	120,000
감가상각비	20,000	단기매매증권평가이익	10,000
급 여	20,000		
당기순이익	10,000		
총계	130,000	총계	130,000

위 손익계산서에서의 매출액과 매출원가 그리고 급여는 모두 현금으로 수취 및 지급하였다고 가정하고 현금주의에 따른 손익계산서로 전환시키면 다음과 같다.

손익계산서(현금주의)

현금매입액	80,000	현금매출액	120,000
급 여	20,000		
당기순이익	20,000		
총 계	120,000	총 계	120,000

현금주의로 작성된 손익계산서상의 당기순이익은 직접법 방식으로 산출된 영업활동 현금흐름을 의미한다.

이 금액을 간접법에 의해 계산해보면 다음과 같다.

손익계산서상의 당기순이익		₩10,000
가산항목 :		
감가상각비	₩20,000	
차감항목 :		
단기매매금융자산평가이익	10,000	
영업활동 현금흐름		20,000

위의 계산결과를 보면 발생주의 손익계산서에 계상된 항목 중 현금지출이 수반되지 않으면서 비용에 포함됨에 따라 당기순이익을 감소시킨 비용항목인 감가상각비는 당기순이익에 다시 가산되고 있으며, 현금수입이 수반되지 않으면서 수익에 포함되어 당기순이익을 증가시킨 수익항목인 단기매매증권평가이익은 당기순이익에서 차감되고 있다. 이에 따라 계산된 금액이 바로 현금주의 순이익과 정확히 일치되는 것을 알 수 있으며 이렇게 산출된 금액이 바로 영업활동 현금흐름인 것이다.

따라서 간접법에 따라 영업활동 현금흐름을 계산하기 위해서는 손익계산서상의 당기순이익에다 현금지출이 수반되지 않는 비용은 가산하고, 현금수입이 수반되지 않는 수익은 차감시켜야 되는 것을 이해하게 되었을 것이다.

좀 더 복잡한 예를 가지고 설명해보자. 다음에 제시된 손익계산서는 금년도에 사업을 처음 시작한 회사의 발생주의에 따른 손익계산서라고 하자.

손익계산서(발생주의)

매출원가	70,000	매 출 액	140,000
기초재고	0	(미회수외상매출액 ₩30,000 포함)	
당기매입	100,000		
(미지급 외상매입액 ₩20,000 포함)		단기매매증권평가이익	10,000
기말재고	30,000		
급 여	20,000		
감가상각비	10,000		
유형자산처분손실	10,000		
당 기 순 이 익	40,000		
총 계	150,000	총 계	150,000

위 손익계산서를 현금주의로 전환시키면 다음과 같다.

손익계산서(현금주의)

현금매입액	80,000	현금매출액	110,000
급 여	20,000		
당기순이익	10,000		
총 계	110,000	총 계	110,000

현금주의로 계산된 순이익은 영업활동현금흐름이라고 했는데, 이 금액을 간접법에 의해 계산해보면 다음과 같다.

손익계산서상의 당기순이익		₩40,000
가산항목 :		
감가상각비	₩10,000	
유형자산처분손실	10,000	
외상매입금의 증가액	20,000	40,000
차감항목 :		
단기매매금융자산평가이익	10,000	
외상매출금의 증가액	30,000	
재고자산의 증가액	30,000	(70,000)
영업활동 현금흐름		10,000

위의 계산결과를 보면 발생주의 손익계산서에 계상된 항목 중 현금지출이 수반되지 않으면서 비용에 포함됨에 따라 당기순이익을 감소시킨 비용항목은 당기순이익에 다시 가산되고 있으며, 현금수입이 수반되지 않으면서 수익에 포함되어 당기순이익을 증가시킨 수익항목은 당기순이익에서 차감되고 있다.

즉, 감가상각비와 유형자산처분손실은 현금이 지출되지 않으면서 비용에 포함되었기 때문에 이들 항목을 제거하기 위해 당기순이익에 가산되고 있으며, 영업활동과 관련된 부채인 외상매입금의 증가액은 현금지출이 이루어지지 않으면서 그만큼 매출원가를 증가시키면서 당기순이익을 감소시키기 때문에 당기순이익에 가산시키고 있다.

단기매매금융자산평가이익 및 영업활동과 관련된 자산인 외상매출금의 증가액은 현금수입이 없는 수익이면서 수익에 포함되어 당기순이익을 증가시키고 있기 때문에 당기순이익에서 차감되고 있다. 재고자산의 증가액은 그만큼 매출원가를 감소시키면서 그 결과로 당기순이익을 증가시키고 있으나 현금수입이 수반되고 있지 못하기 때문에 당기순이익에서 차감되고 있다.

따라서 발생주의 당기순이익을 현금주의 당기순이익, 즉 영업활동 현금흐름으로 전환시키는 과정은 다음과 같이 산식을 정리해보면 명확해진다.

(현금수익+비현금수익) - (현금지출비용+비현금지출비용) = 당기순이익
현금수익 - 현금지출비용 = 당기순이익+비현금지출비용 - 비현금수익
∴영업활동 현금흐름 = 당기순이익+비현금지출비용 - 비현금수익

위의 예에서 간접법에 의해 영업활동 현금흐름을 계산한 내용을 기업회계기준에 따른 양식으로 표시하면 다음과 같다.

손익계산서상의 당기순이익		₩40,000
현금지출이 없는 비용 가산 :		
감가상각비	₩20,000	
유형자산처분손실	10,000	30,000
현금수입이 없는 수익차감 :		
단기매매금융자산평가이익	10,000	(10,000)
영업활동으로 인한 자산·부채의 변동		
외상매출금의 증가	(30,000)	
재고자산의 증가	(30,000)	
외상매입금의 증가	20,000	(40,000)
영업활동 현금흐름		20,000

3) 당기순이익 가산항목

(1) 현금의 유출이 없으면서 비용으로 계상되는 항목

감가상각비, 무형자산상각비, 재고자산감모손실, 퇴직급여, 단기매매금융자산평가손실, 사채할인발행차금의 상각으로 인한 이자비용 계상분 등이 있는데, 이들 항목은 비용으로 계상됨으로써 그만큼 당기순이익을 감소시키게 된다. 그러나 현금 유출이 수반되지 않았기 때문에 이들 항목의 영향을 취소시키기 위해서 당기순이익에다 다시 가산시킨다.

(2) 투자활동과 재무활동으로 인한 손실

여기에는 유형자산처분손실, 유형자산감액손실, 투자자산처분손실, 투자자산감액손실, 단기매매금융자산처분손실, 사채상환손실 등을 들 수 있다. 이들 항목은 투자활동이나 재무활동의 결과로 나타난 항목으로서, 손익계산서상에 비용으로 계상되어 당기순이익을 감소시키지만 현금유출이 수반되지 않기 때문에 이들 항목의 영향을 취소시키기 위해서 당기순이익에다 다시 가산시킨다.

(3) 영업활동과 관련된 자산의 변동액

매출채권, 재고자산, 선급비용, 선급금, 미수수익의 감소 등이 대표적인 것인데, 당기순이익에 가산하는 이유를 설명하면 다음과 같다.

① 매출채권의 감소

매출채권이 기초에 비해 기말의 잔액이 감소했다는 것은 그만큼 손익계산서에 계상된 매출액보다 매출대금의 회수액이 증가되었다는 의미이다. 그러나 매출대금 회수액을 기준으로 하였을 때, 매출액보다 증가한 회수액 즉, 매출채권의 감소액만큼은 현금 유입을 수반하면서도 당기순이익에 반영되지 않았기 때문에 영업활동 현금흐름을 계산하기 위해서는 당기순이익에 가산되게 된다.

예를 들어 매출채권의 기초잔액이 ₩500, 당기매출액이 ₩1,500, 기말잔액이 ₩300일 경우, 매출대금 회수액은 ₩1,700이 된다. 따라서 손익계산서에 계상된 매출액 ₩1,500보다 ₩200 많은 ₩1,700의 매출대금이 회수된다. 이에 따라 손익계산서에 계상된 매출액 ₩1,500과 회수액 ₩1,700과의 차액 ₩200 즉, 매출채권의 감소액 ₩200을 당기순이익에다 가산하게 된다.

② 재고자산의 감소

재고자산이 기초에 비해 기말에 감소하면, 그만큼 매출원가가 증가하게 되고, 이에 따라 당기순이익이 그만큼 감소되게 된다. 그러나 당기순이익이 감소되었다고 그만큼 현금이 더 유출된 것은 아니고, 감소된 만큼 현금 유출액을 과대계상하게 된다. 따라서 과다계상된 현금 유출비용을 실제 현금유출액에 맞추기 위해서 매출원가와 매입대금 지급액과의 차액, 즉 재고자산의 감소분을 당기순이익에다 가산시키는 것이다.

예를 들어 재고자산의 기초잔액이 ₩500, 당기매입액(전액 현금지급)이 ₩2,000, 기말잔액이 ₩0일 경우, 매출원가는 ₩2,500이 된다. 따라서 손익계산서에 계상된 매출원가(비용) ₩2,500보다 ₩500이 적은 ₩2,000의 현금 유출이 이루어졌기 때문에, 현금 실제 유출액만 반영되도록 매출원가 ₩2,500과 매입대금 ₩2,000의 차액 ₩500 즉, 재고자산의 감소액 ₩500은 당기순이익에 가산되게 된다.

③ 선급비용의 감소

선급비용이 기초에 비해 기말의 잔액이 감소했다는 것은 그만큼 손익계산서에 계상된 비용이 비용지급액보다 더 많다는 의미이다. 그러나 비용으로 지출된 금액보다 증가한 비용계상액만큼은 현금 유출을 수반하지 않으면서 당기순이익을 감소시키기 때문에 영업활동 현금흐름을 계산하기 위해서는 당기순이익에 가산되게 된다.

예를 들어 선급보험료의 기초잔액이 ₩600, 손익계산서상의 보험료가 ₩2,000, 기말잔액이 ₩300일 경우, 보험료 지급액은 ₩1,700이 된다. 따라서 손익계산서에 계상된 보험료는 보험료 지급액 ₩1,700보다 ₩300 많은 ₩2,000이 계상되어 그만큼 당기순이익을 감소시키게 된다. 이에 따라 손익계산서에 계상된 보험료 ₩2,000과 보험료 지급액 ₩1,700과의 차액 ₩300 즉, 선급보험료의 감소분 ₩300은 당기순이익에 가산하게 된다.

④ 미수수익의 감소

미수수익이 기초에 비해 기말의 잔액이 감소했다는 것은 그만큼 손익계산서에 계상된 수익보다 회수액이 더 많다는 의미이다. 그러나 현금 유입액을 기준으로 하였을 때, 수익으로부터 유입된 금액보다 감소한 수익계상액 만큼은 현금 유입을 수반하면서 당기순이익을 감소시키기 때문에 영업활동 현금흐름을 계산하기 위해서는 당기순이익에 가산되게 된다.

예를 들어 미수임대료의 기초잔액이 ₩600, 손익계산서상의 임대료가 ₩2,000, 기말잔액이 ₩400일 경우, 임대료 수취액은 ₩2,200이 된다. 따라서 손익계산서에 계상된 임대료는 임대료 수취액 ₩2,200보다 ₩200 적은 ₩2,000이 계상되어 그만큼 당기순이익을 감소시키게 된다. 이에 따라 손익계산서에 계상된 임대료 ₩2,000과 임대료 수취액 ₩2,200과의 차액 ₩200 즉, 미수임대료의 감소분 ₩200은 당기순이익에 가산하게 된다.

(4) 영업활동과 관련된 부채의 변동액

매입채무, 미지급비용, 선수금, 선수수익의 증가 등이 대표적인 것인데, 당기순이익에 가산하는 이유를 설명하면 다음과 같다.

① 매입채무의 증가

매입채무가 기초에 비해 기말의 잔액이 증가했다는 것은 그만큼 손익계산서에 계상된 매입액보다 매입대금의 지급액이 감소되었다는 의미이다. 그러나 매입대금 지급액보다 증가한 매입액 만큼은 매출원가(비용)를 증가시키면서, 당기순이익을 감소시키게 된다. 그러나 매출원가를 증가시켰다고 해서 그만큼 현금 유출이 수반되지 않았기 때문에 영업활동 현금흐름을 계산하기 위해서는 당기순이익에다 가산시키게 된다.

예를 들어 매입채무의 기초잔액이 ₩300, 당기매입액이 ₩2,000, 기말잔액이 ₩600일 경우, 매입대금 지급액은 ₩1,700이 된다. 따라서 손익계산서에 계상된 매입액 ₩2,000보다 ₩300 적은 ₩1,700의 매입대금이 지급된다. 이에 따라 손익계산서에 계상된 매입액 ₩2,000과 지급액 ₩1,700의 차액 ₩300 즉, 매입채무의 증가액 ₩300만큼 매출원가가 증가되면서 동시에 당기순이익이 감소되었기 때문에 당기순이익에서 가산되게 된다.

② 미지급비용의 증가

미지급비용이 기초에 비해 기말의 잔액이 증가했다는 것은 그만큼 손익계산서에 계상된 비용보다 비용의 지급액이 감소되었다는 의미이다. 그러나 비용지급액보다 증가한 비용계상액만큼은 당기순이익을 감소시키게 되지만, 그만큼 현금 유출이 수반되지 않았기 때문에 영업활동 현금흐름을 계산하기 위해서는 당기순이익에다 가산시키게 된다.

예를 들어 미지급임차료의 기초잔액이 ₩300, 당기임차료 계상액이 ₩2,000, 기말잔액이 ₩600일 경우, 임차료 지급액은 ₩1,700이 된다. 따라서 손익계산서에 계상된 임차료 ₩2,000보다 ₩300 적은 ₩1,700의 임차료가 지급된 것이다. 이에 따라 손익계산서에 계상된 임차료 ₩2,000과 지급액 ₩1,700의 차액 ₩300 즉, 미지급임차료의 증가액 ₩300만큼 당기순이익이 감소되었기 때문에 당기순이익에서 가산되게 된다.

③ 선수금의 증가

선수금이 기초에 비해 기말의 잔액이 증가했다는 것은 그만큼 손익계산서에 계상된 수익보다 수익대금으로의 유입액이 증가되었다는 의미이다. 그러나 수익대금으로의 유입액보다 감소한 수익계상액만큼은 당기순이익을 감소시켰으나, 현금이 수반되었기 때문에 영업활동 현금흐름을 계산하기 위해서는 당기순이익에다 가산시키게 된다.

예를 들어 선수금의 기초잔액이 ₩300, 당기 매출액 계상액이 ₩2,000, 기말잔액이 ₩600일 경우, 수익과 관련돼서 유입된 금액은 ₩2,300이 된다. 이에 따라 손익계산서에 계상된 매출수익 ₩2,000과 유입액 ₩2,300의 차액 ₩300 즉, 선수금의 증가액 ₩300은 영업활동 현금흐름을 계산하기 위해서 당기순이익에다 가산시키게 된다.

④ 선수수익의 증가

선수수익이 기초에 비해 기말의 잔액이 증가했다는 것은 그만큼 손익계산서에 계상된 수익보다 수익대금으로의 유입액이 증가되었다는 의미이다. 그러나 수익대금으로의 유입액보다 감소한 수익계상액만큼은 당기순이익을 감소시켰으나, 현금이 수반되었기 때문에 영업활동 현금흐름을 계산하기 위해서는 당기순이익에다 가산시키게 된다.

예를 들어 선수이자의 기초잔액이 ₩300, 당기 이자수익 계상액이 ₩2,000, 기말잔액이 ₩600일 경우, 이자수익으로의 유입액은 ₩2,300이 된다. 따라서 손익계산서에 계상된 이자수익 ₩2,000보다 ₩300 많은 ₩2,300의 이자수익이 유입된다. 이에 따라 손익계산서에 계상된 이자수익 ₩2,000과 유입액 ₩2,300의 차액 ₩300 즉, 선수이자의 증가액 ₩300은 당기순이익에다 가산시키게 된다.

4) 당기순이익 차감항목

(1) 현금의 유입이 없으면서 수익으로 계상되는 항목

대손충당금환입, 자산수증이익, 채무면제이익, 보험차익, 단기매매금융자산평가이익, 사채할증발행차금의 상각으로 인한 이자수익 계상분 등이 있는데, 이들 항목은 수익으로 계상됨으로써 그만큼 당기순이익을 증가시키게 된다. 그러나 현금 유입이 수반되지 않았기 때문에 이들 항목의 영향을 취소시키기 위해서 당기순이익에서 다시 차감시킨다.

(2) 투자활동과 재무활동으로 인한 이익

여기에는 유형자산처분이익, 투자자산처분이익, 단기매매금융자산처분이익, 사채상환이익 등을 들 수 있다. 이들 항목은 투자활동이나 재무활동의 결과로 나타난 항목으로서, 손익계산서상에 수익으로 계상되어 당기순이익을 증가시키면서 현금유출도 수반된다. 따라서 당기순이익에 조정을 할 필요가 없을 것 같지만, 이들 항목의 영향을 취소시키기 위해서 당기순이익에서 차감시킨다. 그 이유는 다음과 같다. 즉, 이들 항목은 모두 투자활동이나 재무활동과 관련해서 현금 유입을 수반하면서 발생된 것이기 때문에 투자활동이나 재무활동에 계상되어야 한다. 그런데 당기순이익에서 차감시켜 주지 않고 그대로 놓아두면, 당기순이익을 통해서 영업활동에 반영될 뿐만 아니라, 투자 또는 재무활동에도 처분이익만큼 가산된 금액이 보고되어 이중으로 계상되는 불합리한 결과가 발생한다. 따라서 당기순이익 산정에 반영된 처분이익을 다시 당기순이익에서 차감시켜 주어야 이중계산이 방지되면서 정확한 영업활동으로부터의 현금흐름이 계산되는 것이다.

예를 들어 투자자산의 취득원가가 ₩4,000인데 이를 ₩5,000에 매각처분하여 처분이익이 ₩1,000 발생하였다고 하자. 이 경우 투자자산처분이익은 손익계산서에 반영되어 당기순이익을 증가시키게 된다. 그런데 현금흐름표에서는 영업활동 부분에 투자자산처분이익 ₩1,000이 포함된 당기순이익, 그리고 투자활동 부분에 투자자산의 처분대금으로 ₩5,000이 각각 보고되어, 조정을 하지 않을 경우 ₩6,000의 현금 유입이 있는 것으로 된다. 따라서 이 거래는 투자활동 부분에 투자자산의 처분대금으로 ₩5,000이 보고되는 것이 정확한 것이기 때문에 이 부분은 그대로 놓아두고, 영업활동 부분에 당기순이익으로 반영된 부분을 제거하면 이중계상이 되지 않게 된다. 이에 따라 투자자산처분이익 ₩1,000은 당기순이익에서 차감하게 된다.

(3) 영업활동과 관련된 자산의 변동액

매출채권, 재고자산, 선급비용, 선급금, 미수수익의 증가 등이 대표적인 것인데, 당기순이익에서 차감되는 이유를 설명하면 다음과 같다.

① 매출채권의 증가

매출채권이 기초에 비해 기말의 잔액이 증가했다는 것은 그만큼 손익계산서에 계상된 매출액보다 매출대금의 회수액이 감소되었다는 의미이다. 그러나 매출대금 회수액보다 증가한 매출액만큼은 당기순이익을 증가시켰으나, 현금이 수반되지 않았기 때문에 영업활동 현금흐름을 계산하기 위해서는 당기순이익에서 차감되게 된다.

예를 들어 매출채권의 기초잔액이 ₩400, 당기매출액이 ₩1,600, 기말잔액이 ₩700일 경우, 매출대금 회수액은 ₩1,300이 된다. 따라서 손익계산서에 계상된 매출액 ₩1,600보다 ₩300 적은 ₩1,300의 매출대금이 회수된다. 이에 따라 손익계산서에 계상된 매출액 ₩1,600과 회수액 ₩1,300의 차액 ₩300 즉, 매출채권의 증가액 ₩300은 당기순이익에서 차감되게 된다.

② 재고자산의 증가

재고자산이 기초에 비해 기말에 증가하면, 그만큼 매출원가가 감소하게 되고, 이에 따라 당기순이익이 그만큼 증가되게 된다. 그러나 당기순이익이 증가되었다고 그만큼 현금이 유입된 것은 아니고, 증가된 만큼 현금 유출액을 과소계상하게 된다. 따라서 매출원가와 매입대금 지급액과의 차액, 즉 재고자산의 증가분을 당기순이익에서 차감시키는 것이다.

예를 들어 재고자산의 기초잔액이 ₩0, 당기매입액(전액 현금지급)이 ₩2,000, 기말잔액이 ₩500일 경우, 매출원가는 ₩1,500이 된다. 따라서 손익계산서에 계상된 매출원가(비용) ₩1,500보다 ₩500 많은 ₩2,000의 현금 유출이 이루어졌기 때문에, 매출원가 ₩1,500과 매입대금 ₩2,000의 차액 ₩500 즉, 재고자산의 증가액 ₩500은 당기순이익에서 차감되게 된다.

③ 선급비용의 증가

선급비용이 기초에 비해 기말의 잔액이 증가했다는 것은 그만큼 손익계산서에 계상된 비용이 비용지급액보다 더 적다는 의미이다. 그러나 비용으로 지출된 금액보다 감소한 비용계상액만큼은 당기순이익을 증가시키기 때문에 영업활동 현금흐름을 계산하기 위해서는 당기순이익에서 차감되게 된다.

예를 들어 선급보험료의 기초잔액이 ₩300, 손익계산서상의 보험료가 ₩2,000, 기말잔액이 ₩600일 경우, 보험료 지급액은 ₩2,300이 된다. 따라서 손익계산서에 계상된 보험료는 보험료 지급액 ₩2,300보다 ₩300 적은 ₩2,000이 계상되어 그만큼 당기순이익을 증가시키게 된다. 이에 따라 손익계산서에 계상된 보험료 ₩2,000과 보험료 지급액 ₩2,300과의 차액 ₩300 즉, 선급보험료의 증가분 ₩300은 당기순이익에서 차감하게 된다.

④ 미수수익의 증가

미수수익이 기초에 비해 기말의 잔액이 증가했다는 것은 그만큼 손익계산서에 계상된 수익보다 회수액이 더 적다는 의미이다. 그러나 수익으로부터 유입된 금액보다 증가한 수익계상액만큼은 당기순이익을 증가시키기 때문에 영업활동 현금흐름을 계산하기 위해서는 당기순이익에서 차감되게 된다.

예를 들어 미수임대료의 기초잔액이 ₩400, 손익계산서상의 임대료가 ₩2,200, 기말잔액이 ₩600일 경우, 임대료 수취액은 ₩2,000이 된다. 따라서 손익계산서에 계상된 임대료는 임대료 수취액 ₩2,000보다 ₩200 많은 ₩2,200이 계상되어 그만큼 당기순이익을 증가시키게 된다. 이에 따라 손익계산서에 계상된 임대료 ₩2,200과 임대료 수취액 ₩2,000과의 차액 ₩200 즉, 미수임대료의 증가분 ₩200은 당기순이익에서 차감하게 된다.

(4) 영업활동과 관련된 부채의 변동액

매입채무, 미지급비용, 선수금, 선수수익의 감소 등이 대표적인 것인데, 당기순이익에 차감하는 이유를 설명하면 다음과 같다.

① 매입채무의 감소

매입채무가 기초에 비해 기말의 잔액이 감소했다는 것은 그만큼 손익계산서에 계상된 매입액보다 매입대금의 지급액이 증가되었다는 의미이다. 그러나 매입대금 지급액보다 감소한 매입액만큼은 매출원가(비용)를 감소시키면서, 당기순이익을 증가시키게 된다. 그러나 매출원가의 감소를 통해 당기순이익을 증가시켰다고 해서 그만큼 현금 유입이 수반되지 않았기 때문에 영업활동 현금흐름을 계산하기 위해서는 당기순이익에서 차감시키게 된다.

예를 들어 매입채무의 기초잔액이 ₩600, 당기매입액이 ₩2,000, 기말잔액이 ₩300일 경우, 매입대금 지급액은 ₩2,300이 된다. 따라서 손익계산서에 계상된 매입액 ₩2,000보다 ₩300 많은 ₩2,300의 매입대금이 지급된다. 이에 따라 매입대금 지급액을 기준으로 했을 때, 손익계산서에 계상된 매입액 ₩2,000과 지급액 ₩2,300과의 차액 ₩300 즉, 매입채무의 감소액 ₩300만큼 매출원가가 감소되면서 동시에 당기순이익이 증가되었기 때문에 당기순이익에서 차감되게 된다.

② 미지급비용의 감소

미지급비용이 기초에 비해 기말의 잔액이 감소했다는 것은 그만큼 손익계산서에 계상된 비용보다 비용의 지급액이 증가되었다는 의미이다. 그러나 비용지급액보다 감소한 비용계상액만큼은 당기순이익을 증가시키게 되지만, 그만큼 현금 유출이 수반되었기 때문에 영업활동 현금흐름을 계산하기 위해서는 당기순이익에서 차감시킨다.

예를 들어 미지급임차료의 기초잔액이 ₩600, 당기임차료 계상액이 ₩2,000, 기말잔액이 ₩300일 경우, 임차료 지급액은 ₩2,300이 된다. 따라서 손익계산서에 계상된 임차료 ₩2,000보다 ₩300 많은 ₩2,300의 임차료가 지급된 것이다. 이에 따라 임차료 지급액을 기준으로 하였을 때, 손익계산서에 계상된 임차료 ₩2,000과 지급액 ₩2,300의 차액 ₩300 즉, 미지급임차료의 감소액 ₩300만큼 현금 유출이 수반된 비용이 과소계상되어 당기순이익이 증가된 것이기 때문에 당기순이익에서 차감된다.

③ 선수금의 감소

선수금이 기초에 비해 기말의 잔액이 감소했다는 것은 그만큼 손익계산서에 계상된 수익보다 수익대금으로의 유입액이 감소되었다는 의미이다. 그러나 수익대금으로의 유입액보다 증가한 수익계상액만큼은 당기순이익을 증가시켰으나, 현금이 수반되지 않았기 때문에 영업활동 현금흐름을 계산하기 위해서는 당기순이익에서 차감시키게 된다.

예를 들어 선수금의 기초잔액이 ₩600, 당기 매출액 계상액이 ₩2,000, 기말잔액이 ₩300일 경우, 수익과 관련돼서 유입된 금액은 ₩1,700이 된다. 이에 따라 손익계산서에 계상된 매출수익 ₩2,000과 유입액 ₩1,700의 차액 ₩300 즉, 선수금의 감소액 ₩300은 영업활동 현금흐름을 계산하기 위해 당기순이익에서 차감시키게 된다.

④ 선수수익의 감소

선수수익이 기초에 비해 기말의 잔액이 감소했다는 것은 그만큼 손익계산서에 계상된 수익보다 수익대금으로의 유입액이 감소되었다는 의미이다. 그러나 수익대금으로의 유입액보다 증가한 수익계상액만큼은 당기순이익을 증가시켰으나, 현금이 수반되지 않았기 때문에 영업활동 현금흐름을 계산하기 위해서는 당기순이익에서 차감된다.

예를 들어 선수이자의 기초잔액이 ₩600, 당기 이자수익 계상액이 ₩2,000, 기말잔액이 ₩300일 경우, 이자수익으로의 유입액은 ₩1,700이 된다. 따라서 손익계산서에 계상된 이자수익 ₩2,000보다 ₩300 적은 ₩1,700의 이자수익이 유입된다. 이에 따라 유입된 이자수익을 기준으로 하였을 때, 손익계산서에 계상된 이자수익 ₩2,000과 유입액 ₩1,700의 차액 ₩300 즉, 선수이자의 감소액 ₩300만큼은 현금 유입이 수반되지 않은 수익을 계상해서 당기순이익을 증가시킨 셈이기 때문에 당기순이익에서 차감된다.

8. 현금흐름표의 작성방법: 간접법(국제회계기준)

국제회계기준에 의한 간접법은 포괄손익계산서상 법인세비용차감전순이익에 현금의 유출이 없는 비용 등은 가산하고 현금의 유입이 없는 수익 등은 차감하며, 영업활동과 관련된 자산·부채의 증감액을 가감하여 **영업활동 창출현금흐름**을 산출한 다음, 여기에다 이자수취액은 가산하고, 이자지급액(영업활동으로 분류하는 경우)과 법인세지급액을 차감하여 영업활동 현금흐름을 계산하는 방법이다.

국제회계기준에 의한 간접법이 일반기업회계기준의 간접법과 차이나는 점은 영업활동 부분인데, 먼저 **영업활동 창출현금흐름**을 산출한 다음, 여기에다 이자수취액은 가산하고, 이자지급액(영업활동으로 분류하는 경우)과 법인세지급액을 차감하여 영업활동 현금흐름을 계산하는 것으로 이자수취액, 이자지급액, 법인세지급액 등이 직접법과 마찬가지로 나타나고 있다는 것이다. 이에 따라 이자수익, 이자비용 그리고 법인세비용(당기순이익에서 조정할 경우) 등이 조정항목에 나타나는 것도 일반기업회계기준의 간접법과 차이나는 점이다.

예를 들어 이자비용 발생액 ₩12,000, 이자지급액 ₩10,000, 미지급이자 기초잔액 ₩1,000 그리고 기말잔액 ₩3,000이 있다고 가정해보자. 이 내용을 미지급이자계정에 기입하면 다음과 같다.

미지급이자계정

현금지급액	10,000	기초미지급비용	1,000
기말미지급비용	3,000	**이자비용**	12,000
	12,000		13,000

[예제 2-9]에 표시된 것처럼 일반기업회계기준에서는 미지급이자의 기초와 기말잔액간의 변동분인 증가액을 가산항목으로 처리한 반면에 국제회계기준의 경우는 **현금지급액** ₩10,000이 직접 표시되기 때문에 **이자비용** 발생액 ₩12,000을 조정항목의 가산항목으로 처리한다는 것이 다를 뿐 영업활동 현금흐름의 계산에 미치는 영향 ₩2,000의 증가는 같게 된다.

이자수익의 경우도 마찬가지이다. 예를 들어 이자수익 발생액 ₩11,000, 이자수취액 ₩14,000, 미수이자 기초잔액 ₩4,000 그리고 기말잔액 ₩1,000이 있다고 가정해보자. 이 내용을 미수이자계정에 기입하면 다음과 같다.

미수이자계정

기초잔액	4,000	**현금수취액**	14,000
이자수익	11,000	기말잔액	1,000
	12,000		13,000

[예제 2-9]에 표시된 것처럼 일반기업회계기준에서는 미수이자의 기초와 기말잔액간의 변동분인 감소액을 가산항목으로 처리한 반면에 국제회계기준의 경우는 **현금수취액** ₩14,000이 직접 표시되기 때문에 **이자수익** 발생액 ₩11,000을 조정항목의 차감항목으로 처리한다는 것이 다를 뿐 영업활동 현금흐름의 계산에 미치는 영향 ₩3,000의 증가는 같게 된다.

법인세비용차감전순이익이 아닌 당기순이익에서 조정할 경우의 법인세비용을 가산하고 법인세지급액을 차감하는 국제회계기준의 조정방식과 미지급법인세의 변동분을 조정하는 일반회계기준의 방식간의 차이도 마찬가지 논리로 생각하면 그 차이를 쉽게 이해할 수 있을 것이다.

예를 들어 법인세비용 발생액 ₩25,000, 법인세납부액 ₩30,000, 미지급법인세 기초잔액 ₩10,000 그리고 기말잔액 ₩5,000이 있다고 가정해보자. 이 내용을 미지급법인세계정에 기입하면 다음과 같다.

미지급법인세계정

현금납부액	30,000	기초미지급법인세	10,000
기말미지급법인세	5,000	**법인세비용**	25,000
	12,000		13,000

[예제 2-9]에 표시된 것처럼 일반기업회계기준에서는 미지급법인세의 기초와 기말잔액간의 변동분인 감소액을 차감항목으로 처리한 반면에 국제회계기준의 경우는 **법인세납부액** ₩30,000이 직접 표시되기 때문에 **법인세비용** 발

생액 ₩25,000을 조정항목의 가산항목으로 처리하여 법인세비용차감전순이익에서 조정하는 것(당기순이익에서 조정할 경우 법인세비용 발생액 ₩25,000은 조정항목의 가산항목으로 처리됨)이 다를 뿐 영업활동 현금흐름의 계산에 미치는 영향 ₩5,000의 감소는 같게 된다.

발생기준 순이익을 영업활동 현금흐름(현금기준 순이익)으로 전환시키기 위한 과정을 도표로 정리하면 다음과 같다.

법인세비용차감전순이익

가 산 항 목	차 감 항 목
① 현금의 유출이 없는 비용 감가상각비 무형자산상각비·손상차손 등	① 현금의 유입이 없는 수익 당기손익인식금융자산평가이익
② 투자활동과 재무활동으로 인한 비용 투자·유형자산처분손실 사채상환손실·이자비용 등	② 투자활동과 재무활동으로 인한 수익 투자·유형자산처분이익 등 사채상환이익 등
③ 영업활동으로 인한 자산·부채의 변동 (자산의 감소 : 기초잔액>기말잔액) 매출채권의 감소 재고자산의 감소 등 (부채의 증가 : 기초잔액<기말잔액) 매입채무의 증가 등	③ 영업활동으로 인한 자산·부채의 변동 (자산의 증가 : 기초잔액<기말잔액) 매출채권의 증가 재고자산의 증가 등 (부채의 감소 : 기초잔액>기말잔액) 매입채무의 감소 등

영업에서 창출된 현금흐름
+ 이자수취액*
+ 배당금수취액*
−이자지급액*
−법인세지급액

영업활동 현금흐름
(현금기준 순이익)

* 영업활동으로 분류하는 것으로 가정한 경우임

9. 현금흐름표의 정보내용 해석해보기

현금흐름표의 해석과 관련해서 영업활동과 투자활동 및 재무활동으로 인한 현금흐름과 최근에 주목을 받고 있는 잉여현금흐름에 대해서 살펴보면 다음과 같다.

1) 영업활동 현금흐름

현금흐름표 분석시 제일 중요한 부분이 바로 영업활동 현금흐름 부분이다. 발생주의하에서 작성된 당기순손익은 기업을 운영하는데 필요한 현금의 실질적인 증감액을 나타내는 지표가 아니다. 영업활동에서 실질적인 현금의 증감액을 나타내는 것은 바로 영업활동 현금흐름이다.

따라서 정상적인 기업인 경우 영업활동에서 충분하게 창출된 현금을 이용하여 주주에게 배당하거나 부채를 상환하고, 또한 노후화된 유형자산을 대체하거나 추가 투자함으로써 미래의 수요에 대비한 성장의 토대를 마련할 수 있게 된다.

그러나 영업활동에서의 현금유입액보다 현금유출액이 커서 영업자금이 부족한 기업은 외부자금에 의존해서 부족분을 보충하면서 영업을 계속하게 되는데 이런 현상이 개선되지 않고 지속되는 경우 심각한 재무적 위험에 직면할 수 있다.

만약에 영업자금의 부족한 상태가 일시적이 아니고 지속되는 경우 기업은 부족한 자금을 조달하기 위하여 재무활동을 통해 자금을 차입하거나 신주를 발행하게 되는데 이와 같은 자금의 조달방법도 영업활동을 통한 현금창출능력에 개선이 없으면 얼마 안 있어 한계에 봉착하게 된다. 자금사정에 심각한 문제가 있는 기업은 자금의 차입이나 증자도 사실상 쉽지가 않기 때문이다. 이러한 경우 부족한 자금은 유형자산 등의 처분을 통하여 조달하게 되는데, 이는 결국 기업의 규모를 축소시킬 뿐만 아니라 제품 등의 생산에도 영향을 미치게 되어 기업의 계속적인 존속도 어렵게 할 수 있다.

따라서 영업활동을 통해서 충분한 현금흐름을 여러 연도 계속해서 창출하고 있지 못한 기업, 특히 여러 연도 -의 현금흐름을 보이고 있는 기업은 만성적인 자금난에 처해 있는 상태이기 때문에 각별한 주의가 필요하다.

재무제표 이용자는 현금흐름표상 영업활동 현금흐름을 이용하여 기업의 배당금 지급능력·부채 지급능력·기업의 신규투자능력 및 계속기업으로서의 존속능력 등을 평가하는데 필요한 결정적인 정보를 제공받을 수 있기 때문에 현금흐름표 분석 시 이 부분에 제일 먼저 초점을 맞추어야 한다.

예제 2-10 영업활동 현금흐름 우량기업과 불량기업의 예

<현금흐름 우량기업의 요약 현금흐름표>

현금흐름표

삼성전자 (단위 : 십억원)

	2013	2012	2011	2010
Ⅰ. 영업활동 현금흐름	28,443	23,066	17,267	18,145
Ⅱ. 투자활동 현금흐름	-27,326	-21,206	-15,561	-17,525
Ⅲ. 재무활동 현금흐름	-1,356	-2,309	-813	-936
Ⅳ. 현금의 증가	-239	-449	892	-316

이 회사는 영업활동에서 창출한 현금 범위 내에서 투자를 하고 있으며, 잉여현금흐름과 보유현금이 충분하기 때문에 재무활동에서 현금의 유출이 이루어지고 있다. 따라서 현금흐름이 매우 우량한 편에 속하는 것으로 평가할 수 있다.

<현금흐름 불량기업의 요약 현금흐름표>

현금흐름표

코리아데이타시스템스(주) (단위 : 억원)

	2000	1999	1998	1997	1996
Ⅰ. 영업활동 현금흐름	-867.5	-166.6	-40.2	248.7	39.6
Ⅱ. 투자활동 현금흐름	-1,121.3	-2,319.6	-18.1	-276.1	-459.0
Ⅲ. 재무활동 현금흐름	1,358.0	2,845.9	21.6	170.5	519.0
Ⅳ. 현금의 증가	-630.5	359.6	-36.7	143.0	99.6

이 회사는 98년 이후부터 영업활동에서의 현금창출능력이 매우 취약해지고 있다. 이러한 상황에서 투자활동에 과도하게 자금을 투자하고 있다. 이 경우 영업활동에서의 부족현금과 투자활동에 소요되는 현금을 거의 재무활동에 의존하고 있기 때문에 영업활동에서의 현금창출능력이 빠른 시일 내에 대폭 개선되지 않는 한, 지급불능의 위험에서 헤어나기 힘들어지게 된다. 결국 이 회사는 영업활동에서의 현금창출능력이 정상화되지 못하고 극심한 재무적 곤경에서 벗어나지 못해 2001년에 도산의 비운을 맛보는 신세가 되었다.

현금흐름표

STX (단위 : 백만원)

	2013	2012	2011	2010
Ⅰ. 영업활동 현금흐름	85,353	159,192	−108,220	61,499
Ⅱ. 투자활동 현금흐름	256,801	−170,200	−311,014	−300,380
Ⅲ. 재무활동 현금흐름	−316,469	−58,448	312,651	168,846
Ⅳ. 현금의 증가	25,685	−69,956	−106,583	−70,035

이 회사는 2011년까지 영업활동 현금흐름의 창출 수준이 낮은 편이며, 영업활동에서 창출한 현금 범위를 벗어나서 과도한 수준의 투자를 하고 있는 상황이다. 이에 따라 재무활동 의존도가 심화되고 있어 향후 자금 난을 겪을 가능성이 높아지고 있을 것으로 예상된다.

2012년에 영업활동 현금흐름이 호전되는 모습을 보였지만 2013년에 와서 영업활동 현금흐름이 부족한 상황에서 부채상환과 이자지급에 어려움을 겪으면서 결국 유동성 위기에 봉착하게 되었으며, 이러한 자금 마련을 위해 투자자산의 처분까지 하는 상황(큰 폭의 투자활동 현금흐름의 + 상황)으로 내몰린 심상치 않는 불길한 현금흐름 징후가 드러나고 있는 것으로 추정된다.

예제 2-11 영업활동 현금흐름 표시(일반기업회계기준)

오뚜기라면(주)는 일반기업회계기준에 따라 현금흐름표를 작성하고 있으며, 영업활동 현금흐름을 계산하는데 표시된 주된 항목을 제시하면 다음과 같다.

오뚜기라면주식회사 현금흐름표

(단위: 백만원)

	제27(당)기	제26(전)기
Ⅰ.영업활동으로 인한 현금흐름	31,150	21,758
1. 당기순이익	9,719	9,682
2. 현금의 유출이 없는 비용등의 가산	11,476	8,145
감가상각비	8,803	6,150
퇴직급여	2,296	1,929
대손상각비	51	66
제품평가손실	129	-
유형자산처분손실	178	1
외화환산손실	19	-
3. 현금의 유입이 없는 수익등의 차감	(136)	(1,089)
외화환산이익	119	1,086
유형자산처분이익	17	3
4. 영업활동으로 인한 자산부채의 변동	10,091	5,021
매출채권의 감소(증가)	(4,815)	(6,550)
재고자산의 감소(증가)	551	6,465
매입채무의 증가(감소)	7,705	2,454
미지급금의 증가(감소)	8,755	1,286
미지급법인세의 증가(감소)	(116)	1,247
이연법인세부채의 증가(감소)	(174)	161

일반기업회계기준에서는 이자비용, 이자수익, 배당금 수익을 모두 영업활동으로 분류하도록 하고 있다.

예제 2-12 영업활동 현금흐름 표시(국제회계기준)

일반기업회계기준과는 달리 국제회계기준에서는 이자지급액을 영업활동이나 재무활동 중 어느 한 쪽으로 그리고 이자수익, 배당금 수익은 영업활동이나 투자활동으로 선택해서 분류하는 것을 허용하고 있다.

다음 사례회사는 동일 업종의 회사인데, 이자지급액, 이자수익, 배당금 수익에 대한 분류방식이 다르게 되어 있다.

<이자지급액, 이자수익, 배당금 수익을 영업활동으로 분류한 현금흐름표>

농심 현금흐름표

(단위: 백만원)

	제50기	제49기	제48기
영업활동으로 인한 현금흐름	151,175	27,987	112,394
당기순이익	92,612	207	86,174
비현금항목의 조정	99,732	104,740	124,350
운전자본의 조정	(24,685)	(75,933)	(74,151)
이자의 수취	16,518	20,239	20,806
이자의 지급	(2,017)	(2,524)	(2,413)
배당금의 수취	190	380	475
법인세의 납부	(31,174)	(19,122)	(42,847)

<이자지급액을 재무활동, 이자수취액, 배당금 수입을 투자활동으로 분류한 현금흐름표>

삼양식품 현금흐름표

(단위: 백만원)

	제53기	제52기	제51기
영업활동 현금흐름	13,641	2,297	22,602
영업에서 창출된 현금흐름	14,771	4,525	24,713
법인세의 지급	(1,131)	(2,228)	(2,111)
투자활동 현금흐름	8,308	(5,248)	(27,084)
이자의 수취	551	1,289	1,808
배당금 수입	73	123	1
재무활동 현금흐름	(1,777)	(22,811)	7,275
이자의 지급	(1,907)	(2,639)	(3,019)
배당금의 지급	0	(1,130)	(659)

예제 2-13 영업활동 현금흐름의 비교시 주의할 점

기업간의 영업활동 현금흐름의 창출능력을 비교할 때에는 이자지급액, 이자수익, 배당금 수익의 분류방식에 주의할 필요가 있다. 과거의 기업회계기준과 현재의 일반기업회계기준 그리고 미국의 회계기준에서는 이자지급액, 이자수익, 배당금 수익을 영업활동으로 분류하도록 하고 있다. 그러나 국제회계기준에서는 이자지급액을 영업활동이나 재무활동 중 어느 한 쪽으로 그리고 이자수익, 배당금 수익은 영업활동이나 투자활동으로 선택해서 분류하는 것을 허용하고 있다.

이에 따라 국제회계기준에 적용받는 기업들은 회사의 회계정책에 따라 분류방식을 정해서 현금흐름표를 작성하고 있는 실정이다.

따라서 이자지급액, 이자수익, 배당금 수익의 분류방식이 다른 기업을 비교할 때 분류방식이 동일하지 않을 경우에는 어느 한 쪽으로 통일하여 비교해야 정확한 비교가 가능해질 것이다.

다음 사례회사는 이자지급액을 영업활동으로 분류하지 않고 재무활동으로 분류한 회사이다. 이 회사는 현재 유동성 위기에 직면한 회사이다. 영업활동으로 다시 분류하였을 때의 영업활동 현금흐름이 어떻게 변하는지 살펴보자.

<이자지급액을 재무활동으로 분류한 원래의 요약 현금흐름표>

<u>현금흐름표</u>

동부제철 (단위 : 백만원)

	2013	2012	2011
Ⅰ. 영업활동 현금흐름	132,092	407,812	202,036
Ⅱ. 투자활동 현금흐름	−28,350	−86,200	−94,923
Ⅲ. 재무활동 현금흐름	−118,960	−310,634	−120,463
이자지급액	(−189,686)	(−195,925)	(−202,633)
Ⅳ. 현금의 증가	−15,218	10,978	−13,350

이자지급액을 재무활동으로 분류한 이 회사는 영업활동의 현금창출능력이 양호한 것으로 보여진다.

<이자지급액을 영업활동으로 재분류한 요약 현금흐름표>

현금흐름표

동부제철 (단위 : 백만원)

	2013	2012	2011
Ⅰ. 영업활동 현금흐름	−57,594	221,887	−597
Ⅱ. 투자활동 현금흐름	−28,350	−86,200	−94,923
Ⅲ. 재무활동 현금흐름	70,726	−114,709	82,170
Ⅳ. 현금의 증가	−15,218	10,978	−13,350

이자지급액을 영업활동으로 분류할 경우 이 회사의 영업활동 현금흐름은 이자지급액만큼 차감 표시되면서 대폭 축소된 모습으로 변경되었다. 특히 13년과 11년은 −로 변경되어서 현금창출능력이 불량한 것으로 표시된다. 물론 이론적으로는 이자지급액을 재무활동으로 분류하는 것이 더 타당한 것은 사실이다.

그러나 영업활동 현금흐름을 현금주의 순이익으로 보는 관점에서는 이자비용이 손익계산서 항목이기 때문에 이자지급액을 영업활동으로 분류하고 있다는 점도 참고하기 바란다.

KDS, 차입경영으로 '일장춘몽'

e머신즈 돌풍·나스닥 상장 승승장구 ⇒ 법정관리불가피

23일 오후 3시, 서울 을지로 외환은행 본점 13층 회의실. 45개 금융기관 대표들이 모여 코리아데이타시스템(KDS)에 대한 자금 지원 여부를 표결에 부쳤다.

"이번만 지원을 해주면 유동성 위기를 벗어날 수 있다"는 경영진의 설득에도 불구하고, KDS는 신규 지원에 필요한 '75%' 동의를 끌어내지 못했다. 결국 KDS는 '부실징후기업'으로 낙인 찍혔고, 파산을 피하기 위해 현재 법정관리 신청을 준비 중이다.

한때 국내 IT(정보기술) 스타기업 중 하나였던 KDS의 급격한 부침은 한 편의 드라마와 같다는 평가다. 작년까지만 해도 KDS는 미국과 일본의 자회사를 미국 나스닥과 나스닥재팬에 각각 상장시키며 승승장구했던 기업. 하지만 작년 말 이후 세계 PC경기가 급속한 침체에 들어서고, 무분별한 차입 경영에 따른 후유증까지 터지며 최악의 상황으로 내몰렸다.

불과 1년 6개월이라는 짧은 기간에 마치 롤러코스터를 타듯이 '천당'에서 '지옥'으로 급전직하한 셈이다.

일반인들에게는 낯설지만 KDS는 IT업계에서는 상당히 유명한 회사다. 지난해 167만 대의 모니터를 생산(시장점유율 13%), 삼성전자·LG전자에 이어 국내 모니터 생산부문에서 3위에 올랐다. 또 아이인프라·두고C&C·코리아이멕스·이사이트랩 등 국내외에 15개 자회사를 거느리고 있는 「미니 재벌」이다. 특히 KDS는 지난해 적극적인 해외투자가 성공한 데 힘입어 유명세를 탔다. 지난 99년 KDS는 삼보컴퓨터와 공동으로 미국에 저가 PC업체인 e머신즈를 설립했다. 이 회사는 500달러짜리 초저가 PC를 미국 시장에 출하하며 PC업계에 가격파괴 돌풍을 일으켰다.

e머신즈는 미국 최대 온라인 기업인 AOL의 투자까지 받으며 작년 3월 미국 나스닥시장에 입성했다. e머신즈의 나스닥 상장 재료를 타고 KDS 주가는 주당 3만 원을 호가했고, KDS는 우량 IT기업으로 꼽혔다. 여기에 KDS

가 지분을 출자한 소텍사도 지난해 하반기 일본 나스닥재팬 시장에 등록하며 화제를 모았다.

그러나 불과 1년 후 KDS는 순식간에 부실기업으로 전락했다. 무엇보다 '빚'에 의존해 신규 사업을 확장하는 바람에 재무구조가 극히 나빠졌다. 대우증권 김태웅 연구원은 "원래 모니터 제조업체였으나, 99년부터 일체형 PC·노트북 PC·데스크톱 PC로 사업을 확장했다"며 "결국 차입금이 많이 늘어나 회사가 위기에 빠졌다"고 말했다.

특히 KDS는 작년 인터넷 붐을 타고 이사이트랩·코리아이멕스·코리아스틸닷컴과 같은 닷컴 기업에 집중 투자하는 바람에 재무구조가 더 나빠졌다. 현재 KDS는 부채 규모가 7,111억 원에 달하고, 부채비율도 300%를 넘는다.

설상가상격으로 세계 PC시장이 사상 최악의 불황에 빠지며, 주력 제품인 모니터의 판매도 급감, 실적이 크게 나빠졌다. KDS는 지난해는 106억 원의 순이익을 기록했으나 올 상반기에 274억의 당기순손실을 기록하는 등 손익구조까지 급속히 나빠졌다. 결국 올해 5월 대주주인 고정 회장이 동생인 고대수 회장을 대신해 회사를 다시 경영하기 시작했지만, 무위에 그쳤다.

일단 신규 지원안이 부결됨에 따라 KDS는 법정관리를 선택할 전망이다. 김대선 홍보팀장은 "조만간 이사회를 열어 법정관리를 신청할 예정"이라며 "해외 바이어 채널이 살아있기 때문에 회생할 수 있을 것"이라고 말했다. 증권거래소는 투자자보호를 위해 24일 하루 동안 KDS 주권 거래를 정지했다.

- 조선일보 2001년 10월 25일 -

자금난 STX그룹 신용등급 '투기'로 떨어져

유동성 위기에 처한 STX그룹 주요 계열사의 신용등급이 일제히 투자등급에서 투기등급으로 떨어졌다. 투기등급은 투자에 따른 위험이 커 투자를 하기에 부적격하다는 의미다.

한국신용평가(한신평)는 3일 STX, STX조선해양, STX엔진, 포스텍의 회사채 및 기업어음 신용등급을 하향 조정했다고 밝혔다. 이들 기업의 기업어음 신용등급은 기존 'A3-'에서 'B+'로 한 단계 낮아졌고, 포스텍을 제외한 3개 기업의 회사채 신용등급도 'BBB-'에서 'BB+'로 한 단계 떨어졌다.

정민수 한신평 기업금융평가본부 실장은 "기업어음은 'A3-' 이상, 회사채는 'BBB-' 이상부터 투자등급으로 분류된다"며 "STX 그룹 계열사들이 잇따른 유동성 경색으로 재무적 불확실성이 커졌기 때문에 신용등급 하향검토 목록에 등록했다"고 말했다.

STX그룹은 과감한 인수·합병으로 몸집을 불렸으나 장기 불황에 처한 해운·조선 관련 업종 비중이 커 2008년 글로벌 금융위기 이후 직격타를 맞았다. STX조선해양은 현재 채권단 자율협약(채권금융기관 공동관리)을 체결했고 STX건설은 지난달 말 법정관리(기업회생절차)를 신청했다. 정 실장은 "향후에도 STX 그룹 계열사의 유동성 대응 상황을 면밀하게 점검해 신용등급에 반영할 계획"이라고 말했다

- 조선일보 2013년 5월 3일-

참고 STX의 현금흐름표

	제38기	제37기	제36기
영업활동 현금흐름	85,353	159,192	(108,220)
영업에서 창출(사용)된 현금	59,987	121,994	(141,374)
이자의 수취	15,421	6,552	13,952
배당금의 수취	10,127	29,121	20,228
법인세의 납부	(182)	1,525	(1,026)
투자활동 현금흐름	256,801	(170,700)	(311,014)
단기금융자산의 감소	677,846	298,505	68,632
장기금융자산의 감소	95,915	30,672	304
관계기업투자주식의 처분	288,999	1,325	
유형자산의 처분	3,369	14	1,140
무형자산의 처분	1,749	382	95

단기금융자산의 증가	(857,774)	(320,453)	(51,888)
장기금융자산의 증가	(4,009)	(5,784)	(39,122)
기타채권의 증가	(4,425)	(101,297)	(16,684)
종속기업투자주식의 취득	(593)	(1,136)	(43,381)
관계기업투자주식의 취득	(6,711)	(78,169)	(166,838)
유형자산의 취득	(5)	(516)	(61,531)
무형자산의 취득	(11)	(673)	(3,792)
합병으로 인한 현금및현금성자산의 증가		1,880	
물적분할로 인한 현금및현금성자산의 감소			(9,500)
재무활동 현금흐름	(316,469)	(58,448)	312,651
단기차입금의 차입	301,113	116,659	219,780
장기차입금의 차입		1,734	64,704
유상증자			169,093
사채의 발행		282,123	29,970
단기차입금의 상환	(233,293)		
유동성장기부채의 상환	(300,651)	(335,021)	(60,028)
사채의 상환		(15,304)	
장기차입금의 상환	(912)		(3,306)
자기주식의 취득		(7,025)	(9,926)
이자의 지급	(75,426)	(86,944)	(85,275)
현금및현금성자산의 감소	25,685	(69,956)	(106,583)
기초현금및현금성자산	17,643	88,385	194,906
외화표시 현금및현금성자산의 환율변동효과	(189)	(786)	62
당기말현금및현금성자산	43,139	17,643	88,385

2) 투자활동 현금흐름

영업활동을 통해서 충분한 현금흐름을 창출하는 것은 대단히 중요하다는 점을 앞에서 설명하였다. 그러나 창출한 현금흐름을 기업의 미래를 위해 어떻게 사용하느냐도 마찬가지로 대단히 중요한 문제이다. 미국에서는 단순히 현금흐름이 풍부하기만 한 기업은 M&A의 표적이 되는 것으로 알려져 있다.

기업의 목표는 수익창출이라고 말할 수 있으며, 기업이 유지·성장 발전하기 위해서는 수익창출의 지속적인 증가가 뒷받침되어야 한다. 이러한 수익창출의 증가를 위해서는 장기간에 걸쳐서 수익을 가져다 줄 것으로 기대되는 비유동자산과 일부 유동자산항목에 대한 투자가 계속해서 이루어져야 한다. 투자와 관련하여서 발생하는 현금흐름인 투자활동 현금흐름은 미래의 이익과 현금흐름을 창출시키거나 미래의 자금 운용을 위한 기업의 성장전략을 알 수 있게 해주는 중요한 정보인 것이다.

투자활동에 사용된 현금흐름은 영업활동에서 창출된 현금흐름과 비교하여 평가하여야 한다. 영업활동에서 창출된 현금흐름이 투자활동에 사용된 현금흐름을 초과하고 있으면 성장에 필요한 현금흐름을 영업활동에서 충분히 창출하고 있는 것으로 평가할 수 있다. 반대로 그렇지 못한 경우 부족자금을 재무활동을 통해서 조달한 자금으로 또는 여기에 이전의 이월 보유현금을 합쳐서 사용하게 된다. 그렇다고 이 점을 무조건 부정적으로 평가해서는 안 된다. 왜냐하면 특정 연도에 대규모 투자가 이루어지는 경우 이런 현상이 발생하기 때문이다. 그러나 몇 년이고 계속해서 이런 식으로 투자를 하고 있는 기업은 심각한 재무적 위험에 직면할 가능성이 높기 때문에 조심을 할 필요가 있다.

한편 투자활동의 세부내역을 통해서 기업의 성장전략도 알 수 있다. 어떤 회사는 직접 설비투자하는 경우 외에도 타 회사를 인수하거나 타 회사의 주식을 취득하는 방식으로 생산시설의 확충을 기하면서 회사를 성장 발전시키는 전략을 구사하기도 한다. 또한 보유하고 있는 비유동자산을 매각처분해서 현금흐름을 확보하는 회사도 있다. 이 경우 매각의 이유와 결과에 대한 세밀한 분석은 대단히 중요하다.

예제 2-14 과도한 투자활동은 유동성 위기 초래

현금흐름표

STX조선해양 (단위 : 억원)

	47기	46기	45기	44기
Ⅰ. 영업활동 현금흐름	−1,181	−149	25	−312
Ⅱ. 투자활동 현금흐름	167	−131	−95	16
Ⅲ. 재무활동 현금흐름	974	196	−11	110
Ⅳ. 현금의 증가	−40	−85	−80	−186

STX조선해양은 영업활동에서 창출한 현금흐름에 비추어 과도한 투자를 하고 있다. 이에 따라 부족자금을 재무활동에 의존해서 조달하고 있다. 그러나 2008년 글로벌 금융위기의 여파로 조선업 경기가 불황에 빠져들면서 수익성이 악화됨에 따라 투자액의 회수가 어려워지게 되었다. 이에 따라 회사의 자금난이 심화되는 가운데 결국 이 회사는 유동성 위기가 초래되어 기업존속이 불투명해지는 상황으로 치닫게 되었고 마침내 2013년에 상장 폐지되는 운명에 처하게 되었다. 47기의 투자활동 현금흐름과 재무활동 현금흐름이 큰 폭의 +를 나타내고 있는 것은 회사 정상화를 위한 자산매각조치와 채권단의 자금지원에 기인하는 것이다.

3) 재무활동 현금흐름

재무활동 현금흐름은 영업활동과 투자활동에서 여유자금을 창출시킨 기업의 경우 이 여유자금을 어떻게 활용하고 있는지 또는 영업활동과 투자활동에 부족자금이 발생한 기업의 경우 이 부족자금을 어떻게 조달해서 보충하고 있는지를 알 수 있게 해준다.

영업활동과 투자활동에서 여유자금을 창출시킨 기업의 경우는 이 여유자금을 차입금 상환을 통해 재무내용을 개선하고 배당금 지급이나 자사주 구입을 통해 주주에 대한 환원을 함으로써 기업가치를 증대시킬 수 있다. 반대로 영업활동과 투자활동에서 부족자금이 발생한 기업의 경우 이 부족자금을 차입이나 증자방식으로 조달해서 보충하게 되는데, 이 경우 조달된 자금이 영업활동에 사용되고 있다면 어떤 원인에 의해서든 현재 사업에 문제가 있다는 신호로 받아들여야 한다. 투자활동의 부족자금에 사용되고 있다면 그것이 현재 사업을 유지하기 위한 것인지, 장래를 위한 투자인지에 주위를 할 필요가 있다. 물론 기업의 성장기에는 외부자금에 의존해서 설비투자자금을 조달할 수밖에 없지만 투자를 계속 재무현금흐름에만 의존하는 것은 심각한 재무적 위험을 초래할 수 있다. 차입금에 의존할 경우 기업의 재무구조가 악화되어 기업의 안정성이 흔들릴 것이며, 증자에 의한 자금조달의 경우는 안정성에는 문제가 없겠지만 주주에 대한 자기자본이익률의 저하나 기업 통제면에서 문제(주식소유비율의 저하로 인한 경영권 약화)가 발생할 가능성이 있다.

한편 배당금의 경우 투자활동에 사용된 현금흐름을 초과하는 영업활동에서 창출한 현금흐름의 금액 범위 내에서 즉, 잉여현금흐름 범위 내에서 지급하는 것이 바람직한 것으로 알려져 있다. 따라서 이러한 관점에서 배당금지급의 적절성을 살펴볼 필요도 있다.

이와 같이 재무활동 현금흐름은 영업활동의 유지 및 투자활동의 유지에 필요한 현금흐름의 정도를 나타내주는 정보로서 기업의 재무상황과 성장잠재력 및 주주에 대한 정책 등을 알 수 있게 해준다.

예제 2-15 외부자금 의존도가 낮은 성숙기업

현금흐름표

코웨이 (단위 : 억원)

	25기	24기	23기	22기
Ⅰ. 영업활동 현금흐름	5,176	4,291	3,176	3,313
Ⅱ. 투자활동 현금흐름	−583	−3,009	−3,442	−2,999
Ⅲ. 재무활동 현금흐름	−3,768	−736	356	−382
Ⅳ. 현금의 증가	824	546	90	−68

코웨이는 영업활동에서 창출한 현금흐름이 충분하고, 영업활동 현금흐름 범위 내에서 투자활동을 수행하고 있기 때문에 잉여현금흐름이 발생하고 있다. 이에 따라 잉여현금흐름을 부채상환과 배당금 지급에 사용하고 있다.

예제 2-16 외부자금 의존도가 높은 신생 또는 성장기업

현금흐름표

더존디지털웨어 (단위 : 억원)

	4기	5기	6기	7기
Ⅰ. 영업활동 현금흐름	3	12	40	8
Ⅱ. 투자활동 현금흐름	−6	−18	−153	−190
Ⅲ. 재무활동 현금흐름	4	11	118	197
Ⅳ. 현금의 증가	1	5	5	15

더존디지털웨어는 국내중소기업용 세무/회계 소프트웨어를 개발해서 판매하는 회사인데, 이 분야에서의 시장점유율이 1위로서 영업실적이 급성장하고 있으며, 앞으로도 고성장이 기대되는 유망회사이다. 그러나 신생(또는 성장)기업으로서 초기에 영업활동에서 창출한 현금흐름으로 투자를 한다는 것은 거의 불가능하다. 이에 따라 부족자금을 재무활동(외부자금)에 의존할 수밖에 없게 된다. 따라서 투자가 마무리될 때까지는 재무활동으로 인한 현금흐름이 대개 큰 폭의 +를 보이게 된다. 이러한 것은 회사의 성장잠재력을 높게 평가하고 투자 또는 자금을 제공해주는 투자자와 채권자가 있기 때문에 가능해진다.

4) 잉여현금흐름(Free Cash Flow)

현금흐름표상에는 나타나고 있지 않지만 실무에서 많이 사용되고 있는 현금흐름정보인 잉여현금흐름을 이용하면 현금흐름표 분석을 쉽게 할 수 있다.

잉여현금흐름이란 기업이 영업활동에서 창출한 현금흐름 가운데서 자유롭게(free) 사용할 수 있는 현금흐름으로 자유재량 현금흐름(discretionary cash flow) 또는 여유현금흐름이라고 부르기도 한다. 현재 서구에서는 M&A나 신규투자 등을 할 때 기업이 창출하는 매년의 현금흐름에 비추어 매수가격 등 기업가치를 산정하는 것이 일반적인 것으로 알려져 있다. 이 때 잉여현금흐름을 매우 중시하며 잉여현금흐름을 기업가치의 원천으로 보는 경우가 대부분이다.

잉여현금흐름은 이론적으로 영업활동 현금흐름에서 현재 사업을 유지하기 위한 현금흐름을 차감한 잔액으로서 기업이 자유롭게 사용할 수 있는 현금흐름이라고 정의된다. 그러나 현재 사업을 유지하기 위한 현금흐름의 범위를 어디까지 포함시켜서 측정하느냐에 따라서 잉여현금흐름의 내용과 금액이 달라지게 된다. 지금까지 제시되고 있는 현재 사업을 유지하기 위한 현금흐름의 범위에는 다음과 같은 것이 있다.

① 투자활동으로 인한 현금흐름
② 자본적 지출액(유형자산투자액 또는 유형·무형자산투자액) 전액
③ 배당금 지급액
④ 생산유지에 필요한 자본적 지출액
⑤ 생산유지에 필요한 자본적 지출액 및 안정적 배당분의 지급액
⑥ 자본적 지출액 전액(또는 순액) 및 배당금의 지급액
⑦ 필요한 유가증권 투자(종속회사, 관계회사 투자) 및 생산유지에 필요한 자본적 지출액
⑧ 필요한 유가증권 투자와 자본적 지출액 및 배당분의 지급액

이상의 8가지 가운데서 ⑧안이 현재 사업을 유지하기 위해서는 주식의 보유가 필요하고, 생산설비의 대체와 유지가 필수불가결하며, 또한 주주에 대한 안정적 배당의 확보가 전제라는 이유를 들어 가장 이상적인 잉여현금흐름 측정치인 것으로 보여 진다.

그러나 실무에서는 관련 자료 입수상의 현실적인 제약을 고려해서 ②와 ⑥안이 많이 사용되고 있다. 이 경우 ⑥안 즉, 영업활동 현금흐름에서 유형자산 취득액(또는 순액)과 배당금 지급액 전부를 차감한 잔액을 처분가능현금흐름이란 이름으로 사용하고, ②안을 잉여현금흐름으로 보는 신용평가기관도 있다.

한편 유형자산 취득액에 생산의 현상유지를 위한 기존 유형자산에 대한 대체투자액 뿐만 아니라, 기업확장을 위한 신규자산 취득액도 포함되어 있을 경우 잉여현금흐름이 과소계산되는 문제가 있음을 주의해야 한다.

이에 따라 기존 유형자산을 대체하는데 소요된 현금지출액의 추산치로서 감가상각비를 대신 사용하기도 한다. 그러나 이 경우 감가상각비가 역사적원가에 입각해서 계산된 것이기 때문에 기존 유형자산의 대체자금을 과소계상시켜 잉여현금흐름을 과대계산하는 문제점을 지니게 된다.

잉여현금흐름을 창출한 기업은 다음과 같은 일을 할 수 있다.

① 신규사업, M&A, 구조조정 등 미래를 위한 투자

② 부채상환을 통한 재무체질의 개선

③ 배당, 자사주 매입 등을 통한 주주에 대한 환원

예제 2-17 잉여현금흐름계산

(1) 다음의 자료로 ABC회사의 잉여현금흐름을 계산하여 보자.

영업활동 현금흐름	₩1,400,000
현재의 생산력 유지를 위한 투자액	450,000
생산능력 확장을 위한 투자액	300,000
배당금 지급액	100,000
계산 :	
영업활동 현금흐름	₩1,400,000
현재의 생산력 유지를 위한 투자액	(450,000)
배당금 지급액	(100,000)
잉여현금흐름	850,000

(2) 다음의 자료로 XYZ회사의 잉여현금흐름을 계산하여 보자.

영업활동 현금흐름	₩1,400,000
감가상각비	400,000
유형자산 투자액	800,000
배당금 지급액	100,000
계산 :	
영업활동 현금흐름	₩1,400,000
감가상각비	(400,000)
배당금 지급액	(100,000)
잉여현금흐름	900,000

현재의 생산력을 유지하기 위한 대체투자액에 대한 정보가 제공되지 않고 있다. 이에 따라 기존 유형자산을 대체하는데 소요된 현금지출액의 추산치로서 감가상각비를 대신 사용하기도 한다. 그러나 이 경우 감가상각비가 역사적원가에 입각해서 계산된 것이기 때문에 기존 유형자산의 대체자금을 과소계상시켜 잉여현금흐름을 과대계산하는 문제점을 지니게 된다.

예제 2-18 잉여현금흐름계산

우리나라의 초우량기업이라고 자타가 인정하고 있는 삼성전자의 현금흐름표를 통해서 다양한 잉여현금흐름을 계산해보자.

현금흐름표

삼성전자 (단위 : 십억원)

	제46기	제45기
Ⅰ. 영업활동 현금흐름(1)	18,654	28,443
Ⅱ. 투자활동 현금흐름	−15,9518	−27,326
종속기업 등 순투자	1,215	2,825
유형자산순투자	10,672	10,059
무형자산순투자	1,249	747
자본적지출 합계(2)	13,136	13,631
Ⅲ. 재무활동 현금흐름	−3,090	−1,356
배당금지급(3)	−2,157	−1,207
단기차입금순차입(상환)(4)	171	−179
사채와 장기차입금 상환(5)	−5	−5
Ⅳ. 잉여현금흐름(1−2)	5,518	14,812
잉여현금흐름(1−2−3)	3,361	13,605
잉여현금흐름(1−2 ± 4−5)	5,684	14,628

잉여현금흐름을 세 가지 방식으로 제시하였는데, 첫 번째 잉여현금흐름은 영업활동현금흐름에서 자본적지출(유·무형자산과 종속회사 투자분 모두 포함)을 차감하여 계산한 것으로 기업의 이용가능한 현금흐름으로 채권자와 소유주에게 제공할 수 있는 여유현금을 측정하는데 사용되는 것이라고 말할 수 있다.

두 번째 잉여현금흐름은 영업활동현금흐름에서 자본적지출과 배당금을 차감하여 계산한 것으로 채권자에게 귀속되는 현금흐름(부채상환과 이자지급)을 측정하는데 사용할 수 있는 것이다. 첫 번째와 두 번째 산식에서는 영업활동에 이자지급액이 포함된 경우 이자지급액(세차감후)을 가산해서 이자지급전 영업활동 현금흐름을 사용하기도 한다.

세 번째 잉여현금흐름은 영업활동현금흐름에서 자본적지출을 차감하고 여기에 차입금순차입액을 가산하여 계산한 것으로 지분투자자에게 귀속되는 잉여현금흐름의 수준을 파악하는데 사용되는 것으로 배당금 지급이나 자기주식의 취득에 사용할 수 있는 여유현금수준을 의미한다.

참고 한국기업평가가 사용하는 현금흐름측정치의 종류와 계산방식

삼성전자의 현금흐름측정치

	2008년	2009년	2010년	2011년
총영업활동현금흐름(OCF)	13,066,615	14,029,978	22,551,760	18,143,331
EBITDA	11,753,254	13,946,608	20,345,636	18,987,465
이자/법인세 등	0	0	-897,843	1,237,879
비현금항목 조정	1,313,361	83,370	1,308,281	393,745
운전자본투자	1,032,471	1,467,756	4,406,296	876,418
매출채권 등의 증감	269,780	3,610,566	3,774,258	1,435,177
재고자산의 증감	986,198	64,503	1,614,334	1,304,770
매입채무 등의 증감	706,228	5,607,010	2,958,393	1,297,854
기타	482,721	3,399,697	1,976,097	-565,675
순영업활동현금흐름(NCF)	12,034,144	12,562,222	18,145,464	17,266,913
자본적지출	9,651,750	5,387,593	16,038,663	13,628,604
배당금지급	1,171,509	808,948	1,858,870	824,561
잉여현금흐름(FCF)	1,210,885	6,365,681	247,931	2,813,748
영업자산의처분	256,027	100,173	1,102,676	363,424
투자자산의처분(net)	110,912	-7,172,235	-2,392,778	-3,276,941
기타(net)	-4,881	54,233	-196,611	980,684
내부순현금흐름(ICF)	1,572,943	-652,148	-1,238,782	880,915
자본조달(자사주 포함, net)	165,994	330,738	184,291	160,827
기타 차입외조달(net)	0	0	0	0
재무적가용현금흐름(ACF)	1,738,937	-321,410	-1,054,491	1,041,742

잉여현금흐름이 충분한 기업이 초우량 기업이다

요즈음 기업의 재무적 건강도를 측정하는 지표 중의 하나로 주목을 받고 있는 것이 잉여현금흐름 또는 여유현금흐름(Free Cash Flow)이란 것이다.

잉여현금흐름은 최근에 작성되기 시작한 현금흐름표에서 제공하는 정보를 가지고 계산된다. 잉여현금흐름은 영업활동 현금흐름에서 자본적 지출과 배당금을 차감시켜서 산출된 금액이다.

기업이 정상적으로 운영되기 위해서는 원재료나 상품의 매입, 판매활동과 관리활동에서 나타나는 비용, 채권자에 대한 이자비용, 주주에 대한 배당금, 국가에 대한 법인세비용 및 기업의 장래계획으로 인한 자본적 지출액이 차질 없이 순조롭게 현금으로 지급되어야 한다. 이러한 기업경영상 필수적 지출항목을 매출 등 수익활동으로부터의 현금유입액에서 차감시킨 것이 바로 잉여현금흐름인 것이다. 따라서 잉여현금흐름은 현금흐름표상의 영업활동 현금흐름에서 투자활동에서의 자본적 지출액 또는 순자본적 지출액(유형자산증가분에서 유형자산감소분 차감액을 말함)과 재무활동에서의 배당금을 차감시켜서 산출된 금액과 똑같음을 알 수 있다. 직접법에 의한 현금흐름표 양식의 영업활동 현금흐름 란을 참고하면 그 이유를 알 수 있을 것이다.

잉여현금흐름이 +라는 것은 기업경영에 필수적인 지출항목에 대한 현금지출이 순조롭게 이루어지고 있기 때문에 부채를 감소시키거나 기업을 더 확장시킬 수 있는 현금의 여유가 있다는 것을 의미한다. 반대로 잉여현금흐름이 −인 것은 기업경영에 필수적인 지출항목에 대한 현금지출이 순조롭게 이루어지지 못하고 있기 때문에 유형자산의 매각, 차입이나 사채발행, 주식발행 등의 방법으로 자금조달을 해서 부족자금을 보충해야 함을 의미하는 것이다.

잉여현금흐름의 −가 여러 해 계속되게 되면 유형자산의 매각, 차입이나 사채발행, 주식발행 등의 방법을 통한 자금조달의 길도 막히게 되어 기업은 곤경에 빠지게 될 것이다. 결국 경영자는 경영의 기본 목표인 주주 부의 극대화를 달성하기 위해서는 잉여현금흐름을 증대시키는 데 관심을 가져야 한다. 따라서 잉여현금흐름이 많은 기업이 바로 초우량기업으로 장래가 장미 빛인 기업인 것이다.

우리나라의 초우량기업이라고 자타가 인정하고 있는 삼성전자의 최근 3년간 잉여현금흐름을 살펴보자.

(단위 : 십억원)

	2017	2016	2015
영업활동 현금흐름	38,906	23,985	19,288
차감 : 유형자산 순투자액	-25,397	-12,155	-12,887
배 당 금	-6,746	-3,061	-3,073
잉여현금흐름	6,763	8,769	3,328

계산결과 삼성전자는 잉여현금흐름이 3년 계속해서 +를 보이고 있으며, 2017년과 2016의 경우는 2015년 연도에 비해 큰 폭의 잉여현금흐름수준 증가을 보이고 있어 현재 및 미래의 현금창출능력에 이상이 없는 매우 건강한 초우량기업임을 보여주고 있다. 물론 여기서 사용된 유형자산투자액은 현상유지를 위한 기존설비 대체분과 기업확장을 위한 신규투자분이 모두 포함된 금액이기 때문에 이로 인해 계산된 잉여현금흐름은 과소계상된 금액임을 알아야 할 것이다. 그리고 다음에 제시한 미국기업보다는 잉여현금흐름수준이 낮은 편인데 그 원인은 반도체 부분에 대한 대규모 투자에서 찾을 수 있을 것이다.

다음으로 미국의 초우량기업인 마이크로소프트의 최근 3년간 잉여현금흐름도 살펴보자.

(단위 : 백만달러)

	2017	2016	2015
영업활동 현금흐름	39,507	33,325	29,668
차감 : 유형자산 순투자액	-8,129	-8,343	-5,944
배 당 금	-11,845	-11,006	-9,882
잉여현금흐름	19,533	13,976	13,842

계산결과 마이크로소프트는 잉여현금흐름이 3년 계속해서 +를 보이고 있으며, 잉여현금흐름수준도 매우 높은 편임을 보이고 있어 현재 및 미래의 현금창출능력에 이상이 없는 매우 건강한 초우량기업임을 명백하게 보여주고 있다.

또한 세계적인 기업인 애플의 최근 3개 연도 잉여현금흐름을 살펴보면, 잉여현금흐름수준이 역시 매우 높은 편임을 보이고 있어 현재 및 미래의 현금창출능력에 이상이 없는 매우 건강한 초우량기업임을 명백하게 보여주고 있다.

(단위 : 백만달러)

	2017	2016	2014
영업활동 현금흐름	43,424	39,804	59,713
차감 : 유형자산 순투자액	-7,005	-6,309	-9,571
배 당 금	-6,529	-6,134	-11,126
잉여현금흐름	29,890	27,361	39,016

세계적인 초우량기업인 삼성전자, 마이크로소프트 그리고 애플의 잉여현금흐름 계산 결과를 통해서 초우량기업은 잉여현금흐름수준이 매우 높다는 것을 확인하였다.

예제 2-19 현금흐름표의 해석

(주)지는해의 현금흐름표를 보고 이 회사가 안고 있는 문제점을 발견해보자.

<u>현금흐름표</u>

(주) 지는해　　　　20×6. 1. 1~12. 31　　　　(단위 : 천원)

Ⅰ. 영업활동 현금흐름			52,000
당기순이익		35,000	
당기순이익가감항목			
감가상각비	14,000		
유동자산의 증가(현금제외)	(5,000)		
유동부채의 증가	8,000	17,000	
Ⅱ. 투자활동 현금흐름			91,000
유형자산의 매각		91,000	
Ⅲ. 재무활동 현금흐름			(130,000)
사채의 발행		72,000	
장기차입금의 상환		(170,000)	
자기주식의 구입		(9,000)	
배당금의 지급		(23,000)	
Ⅳ. 현금의 증가			13,000

이 회사의 현금흐름표에 나타난 문제점을 살펴보면 다음과 같다.

첫째, 대부분의 우량기업은 영업활동 현금흐름의 비중이 제일 높은 것으로 알려지고 있다. 그런데 이 회사의 영업활동 현금흐름은 충분치 못하다.

둘째, 이 회사는 영업활동 현금흐름이 충분치 못하기 때문에 유형자산의 매각을 통해서 부족한 자금의 많은 부분을 보충하고 있는 것도 문제지만, 매각한 유형자산을 대체할 설비투자가 전혀 이루어지고 있지 않다는 것도 심각한 문제가 될 수 있다. 왜냐하면 미래의 회사의 제품을 제조하는 데 반드시 필요한 설비투자 없이 미래의 이익창출을 기대한다는 것은 불가능하기 때문이다.

셋째, 이 회사는 부채의 의존도가 높은 문제점을 가지고 있다. 이 회사는 사채발행을 통한 차입규모가 7천 2백만 원이나 된다. 어떠한 회사도 차입자금을 가지고 장기간 생존해 나갈 수는 없다. 왜냐하면 차입자금은 결국 상환해야 할 자금으로서 자금압박의 큰 원인이 될 수 있기 때문이다. 이 회사가 이번에 1억 7천만 원이나 되는 차입금을 상환하고 있는 것에서 이런 사실을 잘 알 수 있다.

마지막으로 이 회사는 자금사정이 넉넉하지 못한 가운데서도 당기순이익에 버금가는 액수를 배당금으로 과대하게 지급하고 있는 것도 자금난을 가중시키는 원인이 되고 있다고 말할 수 있다.

5) 기업의 수명주기와 현금흐름유형

현금흐름유형(cash flow patterns)과 기업의 수명주기(life cycle)와는 대체로 관련성이 있으며, 이를 통해 대략적인 현금흐름표의 해석이 가능해진다.

모든 제품 또는 기업은 수명주기를 거치게 된다. 수명주기는 보통 도입기, 성장기, 성숙기 및 쇠퇴기 등 4단계로 구분한다. 도입기는 기업이 고정자산을 취득하고 제품을 생산·판매하기 시작할 때를 말하며, 성장기는 기업이 생산과 판매를 큰 폭으로 확장시키는 시기를 말한다. 성숙기는 생산과 매출 수준이 정체를 나타내는 시기를 뜻하며, 쇠퇴기는 제품의 판매가 소비자의 수요 감퇴로 인해 감소되는 시기를 말한다.

예를 들어 기업이 한 제품만을 생산하고 그 제품이 판매수명의 말기에 처해 있을 경우 그 기업은 쇠퇴기에 접어들었다고 말할 수 있다. 그러나 기업은 대개 한 제품 이상을 생산하며, 그 기업의 제품 모두가 제품수명주기의 똑같은 단계에 처해 있는 경우는 거의 없다. 그렇지만 우리는 기업 제품의 대다수가 특정 수명주기단계에 처해 있는 것을 알 수 있기 때문에 기업이 수명주기상의 어떤 단계에 있는지를 대략적으로 판단하는 것은 가능하다.

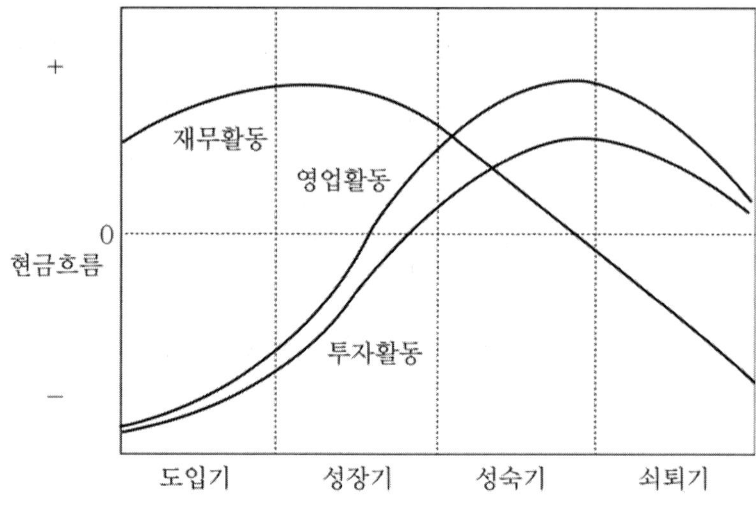

〈그림 2—1〉 **수명주기 단계별 현금흐름**

<그림 2—1>은 수명주기 단계별로 현금흐름에 미치는 영향을 보여주고 있다. 도입기에서는 생산시설을 갖추기 위해 많은 현금이 사용되는 반면에, 영업활동을 통해서 현금흐름을 창출시키기는 어려운 경우가 대부분이다. 결국 생산시설을 갖추는데 필요한 현금자금은 주식을 발행하거나 차입을 통해서 조달할 수밖에 없다. 따라서 도입기의 현금흐름을 보면, 영업활동 현금흐름과 투자활동 현금흐름은 −, 재무활동 현금흐름은 +의 행태를 보이게 된다.

성장기에서는 기업이 영업활동 현금흐름을 어느 정도 창출시키기 시작하게 된다. 그러나 영업활동 현금흐름은 계속해서 당기순이익보다 적은 금액이 창출되게 된다. 왜냐하면 미래의 매출 증가에 대비해 재고자산에 대한 투자(지출) 규모가 늘어나기 때문이다. 이에 따라 재고자산에 대한 지출액보다 적은 금액이 발생주의 하의 비용(매출원가)으로 계상되게 되어 당기순이익이 영업활동 현금흐름보다 많게 계상되는 결과가 나타난다.

또한 매출속도보다 매출채권에 대한 회수속도가 느리게 나타나고, 그리고 매출액 신장이 큰 폭으로 이루어지기 때문에 발생주의에 따라 계상되는 회계기간 동안의 매출액은 그 기간 동안에 회수된 금액을 초과하게 된다. 자산취득에 필요한 현금소요액은 계속해서 영업활동 현금흐름을 초과하게 되고, 이에 따라 회사는 현금부족분을 증자나 추가차입을 통해 보충할 수밖에 없게 된다. 따라서 회사는 계속해서 영업활동 현금흐름이 − 또는 소액의 +, 투자활동 현금흐름은 − 그리고 재무활동 현금흐름은 +의 행태를 보이게 된다.

성숙기에 접어들면 영업활동 현금흐름과 당기순이익은 거의 동일한 금액이 되게 된다. 영업활동 현금흐름은 투자소요액을 초과하게 된다. 따라서 성숙단계에 처한 회사는 부채 상환비중과 자기주식구입비중이 높아지게 된다.

마지막으로 쇠퇴기 단계에 접어들면 영업활동 현금흐름이 감소하게 된다. 투자활동으로 인한 현금흐름은 회사가 과잉시설을 처분함에 따라 +로 변화하고 재무활동으로 인한 현금흐름은 회사가 부채를 상환하고 자기주식을 구입함에 따라서 −의 행태를 보이게 된다.

기업의 수명주기에 따른 신생기업, 성장기업 및 성숙기업의 현금흐름유형을 표로 정리하면 <표 2-3>와 같다.

〈표 2-3〉 **기업 수명주기에 따른 현금흐름유형**

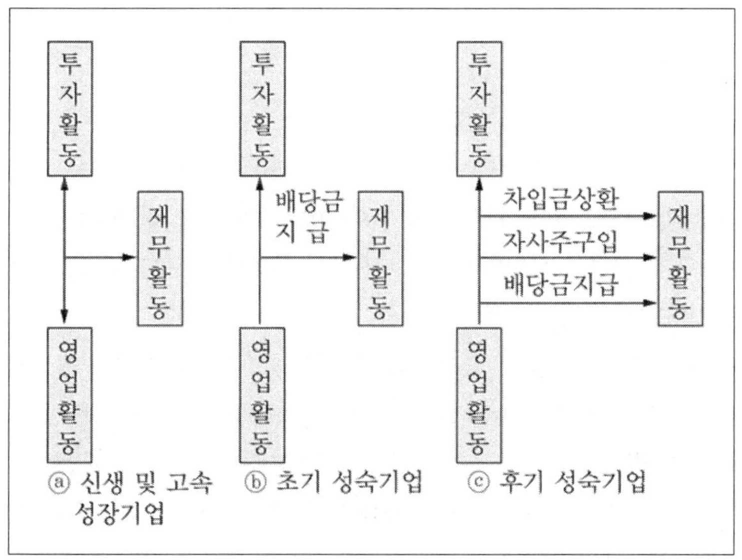

이와 같이 현금흐름유형(cash flow patterns)은 기업의 수명주기(life cycle)와는 대체로 관련성이 있기 때문에 현금흐름표를 분석할 때 기업의 수명주기를 고려하여야 한다.

한편 현금흐름표상에 보고되는 경영활동별 현금흐름을 건전한 유형과 비건전한 유형으로 구분해 볼 수 있다.

현금흐름	건전 유형	비건전 유형
영업활동 현금흐름	+	−
투자활동 현금흐름	−	− 또는 +
재무활동 현금흐름	− 또는 +	+ 또는 −

우량한 기업이라면 당연히 +의 영업활동 현금흐름을 창출시켜야 한다. 그러나 우량한 기업도 일시적으로 −의 영업활동 현금흐름을 창출시킬 수도 있다. 특히 앞에서 설명하였듯이 도입기에 들어선 신생기업이나, 성장기에 들어선 고도성장기업은 −의 영업활동 현금흐름을 보이고 있는 경우가 대부분이므로 해석시 이를 고려할 필요가 있다. 그렇지만 여러 연도에 걸쳐서 지속적으로 −의 영업활동 현금흐름을 보이고 있는 기업은 잘못된 경영으로 인해 분명히 재무적 곤경을 겪고 있다고 말할 수 있다.

정상적인 상황에서 대부분의 기업은 현상 유지와 미래의 발전을 위해서 비유동자산을 계속해서 취득하게 된다. 이에 따라 투자활동 현금흐름은 −로 나타나며, 미래의 현금창출능력이 높아지게 된다. 그러나 +의 투자활동 현금흐름을 나타내고 있는 기업은 설비자산을 대체하는 속도보다 더 빠르게 보유 설비자산을 매각처분하고 있는 상황으로 기업규모가 축소되고 있음을 보여준다. 이런 기업은 결국 미래의 현금창출능력이 낮아지게 되기 때문에 미래전망이 불투명해지게 된다.

재무활동 현금흐름에 대해서는 일반화해서 말하기가 어렵다. 우량기업에서도 + 또는 −로 나타나는 것을 흔히 볼 수 있다. 예를 들어 +의 재무활동 현금흐름은 영업활동을 통해서 창출한 현금흐름을 가지고 급격히 확대되고 있는 투자소요액을 충당할 수 없을 정도로 고속 성장하는 신생기업에서 많이 볼 수 있다. 바로 부족자금이 재무활동에서 조달되기 때문에 재무활동 현금흐름이 +로 나타나는 것이다. 따라서 수익성이 양호하고 미래의 현금창출능력이 높은 기업이라면 +의 재무활동 현금흐름은 문제가 되지 않으며, 오히려 지속적인 성장을 위해서 바람직하다고 볼 수 있다.

−의 재무활동 현금흐름은 안정상태에 도달한 성숙단계의 기업에서 찾아볼 수 있다. 성숙기의 기업은 영업활동을 통해서 충분한 현금흐름을 창출하기 때문에 이 현금흐름으로 차입금을 상환하거나 배당금 지급에 사용할 수 있기 때문에 재무활동 현금흐름이 −를 보이게 된다.

비건전유형인 −, −, +의 현금흐름은 신생기업(또는 벤처기업)과 고속성장 기업에서 흔히 찾아볼 수 있는 유형으로 빠른 시일 내에 수익성 확보가 확실시되어 건전유형으로 전환될 가능성이 높을 때는 문제가 되지 않음을 명심해야 한다.

한편 현금흐름유형이 기업의 모든 것을 충분히 밝혀주는 것은 아니기 때문에 추가적인 분석이 반드시 실시되어야 한다. 현재까지의 현금흐름유형의 추세, 미래의 예상유형, 현금흐름과 관련된 기업의 전략 등과 연결시켜서 분석이 이루어져야 한다는 사실을 기억해야 한다.

예제 2-20 실제기업의 수명주기와 현금흐름

<신생기업의 요약 현금흐름표>

현금흐름표

다음커뮤니케이션 (단위 : 억원)

	2000(6기)	1999(5기)	1998(4기)	1997(3기)
Ⅰ. 영업활동 현금흐름	−60.5	21.2	6.6	0.4
(당기순이익)	113.2	89.4	−0.6	0.1
Ⅱ. 투자활동 현금흐름	5.8	−180.1	−8.6	−6.6
Ⅲ. 재무활동 현금흐름	135.8	193.4	0.9	7.4
Ⅳ. 현금의 증가	81.1	34.6	−1.1	1.2

<성장기업의 요약 현금흐름표>

현금흐름표

락앤락 (단위 : 백만원)

	7기	6기	5기	4기
Ⅰ. 영업활동 현금흐름	31,787	6,319	15,757	10,846
(당기순이익)	14,391	69,400	47,677	25,660
Ⅱ. 투자활동 현금흐름	−218,81	−115,289	−25,235	−13,736
Ⅲ. 재무활동 현금흐름	189,521	114,265	−8,008	25,283
Ⅳ. 현금의 증가	2,493	5,295	−17,485	22,392

<성숙기업의 요약 현금흐름표>

현금흐름표

롯데제과 (단위 : 백만원)

	47기	46기	45기	44기
Ⅰ. 영업활동 현금흐름	136,873	78,794	120,548	164,347
(당기순이익)	73,147	102,925	127,203	122,683
Ⅱ. 투자활동 현금흐름	−318,890	−29,357	−92,167	− 40,895
Ⅲ. 재무활동 현금흐름	176,810	−74,639	−42,335	−23,636
Ⅳ. 현금의 증가	−5,206	−25,201	−12,678	99,816

예제 2-21 현금흐름패턴과 기업수명주기

기업의 3가지 활동으로부터의 현금흐름패턴은 기업 또는 제품의 수명주기와 관련이 있다. 다음 4가지 상황에 나타나 있는 현금흐름패턴을 기업의 수명주기를 관련시켜서 살펴보자.

	A	B	C	D
영업활동 현금흐름	(300)	700	1,500	800
투자활동 현금흐름	(1,500)	(1,200)	(800)	(200)
재무활동 현금흐름	1,800	500	(700)	(300)
현금의 증가	0	0	0	300

A상황은 신생기업이나 성장속도가 급속히 이루어지고 있는 고속성장기업의 전형적인 현금흐름패턴이다. 이러한 기업들은 영업활동을 통한 이익이 아직 적자에서 벗어나지 못하고 있거나 또는 적자에서 흑자로 전환되기 시작하면서 그 증가속도가 높아지게 되며, 매출채권과 재고자산의 증가가 나타나게 된다. 이에 따라 이러한 기업들의 영업활동 현금흐름은 −로 나타나게 된다. 이러한 기업은 고속성장을 유지하기 위해서 설비투자를 확대하지 않으면 안 된다. 따라서 이 단계에 속해 있는 기업들은 영업활동과 투자활동에 필요한 현금흐름을 외부원천 즉 재무활동에 전적으로 의존하여 조달하지 않을 수 없다.

B상황은 A상황보다는 어느 정도 성장단계 후기 또는 성숙단계 초기에 접어들기 시작한 기업의 현금흐름패턴을 보여주고 있다. 이러한 기업은 영업활동을 통해 이익을 실현하고 있으나, 성장속도는 완만한 단계로 접어들었으며 영업활동 현금흐름은 +로 전환되게 된다. 그러나 이러한 영업활동 현금흐름은 설비투자자금을 전부 충당할 정도로 충분하게 창출되지는 않고 있다. 이에 따라 일부 부족 자금을 여전히 외부자금에 의존해서 조달하게 된다.

C상황은 완전히 성숙단계에 들어선 기업의 전형적인 현금흐름패턴이라고 볼 수 있다. 이런 기업은 설비투자자금을 충당하고도 남을 정도로 영업활동 현금흐름을 충분하게 창출하고 있기 때문에 남는 현금흐름초과액을 재무활동, 즉 부채상환, 자사주 구입, 배당금 지급에 사용할 수 있게 된다.

D상황은 쇠퇴기 초기단계에 처한 기업의 전형적인 현금흐름패턴을 나타낸다. 이러한 기업의 영업활동 현금흐름은 감소되기 시작하지만 매출채권과 재고자산의 감소로 인해 여전히 +의 모습을 보이고 있다. 이러한 기업들은 사양산업에 속해 있기 때문에 설비투자를 큰 폭으로 축소하게 된다. 이에 따라 발생하는 초과현금흐름의 일부를 부채상환과 배당금 지급에 사용하고 나머지 현금흐름은 신제품 개발이나 다른 유망산업에 대한 투자자금으로 사용하게 된다.

현금흐름패턴

현금흐름표의 3가지 현금흐름에 나타나는 패턴을 관찰하므로써 기업에 대한 많은 것을 알아낼 수 있다. 다음에 제시되는 도표는 발생가능한 8가지 현금흐름패턴을 보여주고 있으며, 이를 통해 각각의 현금흐름패턴이 의미하는 내용을 알 수 있게 된다.

+의 영업활동 현금흐름(패턴 1~4)은 기업이 장기적으로 존속하기 위해서 반드시 필요하다. 가장 흔한 현금흐름패턴은 2번째 패턴이다. 기업은 영업활동 현금흐름을 가지고 비유동자산을 구입하거나 부채를 상환하게 된다. 성장회사는 현금흐름패턴 6번을 따르게 되는 경우가 많다. 이런 회사는 영업활동에서의 부족한 현금과 비유동자산의 구입에 필요한 현금을 차입을 통해서 보충하게 된다. 미국의 대부분의 상장회사들(약 80%)은 패턴 2, 4 및 6번을 나타내고 있다.

〈도표 1〉 **현금흐름패턴에 의한 현금흐름표 분석**

	영업활동	투자활동	재무활동	일반적 설명
#1	+	+	+	영업활동에서 창출한 현금, 자산매각대금 및 재무활동에서 조달한 현금을 비축해서 타회사를 인수·합병하거나 신사업분야에 진출을 모색하고 있는 유동성이 매우 풍부한 회사임

#2	+	−	−	영업활동에서 창출한 현금으로 비유동자산을 구입하고 있으며, 또한 부채를 상환하거나 배당금을 지급하고 있는 회사임
#3	+	+	−	영업활동에서 창출한 현금과 자산매각대금으로 부채를 상환하거나 소유주에게 배당금을 지급하고 있는 회사임
#4	+	−	+	영업활동에서 창출한 현금과 차입금 또는 주주의 출자대금으로 회사확장에 필요한 투자를 하고 있는 회사임.
#5	−	+	+	영업활동에서 현금을 창출하지 못하는 문제점을 비유동자산의 매각과 차입 또는 주주의 추가출자에 의해서 해결하고 있는 회사임
#6	−	−	+	급격히 성장하는 회사로 영업활동에서의 부족현금과 비유동자산 구입에 필요한 현금을 장기차입금이나 신규 출자액으로 보충하고 있음.
#7	−	+	−	영업활동에서의 부족현금과 채권자에 대한 차입금 상환액이나 주주에게 지급할 배당금을 비유동자산의 매각을 통해서 해결하고 있는 회사임
#8	−	−	−	영업활동에서의 부족현금과 채권자에 대한 채무상환액 또는 주주에게 지급할 배당금을 현금비축액으로 해결하는 회사임

Source : Michael T. Dugan, Benton E. Gup, and William D. Samson, "Teaching the Statement of Cash Flows," Journal of Accounting Education, Vol. 9, 1991, p.36.

6) 영업활동 현금흐름과 당기순이익간의 관계

우량기업을 보면 발생주의에 따른 당기순이익과 영업활동 현금흐름이 모두 +의 값을 나타낸다. 그런데 발생주의에 따른 당기순이익과 영업활동 현금흐름의 논리적인 결합관계는 다음과 같이 4가지 유형으로 정리할 수 있다.

	제1유형	제2유형	제3유형	제4유형
영업활동 현금흐름	+	+	−	−
당기순이익	+	−	+	−

4가지 유형에 대한 의미를 살펴보면 다음과 같다.

제1유형과 제4유형의 경우 그 유형이 여러 기간에 걸쳐서 나타날 경우 그 의미에 대한 해석은 간단하다. 제1유형은 영업활동 현금흐름과 당기순이익이 모두 +의 값을 나타내는 경우로 수익성이 양호한 기업에서 찾아볼 수 있다. 그러나 제4유형은 영업활동 현금흐름과 당기순이익이 모두 −의 값을 나타내는 경우로 이런 유형의 기업은 수익성이 불량하다고 말할 수 있다. 결국 영업활동 현금흐름은 수익성을 확인하는 지표가 되고 있다.

제2유형은 거액의 감가상각비가 계상되는 고도의 자본집약적 산업이나 자본집약적 산업에서의 급격하게 성장하는 기업에서 쉽게 발견할 수 있는 유형이다. 체감상각법을 사용해서 거액의 감가상각비를 계상할 경우 영업활동 현금흐름이 +일지라도 당기순손실이 계상될 수도 있다.

제3유형은 부실경영의 신호인 경우도 있지만 급격히 성장하는 기업에서도 종종 나타난다. 영업활동 현금흐름과 당기순이익간의 차이는 앞에서 살펴본 것처럼 대체로 감가상각비, 영업활동과 관련된 유동자산과 유동부채의 증감액에 의해 설명된다. 매우 급격하게 성장하는 기업은 판매신장속도에 맞춰서 재고자산 투자를 확대하게 되며, 신용매출액도 증가하게 되어 결국 유동자산이 매우 빠른 속도로 증가하게 된다. 이에 따라 모든 매출액이 현재 시점에서 회수되지 않는 상태에서 추가적으로 현금이 재고자산에 투자되게 되어 영업활동 현금흐름은 －가 되지만 당기순이익이 ＋로 계상되게 된다. 그러나 이러한 상황이 머지않아 제1유형으로 바뀔 가능성이 높은 한 문제가 될게 없다.

그러나 제2유형은 매출액은 빠르게 신장되지 않는데, 재고자산과 매출채권이 빠르게 증가되는 기업의 경우에서도 발견된다. 이 경우는 제1유형으로 바뀔 가능성이 매우 낮기 때문에 심각한 자금난이 발생되는 상황이다. 이러한 상황에 처한 기업은 부실경영, 회전속도가 늦은 상품의 취급, 그리고 신용관리의 실패 등에서 그 원인을 찾아볼 수 있다. 이러한 유형은 종종 기업도산의 전조징후일 수 있기 때문에 매우 경계해야 할 기업으로 보아야 한다.

발생주의에 의한 당기순이익은 결코 기업의 모든 상황을 말해주지 않는다는 사실을 반드시 기억해야 한다.

예제 2-22 실제기업의 유형별 현금흐름

<제1유형>

현금흐름표

아모레퍼시픽 (단위 : 억원)

	제9기	제8기	제7기
Ⅰ. 영업활동 현금흐름	4,874	4,095	2,821
(당기순이익)	(3,566)	(2,708)	(2,763)
Ⅱ. 투자활동 현금흐름	－4,458	－2,607	－2,758
Ⅲ. 재무활동 현금흐름	－449	－449	－449
Ⅳ. 현금의 증가	－33	1,039	－385

<제2유형>

현금흐름표

아시아나항공 (단위 : 억원)

	제28기	제27기	제26기
Ⅰ. 영업활동 현금흐름	3,509	3,269	2,228
(당기순이익)	(－1,519)	(－952)	(－1,431)
Ⅱ. 투자활동 현금흐름	－4,082	－1,921	－4,827
Ⅲ. 재무활동 현금흐름	－456	－2,331	3,975
Ⅳ. 현금의 증가	－1,029	－983	1,376

<제4유형에서 제2유형으로 변화>

현금흐름표

삼성바이오로직스 (단위 : 억원)

	제7기	제6기	제5기
Ⅰ. 영업활동 현금흐름	1,498	−627	−2,655
(당기순이익)	(−280)	(−624)	(−350)
Ⅱ. 투자활동 현금흐름	2,652	−13,728	−4,295
Ⅲ. 재무활동 현금흐름	−2,8762	16,313	6,332
Ⅳ. 현금의 증가	1,278	1,958	−618

<제3유형>

현금흐름표

디지텍시스템스 (단위 : 백만원)

	제13기	제12기	제11기
Ⅰ. 영업활동 현금흐름	−18,534	−12,881	15,517
(당기순이익)	(10,287)	(4,948)	(18,538)
Ⅱ. 투자활동 현금흐름	−3,427	−35,664	−15,572
Ⅲ. 재무활동 현금흐름	40,871	35,872	−227
Ⅳ. 현금의 증가	18,885	−12,695	−288

현금흐름표

셀트리온제약 (단위 : 천만원)

	제17기	제16기	제15기
Ⅰ. 영업활동 현금흐름	−1,602	1,359	1,834
(당기순이익)	(278)	(739)	(630)
Ⅱ. 투자활동 현금흐름	−843	−6,770	125
Ⅲ. 재무활동 현금흐름	2,432	6,053	1,276
Ⅳ. 현금의 증가	−12	641	−195

<제4유형>

현금흐름표

경남기업 (단위 : 억원)

	제64기	제63기	제62기
Ⅰ. 영업활동 현금흐름	−2,603	−1,756	−1,596
(당기순이익)	(−3,549)	(−3,396)	(−231)
Ⅱ. 투자활동 현금흐름	355	11	125
Ⅲ. 재무활동 현금흐름	2,409	1,877	1,276
Ⅳ. 현금의 증가	161	132	−195

연결현금흐름표

파티게임즈 (단위 : 백만원)

	제7기	제6기	제5기
Ⅰ. 영업활동 현금흐름	−2,063	−5,704	−5,248
(당기순이익)	(−16,159)	(−21,704)	(−14,363)
Ⅱ. 투자활동 현금흐름	−147,898	−11,962	−37,619
Ⅲ. 재무활동 현금흐름	166,663	419	52,057
Ⅳ. 현금의 증가	16,588	−17,105	9,206

예제 2-23 현금흐름표 해석

다음은 (주)비전의 현금흐름표이다.

현금흐름표

㈜비전	20×6. 1. 1~12. 31	(단위 : 천원)
Ⅰ. 영업활동 현금흐름		23,700
당기순이익	40,700	
감가상각비	36,000	
매출채권의 증가	(23,000)	
재고자산의 증가	(37,000)	
매입채무의 증가	23,000	
선급비용의 증가	(12,000)	
기타채무의 감소	(4,000)	
Ⅱ. 투자활동 현금흐름		86,500
유형자산의 처분	86,500	
Ⅲ. 재무활동 현금흐름		(115,000)
차입금의 상환	(115,000)	
Ⅳ. 현금의 감소		(4,800)
Ⅴ. 기초의 현금		15,400
Ⅵ. 기말의 현금		10,600

물음

1. 이 회사의 당기순이익과 영업활동 현금흐름 간의 차이를 발생시킨 주된 원인을 설명하시오.
2. 이 회사는 현금흐름을 어떻게 사용했는지를 설명하시오.
3. 이 회사의 현금흐름에 대해 평가하시오.

해답 1. 당기순이익과 영업활동 현금흐름이 일치되어 나타나는 경우는 거의 없다. 이 두 항목의 금액에 차이를 가져다주는 첫 번째 주된 원인은 감가상각비에 있다. 감가상각비는 비용항목이기 때문에 당기순이익을 감소시키는 작용을 한다. 그러나 현금의 지출이 수반되는 항목이 아니기 때문에 당기순이익과 영업활동 현금흐름 간의 차이를 야기시킨다. 두 번째 주된 원인은 영업활동과 관련된 유동자산과 유동부채의 증감변동이다. 대체로 매출채권과 재고자산 같은 유동자산의 증가와 매입채무와 같은 유동부채의 증가는 당기순이익의 증가를 보고하는 회사에서 흔히 발견할 수 있는 현상이다. 왜냐하면 매출액의 증대는 매출채권의 증가를 초래하게 되며, 또한 매출의 증대를 뒷받침하기 위해 재고자산의 증가를 필요로 하기 때문이다. 그리고 재고자산에 대한 증대된 수요를 충족시키기 위해 매입채무 역시 증가하게 되기 때문이다. (주)비전의 당기순이익과 영업활동 현금흐름간의 차이에 대한 주된 원인도 바로 감가상각비, 매출채권과 재고자산의 증가 그리고 매입채무의 증가에 있음을 알 수 있다.

2. 이 회사는 영업활동과 투자활동에서 창출시킨 현금흐름을 차입금을 상환하는데 모두 사용하였다.
3. 이 회사 현금흐름의 관리상황은 양호하다고 평가할 수 없다. 이 회사의 영업활동 현금흐름은 당기순이익보다 훨씬 적은 금액이 창출되고 있다. 이에 따라 재고자산의 증가는 이 회사의 재고자산 판매속도가 둔화되고 있으며, 매출채권의 증가는 고객으로부터의 대금회수가 제 때에 이루어지지 않고 지연되고 있는 것으로 해석할 수 있다. 또한 매입채무의 증가는 거래처에 대한 대금 지급이 순조롭지 못해서 나타나는 현상으로 해석할 수 있다.

   한편 현재의 현금수요를 충족시키기 위해서 유형자산을 매각하는 현상은 재무성과가 매우 불량함을 나타내는 신호라고 보여진다. 이 회사는 분명히 회사의 부채를 상환하기 위해서는 영업활동에서 창출한 현금흐름보다 더 많은 현금이 필요한 상황이다. 이에 따라 필요한 현금을 조달하기 위해서 유형자산을 매각할 수밖에 없게 된 것이다. 장기적으로 볼 때 이 회사는 유형자산을 매각해서 부채를 상환하는 방식에 의해서는 생존하기 어렵다고 생각된다.

예제 2-24 도산기업의 현금흐름표 해석

다음은 1975년에 도산한 미국의 W.T. Grant(소매업) 회사의 현금흐름표이다. 그 당시의 재무제표인 대차대조표, 손익계산서, 그리고 재무상태변동표를 분석할 결과 도산의 징후를 발견하기가 어려웠다고 한다. 재작성한 현금흐름표를 통해서 도산의 원인을 파악해보자.

W.T. Grant 회사의 현금흐름표

(단위 : 천달러)

	1969	1970	1971	1972	1973	1974	1975
영업활동							
당기순이익	38,183	41,809	36,415	31,625	34,965	10,902	(177,340)
감가상각비	8,388	8,972	9,619	10,577	12,004	13,579	14,587
기타	(1,140)	(1,559)	(2,470)	(1,758)	(1,699)	(1,345)	(16,993)
외상매출금	(40,326)	(55,491)	(11,981)	(49,873)	(60,281)	(72,220)	109,601
재고자산	(24,901)	(13,505)	(38,364)	(38,184)	(100,857)	(51,104)	43,280
선급금	(420)	(635)	(209)	(132)	(1,271)	(650)	718
외상매입금	22,407	2,064	13,947	6,899	(12,094)	(8,013)	42,328
기타유동부채	8,528	15,370	(21,907)	13,928	4,967	15,647	(101,078)
영업활동 현금흐름	10,719	(2,975)	(14,950)	(26,918)	(114,266)	(93,204)	(84,897)
투자활동							
유형자산취득	(10,620)	(14,325)	(16,141)	(25,918)	(26,251)	(23,143)	(15,535)
투자자산취득	(35)	-	(436)	(5,951)	(2,216)	(5,700)	(5,282)
투자활동 현금흐름	(10,661)	(14,352)	(16,577)	(31,869)	(28,467)	(28,843)	(20,817)
재무활동							
단기차입금	18,895	64,007	64,288	(8,679)	152,293	63,063	147,598
장기부채	(1,500)	(1,687)	(1,538)	98,385	(1,584)	93,926	(3,995)
자본금	844	(17,860)	(8,954)	7,407	(8,227)	1,833	886
배당금	(17,686)	(19,737)	(20,821)	(21,139)	(21,141)	(21,122)	(4,457)
재무활동 현금흐름	553	24,723	32,975	75,974	121,341	137,700	101,078
기타	(113)	(58)	(416)	(1,345)	2,484	(645)	(627)
현금증감액	498	7,338	1,032	15,842	(18,908)	15,008	33,691

이 회사 현금흐름표의 3가지 경영활동을 살펴보면 도산의 징후를 쉽게 발견할 수 있다.

첫째, 영업활동 현금흐름의 경우 거의 모든 회계기간 동안 -를 보이고 있어 이 회사는 도산하기 여러 해전부터 이미 내부적으로 현금흐름을 창출할 수 있는 능력이 상실되었음을 분명하게 보여주고 있다. 영업활동 현금흐름이 -로 나타나게 된 주요 원인은 외상매출금과 재고자산의 증가에서 찾을 수 있다. 즉 이 회사는 신용정책을 완화해서 외상매출을 확대하는 식으로 매출증가 정책을 구사하였으며, 이를 뒷받침하기 위해 재고상품이 과다 구입하여 보유한 것으로 추정된다. 과다한 재고상품의 구입대금이 지출되고 거기에다가 매출대금회수가 지연되거나 대손이 발생함으로써 영업활동을 통한 현금흐름이 유입보다 유출이 훨씬 많은 심각한 현상이 발생하게 된 것이다.

둘째, 영업활동 현금흐름의 경우 계속 -를 보이고 있음에도 불구하고 부채로 조달된 자금으로 계속해서 무리하게 시설을 확장하고, 투자자산에 투자한 것도 도산의 원인이 되었을 것이다.

셋째, 영업활동에서의 부족한 자금과 투자활동에 필요한 자금을 부채로 조달한 재무정책에서도 도산의 원인을 찾을 수 있다. 부채도 거의 단기부채에 의존함으로써 이자부담 및 원금상환에 계속 몰리다가 결국은 영업활동으로부터의 현금흐름창출이 이루어지지 못함으로써 도산이 되게 된 것이다.

넷째, 영업활동으로부터의 현금흐름창출이 이루어지지 못하고, 또한 단기부채 의존도가 매우 높아 자금난이 계속 악화되고 있는 상황 속에서도 장부상의 당기순이익이 발생하고 있다 해서 매년 거의 일정한 수준으로 고율의 배당금을 지급하고 자사주를 매입한 것도 도산을 앞당기는 요인으로 작용하였다고 생각된다.

예제 2-25 현금흐름평가와 잉여현금흐름

다음은 M사의 비교현금흐름표이다.

현금흐름표

(단위 : 백만달러)

	20×8	20×7
영업활동		
당기순이익	1,550.1	1,642.5
감가상각비	881.4	793.8
이연법인세차의 감소(또는 증가)	35.4	(1.1)
매출채권의 증가	(29.9)	(57.6)
재고자산 및 기타유동자산의 증가	(18.1)	(34.5)
매입채무의 증가(또는 감소)	(12.7)	52.8
법인세 및 기타채무의 증가	337.5	221.9
기타	22.9	(175.5)
영업활동 현금흐름	2,766.3	2,442.3
투자활동		
유형자산 취득	(1,997.7)	(2,224.8)
기타자산의 취득	(142.0)	(168.8)
무형자산의 처분	191.5	176.4
투자활동 현금흐름	(1,948.2)	(2,217.2)
재무활동		
단기차입금 차입(또는 상환)	(604.2)	1,097.4
장기차입금 차입	1,461.5	1,037.9
장기차입금 상환	(594.9)	(1,133.8)
자본의 감소(자사주 구입)	(1,089.8)	(755.1)
배당금 지급	(240.5)	(247.7)
기타	207.6	(212.3)
재무활동 현금흐름	(860.3)	(213.6)
현금 및 현금성자산 증가(또는 감소)	(42.2)	11.5
기초의 현금 및 현금성자산	341.4	329.9
기말의 현금 및 현금성자산	299.2	341.4

물음

1. 이 회사의 당기순이익과 영업활동 현금흐름간의 차이를 발생시킨 주된 원인을 설명하시오.
2. 이 회사의 현금흐름을 평가하시오.
3. 이 회사의 잉여현금흐름을 계산하시오. 단 유형자산취득액은 기존설비 대체분이라고 가정한다.
4. 잉여현금흐름의 용도와 미래의 이익과 재무상태에 미치는 영향을 설명하시오.

해답

1. 이 회사의 당기순이익과 영업활동 현금흐름간의 차이에 대한 가장 주된 원인은 바로 감가상각비에 있다. 그 밖의 차이를 가져다 준 원인은 매출채권과 재고자산의 증가 그리고 매입채무의 증가에 있다.
2. 기간에 걸쳐서 영업활동 현금흐름이 증가하고 있고, 당기순이익보다 더 많은 영업활동 현금흐름을 창출하고 있다는 것은 양호한 재무성과를 의미하는 것이다.

   또한 이 회사는 영업활동에서 창출한 현금흐름에 의존해서 대부분의 현금흐름 소요액을 충족시키고 있다. 장기적으로 볼 때 회사는 영업활동에서 창출한 현금흐름이 회사의 현금흐름 소요액을 충족시키기에 충분하여야 한다.

   이 회사는 영업활동에서 창출한 충분한 현금흐름을 가지고 투자활동, 즉 유형자산을 취득하여 회사를 확장하는데 사용하고 있다. +의 영업활동 현금흐름과 −의 투자활동 현금흐름의 패턴은 양호한 성과와 성장에 대한 신호를 의미한다. 이런 방식으로 성장하는 회사는 보통 회사의 가치를 증대시키게 된다. 회사가 투자를 증대시켜 회사규모를 확장시킴에 따라 회사의 생산능력 및 판매규모가 증대되어 결국에는 회사의 수익성과 영업활동 현금흐름 창출능력이 증대되기 때문이다.

   이 회사는 투자활동에 소요되는 현금흐름 이상의 현금흐름을 영업활동에서 창출시키고 있기 때문에 투자활동에서 남은 현금흐름과 신규로 차입한 차입금으로 기존의 차입금 상환, 자사주 구입,

배당금 지급과 같은 재무활동에 사용하고 있다.

결론적으로 이 회사는 대체로 영업활동에서 창출한 충분한 현금흐름을 가지고 투자활동을 계속하여 회사를 성장시키고 있으며, 여유 현금흐름을 재무활동에 적절히 사용함으로써 회사의 가치를 증대시키고 있다고 판단된다.

3. 잉여현금흐름은 여러 가지 방식으로 정의될 수 있다. 여기서 「영업활동 현금흐름 − 자본적 지출액 − 배당금 = 잉여현금흐름」으로 보고 계산하면 다음과 같다.

20×8년	\$528.1(2,766.3 − 1,997.7 − 240.5 = 528.1)
20×7년	− \$30.2(2,442.3 − 2,224.8 − 247.7 = − 30.2)

4. 잉여현금흐름의 용도 및 미래의 수익성과 재무상태에 미치는 영향을 정리하면 다음과 같다.
   (1) 부채상환에 사용됨으로써 이자비용을 낮추고 이익을 증대시킬 수 있다. 이에 따라 부채비율이 낮아지고 이자보상비율이 상승하는 등 재무구조가 개선되어 결과적으로 회사의 신용도가 높아지게 된다.
   (2) 자사주 구입에 사용됨으로써 주당순이익을 증대시킬 수 있다.
   (3) 타회사 인수자금으로 사용함으로써 미래의 성장력 제고, 다양화 개선, 위험도 감소와 같은 효익이 발생한다.
   (4) 자본적 지출, 연구개발비, 신제품 광고비 등과 같은 내부성장에 필요한 자금으로 사용하여 이익의 증대를 꾀한다.
   (5) 배당금을 증대시킴으로써 주주의 부가 향상되며, 이에 따라 기업의 가치가 증대되어 주식발행에 의한 자금조달이 용이해진다.
   (6) 예기치 않던 자금의 필요성과 기회에 대처할 수 있게 함으로써 유동성과 재무적 융통성의 증대를 가져온다.

10. 현금흐름표는 조작(분식)이 불가능한 재무제표인가?

현금흐름표는 재무제표 중에서 투명성이 가장 높은 재무제표로 알려져 있다. 그러나 현금흐름표가 제공하는 실제 현금흐름정보가 회계담당자의 주관이 개입되는 재무상태표와 손익계산서가 제공하는 발생주의 회계정보에 비해 투명성이 높은 것은 사실이지만, 조작(분식)의 대상에서 완전히 자유로울 수는 없다.

실제로 현금흐름정보도 기업활동 간의 현금흐름을 변경시키거나, 현금흐름의 시점을 앞당기고 연기하는 방법을 통해서 현금흐름의 크기를 조작할 수 있는 여지를 가지고 있으나, 발생주의 회계정보의 경우와는 그 차원이 다르다.

1) 항목분류의 변경에 의한 조작

현금흐름표 조작의 첫째 유형은 항목분류의 변경을 이용하여 특정의 현금흐름을 증가 또는 감소 표시하는 것이다. 대개 그 대상은 현금흐름표에서 가장 관심의 대상이 되고 있는 영업활동 현금흐름이 된다. 예를 들어 영업활동 현금흐름을 증가시키기 위해서 영업비용을 투자 또는 재무활동 항목으로 처리하는 방법이 있다. 특히 수익적 지출항목(영업활동)을 자본적 지출항목(투자활동)으로 항목분류를 변경하는 경우, 당해 기간의 영업활동 현금흐름을 증가시킬 뿐만 아니라, 이 후의 회계기간에도 감가상각비만큼 영업활동 현금흐름을 증가시키는 효과를 가져오게 된다.

예제 2-26 항목분류 조작 1 : (영업활동 → 투자활동)

현금흐름표

XY소프트웨어 (단위 : 억원)

	조작전	조작후
Ⅰ. 영업활동 현금흐름	−10	10
Ⅱ. 투자활동 현금흐름	−40	−60
Ⅲ. 재무활동 현금흐름	60	60
Ⅳ. 현금의 증가	10	10

XY소프트웨어회사는 여러 가지 소프트웨어를 개발해서 판매하는 회사라고 하자. 이 회사는 이 번 연도의 영업활동 현금흐름이 －인데, 회사의 지급능력에 미치는 영향을 생각해서 이를 ＋로 전환시킬 생각을 하고 있다. 이에 따라 생각해낸 것이 당기 비용으로 처리한 소프트웨어 개발비 20억원을 자본적 지출, 즉 무형자산 중 개발비로 처리하는 것이었다. 이렇게 처리할 경우 영업활동 현금흐름이 －10억 원에서 ＋10억 원으로 바뀌고, 투자활동으로 인한 현금흐름은 －40억 원에서 －60억 원으로 바뀌게 된다. 그러나 현금의 증가는 조작 전과 조작 후 모두 동일하게 나타난다. 현금흐름표는 이러한 항목분류의 변경을 통해 세 가지 현금흐름간의 크기를 조작할 수 있다.

예제 2-27 항목분류 조작 2 : (투자활동 → 영업활동)

M사는 수익성이 악화되어 적자상태에 들어갈 가능성이 농후해졌으며, 이에 따라 자금난도 심각해질 전망이다. 자금난을 타개하기 위해서 금융기관으로부터 차입을 추진하기로 하였는데, 금융기관에서는 최근들어 수익성뿐만 아니라 유동성, 그것도 현금흐름표에서의 영업활동을 통한 현금창출능력에 따른 유동성을 평가하고서 대출하기 때문에 금융기관에서 대출받을 수 있도록 수익성과 유동성이 있는 것으로 재무제표를 조작하기로 하였다고 가정하자.

수익성과 현금창출능력의 부실함을 은폐하고 자금난을 완화하기 위해 이 회사의 한 사업부분을 매각하였는데, 이 사업부분은 장부가격이 300억 원인데, 450억 원에 매각해서 150억 원의 차익을 발생시켰다고 가정하자. 이 회사는 이 거래로 인해 적자를 흑자로 전환시킬 수 있었다. 그러나 문제는 이 거래를 현금흐름표에 반영시킬 때, 매각차익이 당기순이익의 차감항목이기 때문에 영업활동 현금흐름이 적자로 표시된다는 점이다. 그래서 생각해낸 것이 매각차익을 영업활동에서 제외시키면서, 투자활동에서 매각대금을 장부가로 표시하는 것이었다. 이렇게 하면 영업활동 현금흐름이 ＋로 변하고, 투자활동 현금흐름도 −로 변하게 된다. 따라서 영업활동을 통한 현금창출능력을 보유하고 있을 뿐만 아니라 성장 발전하는 회사로 오인시킬 수 있게 된다. 다음은 조작 전과 후의 현금흐름표이다.

현금흐름표

(단위 : 억원)

	조작전	조작후
영업활동		
당기순이익	65	65
감가상각비(무형자산 상각비 포함)	56	56
유형자산처분이익	(150)	
매출채권의 증가	(19)	(19)
재고자산의 감소	27	27
매입채무의 감소	(42)	(42)
기타채무의 증가	18	18
영업활동 현금흐름	(45)	105
투자활동		
유형자산 취득	(125)	(125)
타 사업부분의 취득	(234)	(234)
유형자산(특정 사업부)의 처분	450	300
투자활동 현금흐름	91	(59)
재무활동		
장기차입금 차입	150	150
장기차입금 상환	(180)	(180)
배당금 지급	(50)	(50)
재무활동 현금흐름	(80)	(80)
현금 및 현금성자산의 감소	(34)	(34)
기초의 현금 및 현금성자산	42	42
기말의 현금 및 현금성자산	8	8

예제 2-28 항목분류 조작 3 : (영업활동 → 투자활동)

영업활동이 부진해서 영업활동 현금흐름이 적자로 표시되게 되는 회사가 있는데, 이 회사의 경영자는 영업활동 현금흐름을 +로 전환시켜서 영업활동을 통한 현금창출능력에 심각한 문제가 없는 것처럼 보이고 싶어 한다고 하자. 이를 위해서 생각해낸 것이 매출채권의 증가분 중 일부를 투자자산인 장기성 매출채권으로 항목분류를 변경하는 것이다.

즉, 매출채권 증가분 70억 중 30억을 영업활동에서 제외시키면서, 투자활동에다 장기성 매출채권의 증가로 표시하는 것이었다. 이렇게 하면 영업활동 현금흐름이 +로 변하고, 투자활동 현금흐름이 그만큼 증가 표시되게 된다. 물론 기간 동안의 현금 증감액에는 영향이 없다. 다음은 조작 전과 후의 현금흐름표이다.

현금흐름표

(단위 : 억원)

	조작전	조작후
영업활동		
당기순이익	30	30
감가상각비(무형자산 상각비 포함)	40	40
매출채권의 증가	(70)	(40)
재고자산의 증가	(40)	(40)
매입채무의 증가	20	20
기타채무의 증가	10	10
영업활동 현금흐름	(10)	20
투자활동		
장기성매출채권의 증가		(30)
유형자산의 취득	(50)	(50)
투자활동 현금흐름	(50)	(80)
재무활동 현금흐름	80	80
현금 및 현금성자산의 증가	20	20

예제 2-29 항목분류 조작 4(법인세 효과 고려) : (수익적 지출 → 자본적 지출)

ABC회사는 이 번 연도의 영업활동 현금흐름이 －인데, 회사의 지급능력에 미치는 영향을 생각해서 이를 ＋로 전환시킬 생각을 하고 있다. 이에 따라 생각해낸 것이 당기 비용으로 처리한 유형자산의 수선비와 신제품 개발과 관련된 연구개발비 50억 원을 자본적 지출로 처리하는 것이었다. 이렇게 처리할 경우 영업활동 현금흐름과 투자활동 현금흐름이 영향을 받게 되는 데, 그 내용은 다음과 같다.

수익적 지출을 자본적 지출로 변경함에 따라 추가적으로 계상되는 감가상각비(무형자산상각비 포함)를 5억원, 법인세율을 20%로 가정하자. 이 경우, 당기순이익은 20억 원에서 56억 원, 법인세비용은 5억 원(법인세비용차감전순이익 25억 원×20%)에서 14억 원(법인세차감전순이익 70억 원×20%)으로 바뀐다. 법인세차감전순이익은 70억 원은 25억 원+50억 원－5억 원으로 계산된 것이다. 또한 미지급법인세가 9억 원(14억 원에서 5억 원을 차감한 잔액) 증가하여, 당기순이익에 그만큼 추가적으로 가산되게 된다. 이에 따라 영업활동 현금흐름이 －10억 원에서 ＋20억 원으로 바뀌게 된다. 그리고 투자활동 현금흐름은 －30억 원에서 －80억 원으로 바뀌게 된다. 그러나 현금의 감소는 조작 전과 조작 후 모두 동일하게 나타난다. 다음은 조작 전과 후의 현금흐름표이다.

현금흐름표

(단위 : 억원)

	조작전	조작후
영업활동		
당기순이익	20	56
감가상각비(무형자산 상각비 포함)	40	45
매출채권의 증가	(20)	(20)
재고자산의 증가	(50)	(50)
매입채무의 감소	(30)	(30)
기타채무의 증가(미지급법인세 포함)	10	19
영업활동 현금흐름	(30)	20
투자활동		
유형자산의 처분	50	50
유형자산의 취득(자본적 지출 포함)	(80)	(130)
	(30)	(80)
재무활동 현금흐름	50	50
현금의 감소	(10)	(10)

2) 지급기간의 연기에 의한 조작

둘째 유형으로는 지급기간을 연기하여 특정 현금흐름을 증가 또는 감소 표시하는 방법이다. 영업활동 현금흐름을 증가시키기 위해서는 예를 들어 매입채무 중 당기 말에 지급할 부분을 거래처와의 협상을 통해서 다음 연도초로 지급기간을 잠시 연기하거나, 당기 말에 매입해야 할 재고상품을 다음 연도초로 연기해서 매입하는 것이 대표적인 방법이다. 또한 투자자산의 매각 기간을 앞당길 경우 투자활동 현금흐름과 당기 현금증가액을 증가시킬 수 있으며, 부채상환의 기간 연장이나 배당금 지급의 연기를 통해서 재무활동 현금흐름을 증가시킬 수 있다.

그러나 이러한 유형의 조작은 당해 기간의 현금흐름을 증가시키지만 다음 기간에는 반대의 영향을 미치게 된다. 따라서 이 경우 몇 년 분을 합해서 분석하면 이런 조작의 영향은 제거된다.

사실 현금흐름은 안정적인 모습을 보이기보다는 기복이 심하게 나타나는 경우가 많기 때문에 당해 연도 자료만 가지고 분석하는 것은 잘못된 해석을 초래할 가능성이 높다.

따라서 현금흐름의 분석은 최소한 3년 내지 5년간의 총액에 의한 분석 및 장기적인 추세분석으로 보완을 해야 올바른 분석이 가능하다고 말할 수 있다. 미국에서 현재 3년분의 비교 현금흐름표를 공시하도록 하고 있는 것도 바로 이런 점 때문이다.

예제 2-30 현금흐름표 조작의 두 번째 유형 : 지급기간 연장

다음 요약된 자료는 (주)믿음의 것이다.

	20×7	20×6	20×5
현 금	₩75,000	₩ 70,000	₩60,000
유동자산(현금제외)	450,000	400,000	370,000
유 동 부 채	335,000	240,000	250,000
감 가 상 각 비	50,000	48,000	41,000
당 기 순 이 익	65,000	57,000	54,000

모든 유동자산과 유동부채는 영업활동과 관련되어 있다.

물음

(1) 20×6년과 20×7년의 영업활동 현금흐름을 계산하시오.

(2) 이 회사가 외상매입금 ₩50,000의 지급을 20×6년말에서 20×7년초로 연기하기로 했다면 물음 (1)의 계산결과는 어떻게 되나? 단 외상매입금 지급연기는 20×6년 12월 31일 현재의 현금과 외상매입금을 증가시킬 것이나, 20×7년 12월 31일 현재의 금액에는 영향을 미치지 않는다.

(3) 이 회사가 재고자산 ₩50,000의 현금구입을 20×6년말에서 20×7년초로 연기했다면 물음 (1)의 계산결과는 어떤가? 단 재고자산의 현금구입연기는 20×6년 12월 31일 현재의 현금을 증가시키는 반면에 재고자산은 감소시킬 것이다. 그리고 20×7년 12월 31일 현재의 금액에는 영향을 미치지 않는다. 단, 이 문제는 물음 (2)와 관련이 없다.

(4) 영업활동 현금흐름은 조작이 가능한 지 설명하시오.

해답 (1)

	20×6	20×7
당기순이익	₩57,000	₩65,000
감가상각비	48,000	50,000
유동자산의 증감	(30,000)	(50,000)
유동부채의 증감	(10,000)	95,000
영업활동 현금흐름	₩65,000	₩160,000

(2)

	20×6	20×7
당기순이익	₩57,000	₩65,000
감가상각비	48,000	50,000
유동자산의 증감	(30,000)	(50,000)
유동부채의 증감	40,000	45,000
영업활동 현금흐름	₩115,000	₩110,000

(3)

	20×6	20×7
당기순이익	₩57,000	₩65,000
감가상각비	48,000	50,000
유동자산의 증감	20,000	(100,000)
유동부채의 증감	(10,000)	95,000
영업활동 현금흐름	₩115,000	₩110,000

(4) 외상매입금의 지급기간 연기와 상품구입의 기간 연기를 통해서 영업활동 현금흐름을 조작할 수 있음을 물음 (2)와 (3)을 통해서 확인할 수 있다. 그러나 이러한 조작은 다음 기간에는 반대의 영향을 미치게 되기 때문에, 이러한 방식의 조작에 따른 2개 연도의 영업활동 현금흐름을 합산해보면 위의 3가지 경우 모두 ₩225,000이 되며, 따라서 현금흐름 총액을 조작할 수 없다는 것도 확인할 수 있었다. 결국 위의 방식에 의한 조작은 현금흐름을 한 기간에서 다른 기간으로 이전시키는 효과만 있을 뿐인 것이다. 따라서 여러 기간에 대한 현금흐름을 합산해서 분석할 경우 이러한 조작의 영향을 상당부분 제거할 수 있다.

현금흐름 이상징후

현금흐름표를 통해서 다음과 같은 징후를 발견할 수 있다면, 이러한 회사는 미래에 현금흐름상의 심각한 문제가 발생할 가능성이 높을 것으로 예상할 수 있다. 따라서 현금흐름표 분석시 이러한 징후에 대해서 예의주시하고 세심한 분석이 필요하다고 말할 수 있다.

1. 매출채권이나 재고자산의 증가율이 매출액의 증가율을 초과하고 있다.
2. 매입채무의 증가율이 재고자산의 증가율을 초과하고 있다.
3. 기타유동부채의 증가율이 매출액의 증가율보다 빠른 속도로 증가하고 있다.

4. 당기순손실의 발생 또는 순운전자본의 큰 폭의 증가로 인해서 영업활동 현금흐름이 지속적으로 −를 보이고 있다.
5. 자본적 지출액이 영업활동 현금흐름을 큰 폭으로 초과하고 있다. 이러한 현상이 급격히 성장하는 자본 집약적인 기업에서 주로 나타나지만, 잉여현금흐름이 −란 사실은 기업이 그 정도의 빠른 성장을 뒷받침하기 위해서 계속적으로 외부자금조달 필요함을 의미하고 있는 것이다.
6. 기간에 걸쳐서 자본적 지출액이 감축되는 추세를 보여주고 있다. 이러한 감축이 단기적으로는 현금을 증가시키는 효과를 가져오겠지만, 장기적으로 보면 미래의 매출액과 순이익 그리고 영업활동 현금흐름이 감소되는 결과를 초래하리란 신호로 인식하여야 한다.
7. 유가증권의 매각액이 유가증권의 구입액을 초과하고 있다. 유가증권의 매각은 즉시 현금의 증가를 가져오지만, 기업이 영업활동에서 운전자본과 장기투자에 필요한 자금을 충분히 창출시키지 못하고 있다는 신호일 수도 있다. 기업은 운전자본과 장기투자에 필요한 자금을 획득할 목적으로 유가증권을 매각하기도 한다. 그러나 타회사의 인수나 자본적 지출을 위해서 여유자금을 일시적으로 투자하였던 유가증권의 매각이라면 현금흐름상의 문제와는 관계가 없을 수 있다.
8. 장기차입방식에서 단기차입방식으로 변화의 폭이 크게 발생하고 있다. 단기차입의 비중이 크게 높아지고 있는 것은 자금공여자가 기업의 미래를 불확실하게 보고 있기 때문에 기업에게 장기자금을 제공하지 않고 있다는 신호인 것이다.
9. 배당금지급액이 축소되고 있거나, 중지되고 있다. 이러한 조치는 단기적으로 현금을 증가시키는 효과가 있지만, 주식시장에서는 대체로 이러한 변화를 기업의 미래전망에 대한 부정적 신호로 해석하게 된다.

Part 2

현금흐름표 분석방법과 사례

Chapter

현금흐름표 분석방법 03

1. 현금흐름표의 기본적 분석방법

여기서 제시하는 현금흐름표의 기본적인 분석방법은 4단계를 거치도록 되어 있다. 4단계 분석 방법을 통해 세밀하게 분석하게 되면 여러분은 전문가 수준에 도달할 수는 없을지 몰라도 대부분의 회사에 있어서 현금관리와 관련된 거시적인 추세와 중요한 문제는 발견할 수 있을 것으로 확신한다. 이 분석 방법을 적용하기에 앞서서 앞에서 설명한 바 있는 현금흐름표의 양식과 내용에 대한 기본적인 이해가 있어야 함은 말할 필요도 없다.

현금흐름표 분석을 위한 단계를 소개하면 다음과 같다.

1. 현금흐름표 전반에 대한 개괄적 분석
2. 영업활동현금흐름 창출능력 분석
3. 투자 및 재무활동상의 현금흐름에 대한 분석
4. 현금흐름의 종합분석 및 결론 도출

1) 현금흐름표 양식과 내용에 대한 기본적 이해

앞에서 설명한 바 있는 현금흐름표에 대한 기본적인 내용을 다시 한 번 간단히 소개하고자 한다. 현금흐름표는 영업활동, 투자활동 및 재무활동 등 세 부분으로 구분되어 있다. 각 부분은 각각의 활동과 관련된 현금의 유입과 유출을 보여주게 된다.

영업활동 현금흐름은 회사의 주된 사업과 관련된 현금유입과 유출의 결과를 보여준다. 예를 들어 영업활동 현금흐름에는 재화나 서비스 판매로부터의 현금수입과 같은 현금유입과 재고자산 구입이나 임차료와 세금 지급과 같은 현금유출이 포함된다. 이러한 항목들이 영업활동 현금흐름 부분에 직접적으로 나타나도록 작성하는 방법을 직접법이라 한다. 그러나 이러한 직접법이 실무에서 대부분 사용되고 있지 않다는 점을 명심하여야 한다. 다시 말해 영업활동 현금흐름을 간접적으로 나타낼 수 있는 방법이 존재하고 있으며, 이 방법을 간접법이라고 하는데 실무에서 선호하는 방법인 것이다. 이 방법은 현금의 유입과 유출의 대부분이 이미 당기순이익에 반영되어 있는 것으로 가정한다. 그렇기 때문에 이 방법 즉, 간접법은 당기순이익을 제일 먼저 나타내고 그 다음 당기순이익에 반영된 항목 가운데 현금 유·출입과 관계없는 모든 항목들을 제시하면서 당기순이익에서 조정하는 내용을 영업활동 부분에서 보여주게 된다. 간접법은 상당한 회계지식을 갖추고 있지 않는 한 이해하기 어렵기 때문에 회계정보 이용자에게 혼란을 줄 가능성이 많은 방법이다.

영업활동 현금흐름이 어떤 방법에 의해 작성되던 간에 관계없이 영업활동 현금흐름 부분이 세 가지 현금흐름 부분 중에 가장 중요한 현금흐름이란 점을 기억하고 있을 것이다. 영업활동 현금흐름 부분은 회사의 주된 사업활동에 의해서 현금이 어떻게 창출되고 사용되었는지를 설명해주기 때문에 가장 중요한 현금흐름이 되고 있는 것이다. 영업활동 현금흐름에 영향을 주는 활동을 살펴보기 위해서 재무상태표 상의 운전자본 계정의 증가와 감소를 가장 큰 폭으로 초래하는 현금수입과 지출을 생각해보자. 예를 들어 매출채권은 고객으로부터

대금을 회수하였을 때 감소되며, 재고자산은 재화를 구입하였을 때 증가한다. 그리고 매입채무는 거래처가 외상대금을 갚았을 때 감소된다.

현금흐름표상의 두 번째 부분에 표시되는 항목이 투자활동 현금흐름이다. 이 부분에서 여러분은 건물이나 기계장치와 같은 비유동자산의 구입과 매각처분, 그리고 투자자산의 매각 등과 같은 활동에 관련된 현금흐름을 볼 수 있게 된다. 이 부분에 어떤 활동이 나타나는지를 알기 위한 쉬운 방법은 재무상태표를 살펴보는 것이다. 여러분이 유동자산을 영업활동과 관련된 것이라고 가정한다면, 나머지 모든 자산과 관련된 활동은 투자활동 부분에 나타난다고 보면 된다.

현금흐름표상의 세 번째 부분에 표시되는 항목은 재무활동 현금흐름이다. 이 부분에 어떤 활동이 나타나는지를 알기 위한 쉬운 방법은 역시 재무상태표를 살펴보는 것이다. 즉 재무상태표상의 부채와 자본란에서 영업활동과 관련된 유동부채를 제외한 모든 부채와 자본(또는 주주지분)항목이 이 부분에 나타난다고 보면 된다. 이 부분에서 기업이 자금조달 즉, 사채의 발행과 상환에서부터 주식발행에 이르기까지의 활동이나, 배당금 지급과 같은 활동에서 나타난 모든 현금흐름을 보여주게 된다.

그러나 주의할 점이 있다. 모든 것에는 예외가 있듯이 현금흐름표 양식에서도 주의를 기우려야 할 사항이 몇 가지 있다. 두 가지 운전자본계정 즉, 단기투자자산인 유가증권과 단기차입금은 영업활동현금흐름 부분에서 제외된다는 것이다. 단기투자자산인 매도가능금융자산은 장기투자자산과 동일하게 처리되기 때문에 투자활동 현금흐름 부분에 표시된다. 마찬가지로 단기차입금은 장기차입금처럼 재무활동에 표시된다는 점이다.

또 한 가지 유념해야 할 사항은 이자와 배당금 지급에 대한 처리이다. 배당금과 이자지급은 모두 외부자금 사용대가로 지급된 것임에도 불구하고, 배당금은 재무활동 현금흐름 부분에서 현금유출로, 이자지급액은 영업활동 또는 재무활동 현금흐름에서 현금유출로 각각 다르게 표시되기 때문이다. 국제회계기준에서는 이자지급을 영업활동이나 재무활동에서 선택해서 표시하도록 하고 있다. 그러나 미국이나 우리나라의 일반기업회계기준에서는 영업활동에서 표시하도록 하고 있다. 따라서 분류상의 차이가 있는 기업간의 비교를 할 때는 이런 점도 고려해서 비교해야 정확한 비교가 된다는 점을 명심할 필요가 있다.

2) 분석 제1단계: 현금흐름표 전반에 대한 개괄적 분석

이제 여러분이 관심을 가지고 있는 회사의 연차보고서에서 현금흐름표를 입수해서 그 회사 현금흐름의 전반적인 모습을 개괄적으로 이해해보는 것이 분석 1단계이다.

현금흐름표의 전체모습을 개관하기 위해서는 여러 절차를 밟을 필요가 있다. 첫째는 분석회사의 연령, 산업(업종) 및 규모에 의해 회사의 상황을 파악한다. 우리는 성숙단계에 속한 회사가 초기시작단계에 속한 회사의 현금흐름 모습과 다를 것이며, 서비스 산업에 속한 회사는 제조업에 속한 대규모 회사의 현금흐름 모습과 다를 것으로 예상할 수 있다. 대규모 회사들은 특정 연도에 현금흐름이 감소하는 것을 경험할 수도 있으나, 이들 회사들은 거액의 현금흐름 보유하고 있거나 조달할 수 있기 때문에 곧바로 개선시킬 수 있는데 반해, 대규모 회사처럼 방대한 자원을 보유하고 있지 않은 소규모 회사들은 현금흐름이 감소추세를 보일 경우 대단히 우려할만한 일이 된다.

전체 모습을 개괄적으로 분석할 때의 핵심 부분은 재무건전도에 대한 핵심 요약수치인 당기순이익을 살펴보는 것이다. 현금흐름표가 간접법으로 작성되고 있다면, 여러분들은 당기순이익을 현금흐름표의 영업활동부분 첫 번째 줄에서 발견하게 될 것이다. 그러나 직접법으로 작성된 현금흐름표라면 현금흐름표의 주석항목으로 첨부된 자료인 당기순이익과 영업활동 현금흐름의 조정명세표를 이용하거나, 손익계산서를 살펴보면 된다. 당기순이익을 살펴보면서 그 금액이 얼마나 되는지, 과거 몇 년 동안 흑자나 적자를 보이고 있는지, 그리고 그 추세는 증가 또는 감소를 보이고 있는지 등을 확인해보아야 한다. 이러한 점들은 현금흐름표를 분석할 때도 마찬가지임을 명심해야 한다. 또한 여러분이 궁극적으로 알고 넘어가야 할 이례적 특이 항목들에 대해서는 과거 3년분의 수치를 살펴보아야 한다.

3) 분석 제2단계: 영업현금 창출능력 분석

영업활동 현금흐름부분에서 회사의 현금흐름 창출능력이 어떤 정도인지를 파악할 수 있다. 이러한 현금흐름 창출능력이 효과적으로 작동될 때, 영업활동에 필요한 현금소요액을 충당할 수 있는 현금흐름이 창출되게 된다. 또한 이러한 영업활동에서의 현금흐름 창출능력은 진부화된 설비를 대체하고, 배당금을 지급하는 것과 같은 정규적인 현금지출에 필요한 현금흐름을 창출하게 된다.

물론 여기에도 예외는 존재한다. 예를 들어 창업초기에 속한 회사들은 대개 현금창출동력이 완전 가동단계에 들어서지 못하기 때문에 영업활동에서 부(−)의 현금흐름을 창출하는 경우가 많다. 경기 주기에 영향을 받는 업종에 속한 회사는 침체기에 해당하는 사업연도에는 부(−)의 현금흐름을 창출할 수도 있다. 또한 대규모의 노사분쟁을 겪은 연도에도 부(−)의 현금흐름을 창출하는 경우가 많을 것으로 예상할 수 있다.

영업활동에서 현금흐름이 특정 사업연도에 부(−)의 현금흐름을 창출한다고 해서 크게 걱정할 사안은 아니지만 평균적으로 볼 때 정(+)의 현금흐름을 창출하는 것이 정상인 것이다.

현금흐름 창출능력을 평가하기 위해서는 먼저 영업활동 현금흐름이 0보다 얼마나 큰 금액인지를 관찰하여야 한다. 또한 영업활동 현금흐름이 증가추세를 보이는지, 아니면 감소추세를 보이는지를 살펴보아야 한다. 영업활동 현금흐름이 정(+)의 현금흐름이라고 가정한다면, 그 다음 확인해야 할 것은 중요하고 정규적인 지출항목에 충당할 정도의 충분한 현금흐름이 되는지에 대한 것이다.

창업초기 단계에 속한 회사로부터 정(+)의 영업활동 현금흐름을 기대하기가 어렵듯이, 마찬가지로 급속도로 성장하는 단계에 있는 회사로부터도 회사를 급속도로 확장시키는데 필요한 투자 자금에 충당할 수 있는 정도의 충분한 자금을 영업활동에서 창출할 수 있을 것으로 기대하는 것은 무리이다.

그러나 성숙단계에 속한 회사에게서는 영업활동으로부터 회사를 전체적으로 유지하는데 드는 현금흐름을 충분히 창출할 수 있을 것으로 기대할 수 있다. 회사를 전체적으로 유지하는데 드는 현금흐름에는 주주들이 기대하는 연간 배당금을 지급하는데 필요한 현금과 수명이 다 되었거나, 낡은 또는 기술적으로 진부화 상태인 설비자산을 대체하는데 소요되는 투자금액이 포함된다.

회사의 설비자산을 전체적으로 현상 유지하는데 소요되는 현금흐름을 정확히 측정한다는 것은 대단히 어려운 문제이다. 현금흐름표에서는 대체 및 경신을 위한 자본적 지출과 확장을 위한 자본적 지출을 구분해서 보고되지 않기 때문이다. 그러나 연간 감가상각비 규모를 통해서 매년 대체하는데 소요되는 설비자산의 대략적인 금액을 간접적으로 추산하는 것이 가능하다. 물가가 상승하는 기간에는 자산을 대체하는 원가는 현재 자산의 원가를 기준으로 계산되는 감가상각비 금액보다 어느 정도는 더 많아야 할 것이다. 그렇기 때문에 회사가 전체적으로 현상유지가 가능하고 축소되지 않기 위해서는 설비자산의 구입과 관련된 투자활동 부분이 감가상각비 규모를 초과하고 있어야 한다.

한편 현금흐름 창출능력에 관한 중요한 정보는 영업활동과 관련된 운전자본 항목의 변동액에서 살펴볼 수 있다. 이 회사의 영업활동 부분을 보면, 영업활동 관련 자산과 부채의 변동이란 표제하에 표시되고 있다. 건전하고 성장 발전하는 회사에서는 예를 들어 재고자산과 매출채권 그리고 매입채무 및 기타 영업관련 채무와 같은 영업활동 관련 운전자본 항목의 증가를 예상할 수 있다. 분명히 기간별로 운전자본 계정의 변동성이 나타난다.

회수정책을 개선하고 재고관리를 적시 구매(JUST IN TIME) 방식으로 실시하게 되면 성장하는 단계에 있는 회사라도 매출채권과 재고자산의 규모가 축소하게 된다. 그러나 평균적으로 보면, 재고자산, 매출채권 및 매입채무는 대개 성장하는 회사에서는 증가 형태를 보이는 것이 일반적이다. 모든 운전자본 계정이 영업활동 현금흐름을 증가시키는 상황을 경계하여야 한다. 이러한 상황은 건전하고 성장 발전하는 회사에서는 이유없이 발생하지는 않는다. 이러한 상황은 보통 의도적인 경영자의 행동에 의해서 초래되는 것으로, 경영자가 운전자본계정을 회사의 생존 차원에서 어쩔 수 없이 활용할 수밖에 없는 경우이며, 회사의 현금흐름위기가 발생한 것을 의미할 수 있다.

4) 분석 제3단계: 투자 및 재무활동에 대한 분석

이 단계는 영업활동 이외의 부분에서 긍정적인 신호와 부정적인 신호를 찾아보기 위해 현금흐름표를 살펴보는 것을 포함한다. 여러분이 주시하여야 할 것은 현금흐름표가 여러분에게 전달하고자 하는 내용이다. 이는 단순하게 신령한 계시를 통해 오는 것이 아니라, 현금흐름표상의 항목에 대한 체계적인 관찰과 비교를 위해 제시된 여러 연도 동안의 자료에 나타난 추세분석을 통해서 파악할 수 있다.

투자활동 현금흐름부터 시작해보자. 먼저 회사가 투자활동에서 현금흐름을 창출하고 있는지, 아니면 사용하고 있는지에 대해 체계적으로 관찰할 필요가 있다. 우리가 영업활동 현금흐름을 정(+)이길 기대하는 것처럼, 마찬가지로 건전한 기업은 계속해서 회사의 확장을 위해서 그리고 수명이 끝나거나 기술적으로 진부화된 자산의 대체를 위해서 설비자산에 투자하여야 한다는 것을 기대한다. 회사가 종종 더 이상 필요가 없는 자산을 매각하는 경우가 있지만, 매각 처분하는 자산보다는 구입하는 자본자산이 더 많은 것이 정상적이다.

그 결과로 우리는 일반적으로 투자활동 현금흐름이 부(−)일 것을 기대한다. 영업활동처럼 회사가 사업부서나 종속회사를 매각처분하는 경우에는 예외가 발생할 수가 있다. 그러나 사업부분을 매각처분해서 현금의 대부분을 창출하는 회사는 실질적으로 사업규모가 축소되기 시작하는 회사이기 때문에 경계를 하여야 한다.

재무활동 현금흐름은 건전한 기업도 정(+)일 수도 있고, 부(−)인 경우도 있다. 더욱이 재무활동 현금흐름은 매년 변동적이기 쉽기 때문에 긍정적인 내용이나 부정적인 내용을 찾아내기가 쉽지 않다. 긍정적인 내용이나 부정적인 내용을 찾아내기 위해서는 재무활동 현금흐름을 현금흐름표상의 다른 정보와 관련시켜서 검토하고, 그 결과 확보한 증거와 여러분 각자의 판단을 적절하게 비중을 두어 도출한 결론에 토대를 두는 것이 필요하다.

한 회사가 현금을 차입하거나 주식을 발행하였다고 가정하자. 긍정적 시나리오는 회사가 레버리지(부채의존도)와 자본조달비용을 신중하게 분석한 다음 영업활동 현금흐름보다는 부채나 자기자본으로 자금조달하는 방법을 선택한 것으로 보는 것이다. 또 하나의 긍정적 시나리오는 신생기업의 경우 주식 상장이 가능할 정도로 상황이 양호한 것으로 보는 것이다. 반면에 부정적 시나리오는 회사의 영업활동 현금흐름 수준이 낮거나 부(−)의 수준이어서 다른 원천에서 자금조달을 하지 않을 수 없는 경우에 처한 것으로 보는 것이다.

재무활동 현금흐름이 긍정적인 내용 범주에 포함되는지 아니면 부정적인 내용 범주에 포함되는지를 평가하기 위해서는 전체 입장에서 살펴보아야 한다.

5) 분석 제4단계: 종합분석 및 결론 도출

현금흐름표를 평가하는 경우 그 동안 분석과정을 통해 얻은 다수의 부분적 증거를 평가하면서 전체 모습을 그려내게 된다. 그러나 확보한 모든 증거가 모두 긍정적이거나 부정적인 것으로 판명되는 경우는 거의 많지 않다. 균형 잡힌 평가를 위해서는 현금흐름표에서 확인한 긍정적인 내용과 부정적인 내용 모두를 사용하여야 한다.

전체적인 결론에 도달하기 위해서는 각 부분적인 증거들의 상대적인 중요도를 판단하고, 전체 모습과의 관련성을 평가하여야 한다. 법률적 사례와 마찬가지로 여러분의 결론은 증거의 비중에 토대를 둘 필요가 있다.

전체적인 평가를 진행하기에 앞서서 간과할 수 없는 것은 현금흐름표 전체를 일별하면서 발견하였던 비정상적인 항목에 대한 이해와 평가를 거쳐야 되는 점이다. 비정상적인 항목의 예로는 회계변경으로 인한 누적효과와 구조조정활동 비용 같은 항목을 들 수 있다. 이러한 항목은 때때로 전문가의 도움을 필요로 하기도 하는데, 이러한 항목을 대개는 연차보고서의 다른 재무제표에 있는 관련 내용을 통해서 생각해볼 수 있다.

이례적인 항목이나 잘 모르는 항목에 대해 그 내용을 파악할 지는 주관적인 요구사항이다. 예를 들어 구조조정비용 차액이 큰 금액이던가, 또는 증가되고 있다면 그 내용 파악을 위해 더 많은 정보를 검색할 필요가 있다. 여러분이 이해하고 있지 못한 어떤 항목에 직면해 있다면 그 항목의 중요성을 고려해야 한다. 그 항목이 영업활동 현금흐름에 중대한 효과를 미치는 것이라면, 또는 그 항목이 현금의 주된 원천이나 용도의 하나로 위치하고 있다면, 그 내용을 파악하기 위해 노력을 할 필요가 있다. 그런 항목이 아니라면 그 항목을 무시하고 여러분이 알고 있는 많은 항목에 집중하는 것이 더 능률적일 수 있다.

한편 여러분이 어떤 회계정보이용자이냐에 따라서 관심을 가질 항목이 달라질 수 있다.

회사의 급여 지급능력에 관심을 가지고 있는 종업원이라면 영업활동에서 창출되는 현금흐름의 건전도를 살펴보아야 할 것이다. 만일 여러분이 방금 전에 여러분의 거래회사에서 공표한 금년도 재무제표에서 당기순손실이 보고된 것을 알고, 앞으로 계속해서 거래회사와 신용거래를 해야 할지에 대해 궁금해 하는 공급회사라고 하자. 이 경우 거래회사의 영업활동 현금흐름을 자세히 분석하면 손익계산서에 당기순손실이 보고되고 있을지라도 거래대금을 갚을 수 있는 영업활동을 통한 강력한 현금창출능력을 보유하고 있는지를 알 수 있게 된다.

당신이 주주라면 여러분은 회사를 전체적으로 현상 유지시킬 뿐만 아니라 여러분이 기대하는 만큼의 배당금을 지급하면서 설비자산에 투자할 정도의 영업활동을 통한 현금창출능력을 가지고 있는지 즉, 잉여현금흐름에 관심을 가지게 될 것이다. 당신이 경영자라면 영업활동, 주식발행 및 차입과 같은 현금의 모든 주된 원천에서 여러분 회사의 확장을 위한 주요한 사업계획을 실시하는데 소요될 자금을 충분히 충당될 수 있는지에 관심을 가지게 될 것이다. 여러분이 현금흐름표 분석 방법에 숙달될수록 현금흐름표를 통해서 원하는 정보를 더 많이 획득할 수 있게 될 것이다.

물론 현금흐름표에 포함된 정보가 전통적인 재무제표인 재무상태표와 손익계산서를 대체할 수 없다는 점을 명심해야 한다. 그러나 이익과 장·단기 현금창출능력간의 관계를 이해하는데 귀중한 기본 자료를 현금흐름표가 제공해준다는 사실도 명심할 필요가 있다.

2. 비율분석을 통한 현금흐름표 분석

최근 들어 현금흐름정보의 유용성에 대한 관심이 높아지고 또한 현금흐름표의 작성이 제도화됨에 따라 재무상태표와 손익계산서로부터 비율을 산출해서 재무제표분석에 이용하는 것처럼 현금흐름표에서도 현금흐름에 관련된 비율을 산출하여 이 비율을 가지고 기업의 재무적 결과에 대한 심층적인 분석을 시도하고자 하는 움직임이 나타나고 있다.

현금흐름표와 관련된 표준화된 비율은 아직 존재하고 있지 않다. 대차대조표와 손익계산서의 경우와는 달리 제도화되어 공표되기 시작한 역사가 짧은데 그 원인이 있을 것으로 생각된다.

현재까지 제안되고 있는 현금흐름에 관련된 비율 가운데 최근에 회계학 교과서에 등장하기 시작한 비율을 소개하고자 한다. 대부분의 비율이 영업활동으로 인한 현금흐름과 관련이 되어 있다. 그 이유는 영업활동에서 창출된 현금흐름이 가장 중요한 현금흐름의 원천이란 점과 발생주의에 따라 손익계산서상에 보고되는 당기순이익이 조작될 수 있는 여지가 많이 있는 수치인데 반해, 영업활동으로 인한 현금흐름은 객관적인 사실을 나타내는 신뢰할 수 있는 성과측정치인 점에서 찾을 수 있다.

1) 현금흐름수익성을 측정해주는 비율

(1) 주당현금흐름비율

주당현금흐름비율(cash flow per share of common stock ratio)의 산식은 다음과 같다.

$$\text{주당현금흐름} = \frac{\text{영업활동 현금흐름}}{\text{보통주의 가중평균유통주식수}}$$

주당현금흐름은 주당순이익이 보통주 1주에 귀속되는 당기순이익인 것처럼 보통주 1주에 귀속되는 영업활동 현금흐름의 크기를 나타낸다. 즉, 분자에 발생주의에 따른 당기순이익 대신에 현금주의에 따른 순이익인 영업활동 현금흐름을 사용함으로써 기업의 지급능력을 평가할 수 있게 해주고 있다.

이 비율은 기업의 배당금과 부채의 지급능력을 판단하는데 사용되고 있는 비율로써, 이 비율이 높을수록 배당금 및 부채의 지급능력은 양호한 것으로 판단한다.

(2) 현금흐름이익률

현금흐름이익률(cash flow margin ratio)의 산식은 다음과 같다.

$$\text{현금흐름이익률} = \frac{\text{영업활동 현금흐름}}{\text{순매출액}}$$

현금흐름이익률은 매출액순이익률 산식의 분자에 나타나 있는 당기순이익 대신에 영업활동 현금흐름으로 대체해서 만든 것으로 매출의 현금수익성을 측정한다.

이 비율은 기업의 전체적인 효율성과 경영성과를 측정하는 것으로써 매출을 통하여 현금을 창출하는 기업의 능력을 나타낸다. 매출을 통하여 얼마만큼의 현금을 창출하였는가에 대한 측정치는 매우 중요하다. 왜냐하면 기업이 부채의 상환, 배당금의 지급 및 설비투자를 위해서는 현금이 필요하기 때문이다. 현금흐름이익률은 높을수록 매출을 통한 현금창출능력이 양호한 것으로 판단하며, 매출액순이익률보다 높을 때 이익의 질이 양호한 것으로 평가한다.

(3) 총자산현금이익률

총자산현금이익률의 산식은 다음과 같다.

$$\text{총자산현금이익률} = \frac{\text{영업활동 현금흐름}}{\text{평균총자산}}$$

이 비율은 기업이 보유하고 있는 자산을 이용해서 얼마나 영업활동 현금흐름을 효율적으로 창출시켰는지를 측정하는 비율로 총자산이익률(또는 투자수익률)를 보완하는 비율이다. 영업활동 현금흐름은 배당금을 지급하고 투자활동에 사용할 수 있는 자금이기 때문에 이 비율은 높을수록 바람직하다. 그리고 이 비율이 총자산이익률보다 높게 나타날 때 이익의 질이 우수한 것으로 평가할 수 있다.

예제 3-1 자산의 현금수익성과 성장성 평가

다음의 자료를 가지고 두 회사의 1999년도 자산의 현금창출능력과 성장성을 평가해보자.

(단위 : 10억달러)

	K마트	Wal마트
영업활동 현금흐름	1,237	7,580
투자활동 현금흐름	(795)	(4,418)
평균총자산	13,862	47,690
기말자산	14,166	49,996

총자산현금이익률과 투자증가율(투자활동 현금흐름/기말자산합계)을 계산하면 다음과 같다.

$$\text{총자산현금이익률} = \frac{1,237}{13,862} = 0.09 \qquad \frac{7,580}{47,690} = 0.16$$

$$\text{투자증가율} = \frac{795}{14,166} = 0.06 \qquad \frac{4,418}{49,996} = 0.09$$

총자산현금이익률을 계산한 결과 K마트는 0.09(9%), Wal마트는 0.16(16%)으로 나타나고 있어 Wal마트가 자산을 이용해서 더 많은 현금흐름을 창출시키고 있음을 알 수 있다. 이에 따라 Wal마트가 자산에 대한 확장투자를 할 유인을 더 갈게 될 것으로 예상할 수 있다. 이는 투자활동으로 인한 현금흐름를 기말자산합계로 나눈 비율을 비교해보면 알 수 있다. 계산한 결과 K마트는 기말자산의 0.06(6%), Wal마트는 기말자산의 0.09(9%)를 투자한 것으로 나타나고 있어, Wal마트가 자산에 더 많이 투자하고 있음을 보여주고 있다. 결국 Wal마트가 더 양호한 자산의 현금흐름 창출능력을 바탕으로 K마트보다 더 빠른 속도로 성장하고 있다고 말할 수 있다.

한편 총자산현금이익률은 매출액현금이익률과 총자산회전률로 분해가 가능하다.

[총자산현금이익률의 분해]

$$총자산현금이익률 = \frac{영업활동현금흐름}{평균자산총계}$$

$$= \frac{영업활동현금흐름}{매출액} \times \frac{매출액}{평균자산총계}$$

$$= 매출액현금이익률 \times 총자산회전율$$

기업은 현금수익성 증대를 위해 현금흐름마진이 좋은 고가의 제품을 판매하는 전략을 구사하거나 저가의 가격책정으로 제품을 많이 판매하는 판매수량 확대전략을 구사할 수 있다. 총자산현금이익률을 분해해보면 기업이 추구하고 있는 자산의 현금수익성 증대를 위한 전략이 무엇인지를 파악할 수 있다. 매출액현금이익률을 계산해보면 회사가 현금유입을 증가시킬 수 있는 현금수익성이 좋은 혁신적인 제품을 고가로 판매하는 전략을 구사하는지 여부를 알 수 있게 한다. 즉, 매출액현금이익률이 높게 나타날수록 현금유입을 증가시킬 수 있는 현금수익성이 좋은 고가의 혁신적인 제품을 판매하는 전략을 구사한다고 볼 수 있다. 그리고 총자산회전률을 계산해보면 회사가 매출수량 증대를 통한 현금수익성 확보를 위해 경쟁기업보다 낮은 가격으로 판매하는 저가전략을 구사하는지 여부를 알 수 있게 한다. 즉, 총자산회전률이 높게 나타날수록 판매수량 증대를 통해 현금을 창출시키는 저가 판매전략을 구사한다고 볼 수 있다. 그러나 자산의 현금수익성을 극대화시키기 위해서는 매출액현금이익률과 총자산회전 모두를 증가시키도록 노력할 필요가 있다.

예제 3-2 자산의 현금수익성 평가

다음의 자료를 가지고 총자산현금이익률을 계산한 다음 다시 매출액현금이익률과 총자산회전률로 분해해서 계산한 결과를 통해 Apple과 Dell 두 회사의 2012년도 자산의 현금수익성과 수익성 제고를 위한 주요전략을 확인해보자.

(단위 : 백만달러)

	Apple	Dell
영업활동 현금흐름	37,529	5,527
순매출액	108,249	62,071
기초자산	75,183	38,599
기말자산	116,371	44,533

두 회사의 총자산현금이익률 및 매출액현금이익률과 총자산회전율을 계산하면 다음과 같다.

Apple

$$\text{총자산현금이익률} = \frac{37{,}529}{95{,}777} = 0.392$$

$$\text{총자산현금이익률} = \frac{37{,}529}{108{,}249} \times \frac{108{,}249}{95{,}777}$$

$$= 0.347 \times 1.1$$

Dell

$$총자산현금이익률 = \frac{5,527}{41,566} = 0.133$$

$$총자산현금이익률 = \frac{5,527}{62,071} \times \frac{62,071}{41,566}$$

$$= 0.089 \times 1.5$$

총자산현금이익률을 계산한 결과 Apple은 0.392(39.2%), Dell은 0.133(13.3%)으로 나타나고 있어 Apple이 자산을 이용해서 더 많은 현금흐름을 창출시키고 있다. 이 비율을 분해해보면 Apple은 매출액현금흐름이익률이 34.7%, 총자산회전율이 1.1회이며, Dell은 매출액현금흐름이익률이 8.9%, 총자산회전율이 1.5회를 나타내고 있다. 이에 따라 Apple은 혁신적인 제품을 고가에 판매하여 이익과 현금흐름을 증대시키는 전략을 구사하고 있고, 이에 반해 Dell은 혁신적인 마케팅 및 유통전략과 저가전략을 구사하여 매출수량 증가를 통한 매출액 증대에 힘쓰고 있음을 알 수 있다.

총자산현금이익률을 더 정확하게 측정하기 위해서는 다음과 같이 산식을 변형해서 사용하기도 한다.

$$총자산현금이익률 = \frac{영업활동\ 현금흐름 + 이자지급액}{평균총자산}$$

위 식의 분자를 보면 이자지급액을 영업활동 현금흐름에 가산하고 있는데 이는 총자산이익률의 계산시 당기순이익에 이자비용을 가산한 방식을 따른 것이다.

이 방식의 논리는 총자산현금이익률이 경영자의 영업의사결정에 대한 경영성과를 측정하기 위하여 만들어진 것이기 때문에, 영업성과를 정확히 측정하기 위해서는 재무의사결정의 결과일 뿐만 아니라, 영업활동 현금흐름을 계산하는 과정에서 이미 차감된 이자지급액은 다시 가산해서 계산되어야 한다는 것이다. 즉, 확보된 자산의 운용을 얼마나 성공적으로 잘 수행했는지에 대한 경영자의 영업성과를 정확히 측정하기 위해서는 자산확보에 필요한 자금조달과 관련된 재무의사결정의 영향을 제외시키자는 것이다.

2) 이익의 질을 측정해주는 비율

(1) 매출액 질 비율(Quality of Sales Ratio)

매출액의 질에 대한 우열을 평가하는 이 비율의 산식은 다음과 같다.

$$\text{매출액 질비율} = \frac{\text{매출로부터의 현금유입액}}{\text{순매출액}}$$

매출로부터의 현금유입액은 직접법에 따른 현금흐름표에서는 공시되고 있기 때문에 직접 알 수 있다. 그러나 간접법의 경우에는 직접 공시되고 있지 않기 때문에 추산해 낼 수밖에 없다. 추산하는 방식은 다음과 같다.

$$\text{매출로부터의 현금유입액} = \text{매출채권기초잔액} + \text{매출액} - \text{매출채권기말잔액}$$

매출액 질 비율의 측정치가 1.0보다 현저하게 차이가 날 경우 심도있는 추가분석을 하지 않으면 안 된다. 다른 조건이 동일하다면 매출액으로부터 회수된 현금유입액이 많은 기업이 그렇지 않은 기업보다 더 유리한 위치에 있다는 것은 당연하다. 왜냐하면 이는 수익거래의 최종적 실현이 이루어졌을 뿐만 아니라, 매출채권에 대한 투자가 최소화되었다는 것을 의미하기 때문이다.

이 비율은 특히 수익인식을 보수적으로 하지 않는 기업이나, 회계담당자의 주관적인 판단이 요구되는 수익인식정책을 채택하는 기업을 분석하는 데 유용하다. 예를 들어 어떤 기업의 매출액 질비율이 여러 기간에 걸쳐서 계속 하락하고 있다면 이는 이 기업이 신뢰할 수 없는 회계적 판단을 이용해서 수익을 앞당겨 계상하거나 허위로 계상하는 방식에 의해 이익을 부풀리고 있지 않은가 하고 의심해 볼 필요가 있다.

또한 매출액 질비율은 기업의 대금회수성과를 반영하고 있다. 만약 어떤 기업이 거래처(또는 소비자)가 충족시켜야 할 신용기준을 대폭 완화시키는 의심스러운 전략을 사용해서 매출액을 증가시켰다고 하자. 완화된 신용기준에 따라 거래를 체결하게 된 거래처(또는 소비자)들은 정상적인 신용기준에 부합하는 거래처에 비해 대금지급을 연체할 가능성이 많을 것이다. 이러한 실상은 매출액 질비율의 하락에 의해서 여지없이 드러나게 된다.

예제 3-3 매출액 질비율 계산과 평가

일부회사 가운데 수익을 앞당겨서 인식·계상하는 회사가 있다. 이러한 식의 회계처리는 매출액과 순이익을 모두 과대계상시키는 결과를 초래하게 된다. 매출액 질비율이 이러한 상황을 적발할 수 있게 해주는 유용한 도구가 될 수 있다.

(단위 : 백만달러)

	캠브리지 바이오테크	켄달스퀘어
매출채권		
기초잔액	5,951	804
기말잔액	10,520	2,785
매출액	28,981	10,066

미국의 소프트웨어 산업에 속한 두 회사의 매출액질비율을 계산하여 분식의 가능성을 확인하여 보자. 먼저 매출대금 회수액을 구한 다음에 매출액 질비율을 계산해보자.

(단위 : 백만달러)

	캠브리지 바이오테크	켄달스퀘어
매출액	28,981	10,066
가산:매출채권 기초잔액	5,951	804
차감:매출채권 기말잔액	(10,520)	(2,785)
매출대금 회수액	24,412	8,085
÷매출액	28,981	10,066
=매출액 질비율	0.84	0.80

두 회사의 비율은 모두 1 이하의 값을 나타내고 있다. 이런 경우 매출의 과대계상 가능성에 대해 심도있는 조사를 해보아야 한다.

(2) 이익 질 비율(Quality of Income Ratio)

이익 질의 우열을 평가하는데 사용되는 이 비율의 산식은 다음과 같다.

$$\text{이익 질비율} = \frac{\text{영업활동 현금흐름}}{\text{당기순이익}}$$

이익 질 비율은 당기순이익 가운데 현금으로 실현된 부분이 얼마나 되는 지를 측정한다. 매출액 질 비율과 마찬가지로 이 비율도 1.0 이상 되는 것이 바람직하다. 이익 질 비율은 대체로 1.0을 초과하는 경향이 있다. 그 이유는 분모인 당기순이익을 계산하는 데는 감가상각비가 차감되는데 반해, 분자인 영업활동 현금흐름에는 기존설비자산을 대체하는데 소요된 현금유출액이 차감되어 있지가 않기 때문이다. 이익 질비율도 매출액 질 비율처럼 측정치가 1.0에서 훨씬 미달될 경우에는 심도 있는 추가분석을 실시하지 않으면 안 된다.

매출액 질을 설명하는 가운데 수익인식에는 회계담당자의 주관적 판단이 많이 개입된다는 점을 지적한 바 있다. 이러한 점은 비용을 인식하는 데도 마찬가지이다. 비용배분을 위한 여러 대체적 회계처리방법이 허용되고 있는 것이 현실이며, 기업은 이중 한 방법을 선택해서 사용할 수 있는 재량권을 가지고 있다.

이익 질 비율은 기업의 회계상 판단이 얼마나 보수적인지, 아니면 비보수적인지에 대한 전체적인 측정치를 제공한다. 이익 질 비율이 높을수록 보수적인 회계판단을 하고 있는, 즉 순이익을 가능한 적게 계상하려는 기업이라고 볼 수 있다. 반대로 이익 질이 낮을수록 낙관적으로 회계판단을 하고 있거나, 회계조작(분식이라고도 함)을 통해서 가공의 이익이 계상되는 방식으로 순이익을 가능한 부풀려서 과대계상하고 있는 기업일 가능성이 농후하다.

그러나 기업이 큰 폭으로 성장을 하고 있을 때에는 매출이 증가함에 따라 매출채권과 재고자산이 매입채무보다 더 빠른 속도로 증가되기 때문에 영업활동으로 인한 현금흐름이 당기순이익보다 적게 계상되어 이 비율이 낮게 나타날 수 있다. 물론 반대의 상황(성숙기, 매출의 감소)일 때는 이 비율이 높게 나타날 것이다. 이 밖에도 계절적 요인과 영업활동에 관련된 자산과 부채의 비효율적인 관리에 의해서도 이 비율이 낮게 나타날 수 있다.

예제 3-4 순이익 질비율 계산과 평가

매출액 질비율과 함께 순이익 질비율도 의심스러운 회계처리와 관련된 상황을 적발하는데 유용하다. 다음의 미국의 소프트웨어 산업에 속한 실제 회사에 적용하여 보자.

(단위 : 백만달러)

	캠브리지 바이오테크	켄달스퀘어
영업활동 현금흐름	(5,696)	(27,194)
당기순이익(순손실)	348	(21,619)

$$\text{순이익 질비율} = \frac{(\$5{,}696)}{\$348} \qquad \frac{(\$27{,}194)}{(\$21{,}619)}$$

$$= \quad -16.37 \qquad 1.26$$

캠브리지회사의 순이익 질비율이 −로 나타나고 있는데 이는 −의 분자와 +의 분모 때문이다. 이는 이 회사가 +의 당기순이익을 발생시킨 반면에 영업활동을 통해서 현금흐름을 창출시키지 못하고 오히려 영업활동에 현금을 더 많이 사용했음을 의미하는 것이다. 이 회사의 비율이 지나치게 높게 나타나고 있는데 재무제표이용자들은 이에 대해 경계를 하지 않으면 안 된다.

켄달회사의 순이익 질비율은 해석하는데 조심하여야 한다. 비율 값만 보면 이 회사는 순이익보다 많은 현금을 창출하고 있음을 알 수 있다. 그러나 비율 값 1.26은 분자 분모 모두 −값으로부터 계산된 것이기 때문에 회사의 현금유출액이 당기순손실을 초과하고 있음을 나타내고 있다. 당기순손실과 −의 영업활동 현금흐름, 즉 영업활동에서의 현금유출액이 동시에 발생했다는 사실은 재무제표이용자가 극도로 경계를 하여야 할 상황인 것이다.

예제 3-5 순이익 질비율 평가

1990년 5월에 파산보호 신청을 한 수퍼마켓 체인점 Circle K의 88년도와 89년도 순이익 질비율을 살펴보자..

(단위 : 천달러)

	1989	1988
영업활동 현금흐름	$57,767	$84,333
당기순이익	15,414	60,411

$$순이익\ 질비율 = \frac{\$57,767}{\$15,414} \qquad \frac{\$84,333}{\$60,411}$$

$$= .3.75 \qquad 1.40$$

Circle K의 순이익 질비율은 88년도 1.40에서 89년도 3.75로 두 년도 모두 1 이상일 뿐만 아니라 증가된 모습을 보이고 있어 순이익의 현금전환능력에 문제가 없으며, 영업활동을 통한 현금창출능력이 양호하게 유지되는 것으로 평가된다. 물론 당기순이익이 전년도에 비해 대폭적으로 감소한 것은 이 회사가 수익성 저하로 곤경에 빠졌음을 보여주고 있다.

이 회사는 마침내 1990년도에 들어서 $773(백만 달러)의 당기순손실을 기록하였으며, 영업활동현금흐름은 여전히 $100(백만 달러) 이상의 흑자를 나타내고 있었으나 과도한 부채와 이자부담을 견디지 못하고 파산보호신청을 하기에 이르렀다. 그러나 이 회사는 그 이후 순손실 폭을 줄이면서 지속적이고 안정적인 영업활동현금흐름 창출능력을 바탕으로 결국 도산의 위험에서 벗어나 경영정상화의 길을 걷게 되었다.

89년과 90년도의 큰 폭의 수익성 저하를 보고한 반면에 영업활동현금흐름은 + 안정적인 수준을 창출한 모습을 보여준 것은 현금흐름에 영향을 미치지 않는 대규모 구조조정비용의 계상과 환경보존에 대한 충당부채 계상 그리고 재고자산의 감축과 같은 경영의 효율성 제고 노력에서 그 원인을 찾을 수 있다. 이 사례는 순이익의 질을 높여주는 +의 안정적인 영업활동을 통한 현금흐름의 창출능력에 대한 중요성을 보여주고 있다.

이밖에도 다음과 같은 산식을 통해 이익의 질을 측정하기도 한다. 이 비율의 산식은 다음과 같다.

$$\text{이익 질비율} = \frac{\text{영업활동 현금흐름} + \text{이자와 법인세지급액}}{\text{당기순이익} + \text{이자비용} + \text{법인세비용}}$$

이 비율은 분자와 분모에 이자와 법인세지급액 그리고 이자비용과 법인세비용을 각각 가산하여 영업창출현금흐름을 이자와 법인세비용차감전순이익(영업이익의 근사치)으로 나누어서 이익의 질을 측정하도록 하고 있다. 이 비율이 기간별로 1보다 현저하게 점점 더 감소하는 추세를 보이면 분식 가능성을 염

두에 두고 자세히 분석할 필요가 있다.

한편 다음과 같은 비율은 분식결산의 가능성을 발견하는데 도움이 되는 것으로 알려져 있다.

$$\text{이익 질비율} = \frac{\text{당기순이익} - \text{영업활동 현금흐름}}{\text{자산총계}}$$

이 비율은 연도에 따라 +값과 −값을 나타내면서 0값 주변에서 맴도는 것이 정상적인 모습이라 할 수 있다. 그러나 이 비율 값이 계속해서 여러 연도 동안에 걸쳐서 +값을 나타내며, 그것도 점진적으로 증가추세 즉 악화되는 모습을 나타내면 재무적인 곤경과 재무제표 분식이 발생하고 있을 가능성이 높다. 이러한 상황은 당기순이익은 증가추세인데 반해, 영업활동 현금흐름이 감소 추세를 보이면 양 수치간의 격차가 점점 더 벌어질 때 나타나게 된다.

예제 3-6 순이익 질비율과 분식 적발

1995년과 1998년 사이에 분식을 저질렀던 기업에 대해 순이익 질비율을 적용해서 재무제표 분식 조짐을 발견해보자(단위는 1백만 달러이다).

연 도	당기순이익	영업현금흐름	자산총계
1995	$186.0	$14	$42
1996	22.3	(8)	89
1997	35.0	(49)	145
1998(3개월)	(32.0)		

비율 값을 계산해보면 1995년은 0.109{($186−$14)/$42=0.109}, 1996년은 0.510{($22.3+$8)/$89=0.50}, 1997년은 0.58{($35+$48.9)/$145=0.58}로 계속 악화하면서 당기순이익과 영업활동 현금흐름 간의 격차가 점점 더 벌어지고 있음을 알 수 있다. 이 비율은 회사가 저지

른 분식의 내용에 관한 정보를 제공하지는 못하지만 재무제표 분식 가능성이 높고, 당기순이익이 조작되고 있을 거라는 경고 신호를 분명히 보여준다고 볼 수 있다. 설령 분식이 자행되지 않았다 하더라도 이 회사는 심각한 재무적 곤경 속에 처해 있는 것은 분명하다. 어느 쪽이든 간에 이 비율은 회사가 처한 어려운 상황을 잘 보여주고 있다.(Fraud Examination, W. Steve Albrecht, South-Western, pp. 418~9, 2003 참고)

3) 현금흐름안전성(장·단기지급능력)을 측정해주는 비율

(1) 현금흐름유동부채보상비율

이 비율은 현금흐름유동성비율(cash flow liquidity ratio)이라고도 하는데 산식은 다음과 같다.

$$현금흐름유동부채보상비율 = \frac{영업활동\ 현금흐름}{평균유동부채}$$

위 식에서는 분자, 즉 영업활동 현금흐름이 동태적인 측정치이기 때문에 분모도 이에 맞추어서 유동부채의 기초와 기말잔액의 평균금액으로 동태적인 측정치로 바꾸어서 나타낸 것이다. 분모의 유동부채에는 단기차입금과 만기가 1년 이내로 변경된 비유동부채(장기차입금과 사채), 즉 유동성 장기부채만 포함시키고, 영업활동과 관련된 매입채무는 영업활동을 통해서 지급되기 때문에 제외시키기도 한다.

이 비율은 영업활동에서 창출된 현금흐름으로 당기에 상환할 부채를 어느 정도 충당하고 있는가를 측정하고 있는 것으로써, 이 비율의 측정치가 높을수록 단기부채상환능력이 우수한 기업인 것이다.

예제 3-7 단기부채상환능력과 유동성 평가

주식회사 모뉴엘은 IT기반의 종합가전회사(로봇청소기와 홈시어터 PC 등이 주요 제품)로 급성장하던 기업으로 매출액 1조 클럽에 이름을 올리면서 업계의 큰 주목을 받던 회사인데, 2014년에 들어와서 심각한 자금난에 시달리다가 결국 법정관리를 신청하였다.

모뉴엘의 연결재무제표에 보고된 다음 회계자료를 가지고 회사의 유동성을 평가해보자.

(단위 : 백만원)

	제10기	제9기	제8기
유동자산	359,177	258,880	176,134
당좌자산	183,334	151,799	112,099
유동부채	226,495	177,163	119,525
영업활동현금흐름	(1,514)	1,684	17,261

유동자산을 유동부채로 나누어서 계산하는 유동비율 계산 결과를 보면 제9기 1.46(146%), 제10기 1.59(159%)로 나타나고 있어 업종 평균(가정용기기업종 평균 133%)을 상회하고 있고 기간별로 소폭 증가 추세를 보이고 있기 때문에 유동비율에 의한 유동성은 매우 양호한 것으로 평가할 수 있다.

한편 재고자산을 제외한 당좌자산을 유동부채로 나누어서 계산하는 당좌비율의 계산 결과를 보면 제9기 0.857(85.7%), 제10기 0.809 (80.9%)로 나타나고 있어 업종평균(101%)에 미달하고 있고 기간별로 소폭 하락하는 추세를 보이고 있어서 유동성에 이상이 발생할 가능성을 배제할 수는 없는 것으로 평가된다.

	제10기	제9기
유동비율 =	$\frac{359,177}{216,495} = 1.59$	$\frac{258,880}{177,163} = 1.46$
당좌비율 =	$\frac{183,334}{216,495} = 0.809$	$\frac{151,799}{177,163} = 0.857$

그러나 영업활동 현금흐름을 평균유동부채로 나누어서 계산하는 현금흐름유동부채보상비율을 계산해보면 유동비율의 결과와는 전혀 상이한 결과가 나타나고 있다.

제9기의 비율은 0.0114(1.14%) 제10기의 비율은 −0.0075(0.75%)로 비율 값 자체도 두 기간 매우 저조할 뿐만 아니라 하락 추세를 보이고 있어, 이 기업의 유동성은 극도로 취약한 것으로 평가된다. 유동비율에 의한 평가는 매우 양호한 것으로 평가되었으나 실제 현금흐름을 반영하는 동태적 유동성을 평가할 수 있게 해주는 현금흐름유동부채보상비율은 전혀 상반된 결과를 보여주고 있다. 이는 이 기업이 매출채권과 재고자산을 허위계상하는 분식을 시도한 결과로 유동자산이 과대계상되어서 유동비율과 당좌비율이 실제보다 과대평가되었기 때문이다. 결국 이 회사의 실제적인 유동성은 극도로 부실하여 언제 부도위기에 처해질지 모르는 매우 심각한 위기 상황에 봉착해 있다고 평가할 수 있다. 이 사례를 통해서 분식에 영향을 받지 않는 현금흐름을 이용한 비율분석이 얼마나 중요한지를 다시 한 번 강조하고자 한다.

	제10기	제9기
현금흐름유동부채보상비율 =	$\frac{(1,514)}{201,829} = -0.0075$	$\frac{1,684}{148,344} = 0.0114$

현금흐름유동부채보상비율의 대체적인 비율로 다음과 같은 것이 있다.

$$현금흐름유동부채보상비율 = \frac{영업활동\ 현금흐름 - 배당금지급액}{유동부채}$$

이 비율의 분자는 매출 등으로부터의 현금유입액에서 매입액. 급여. 이자 및 법인세 등으로부터의 현금유출액을 차감해서 계산된 결과인 영업활동 현금흐름(직접법의 계산방식임)에서 다시 주주에 대한 배당금을 차감하고 남은 일종의 내부현금 유보액을 사용하고 있다. 이러한 관점에서 이 비율은 내부창출 여유자금으로 1년 내에 상환할 유동부채를 얼마나 충당할 수 있는 지를 측정하고 있다. 그러나 또 다른 관점에서 보면 배당금의 경우 전기에 선언이 되고 금기 초에 지급이 우선적으로 이루어지는 현실을 고려해서 영업활동 현금흐름에서 배당금 지급액을 차감하고 그 잔액으로 유동부채가 상환된다고 보는 산식이라고 이해할 수도 있다.

한편 다음 산식과 같이 분모. 분자를 모두 현금흐름표에서 제공되는 정보를 가지고 완전한 동태적인 산식을 만들어서 부채의 지급능력을 측정할 수도 있다.

이 비율은 영업활동 현금흐름을 가지고 당기의 부채상환액을 몇 배나 보상하고 있는지를 측정한다.

$$현금흐름부채보상비율 = \frac{영업활동\ 현금흐름}{부채상환액}$$

이밖에도 다음과 같은 산식을 통해 단기부채상환능력을 측정하기도 한다.

$$현금흐름유동부채보상비율 = \frac{현금예금 + 단기투자유가증권 + 영업활동\ 현금흐름}{유동부채}$$

이 비율은 부채상환에 이용가능한 유동성이 가장 높은 자산인 현금예금 및 유가증권에 내부창출자금인 영업활동 현금흐름을 가산하고 이를 유동부채로 나누고 있다.

(2) 필수지출액보상비율

기업은 당면한 지출항목을 감당할 수 있는 충분한 현금흐름을 창출할 수 있는 능력을 보유하지 않으면 장기적으로 존속을 기대할 수 없게 된다. 단기 유동성을 측정하는 비율로 필수지출액보상비율(critical needs coverage ratio)이 있다. 이 비율은 당면한 지출항목으로 당해 기간 중에 반드시 지출해야 하는 항목인 이자와 유동부채 그리고 배당금을 이자지급전 영업활동 현금흐름으로 얼마나 충당할 수 있는지를 측정한다. 이 비율의 산식은 다음과 같다.

$$\text{필수지출액보상비율} = \frac{\text{영업활동 현금흐름} + \text{이자지급액}}{\text{이자지급액} + \text{유동부채} + \text{배당금지급액}}$$

이 비율은 1 이상이 되어야 이자지급전 영업활동 현금흐름으로 당해 기간 중에 반드시 지출해야 하는 항목인 이자와 유동부채 그리고 배당금을 충당할 수 있음을 의미하며, 이 비율이 높게 나타날수록 단기 유동성이 양호하게 된다. 이자지급전 영업활동 현금흐름 계산과 관련해서 주의해야 할 점이 있다. 이자지급액을 영업활동으로 분류한 경우에는 위 산식처럼 영업활동 현금흐름에서 이자지급액을 다시 더해주면 되지만 이자지급액을 재무활동으로 분류한 경우에는 영업활동 현금흐름에서 이자지급액을 차감할 필요가 없다는 점이다.

예제 3-8 필수지출액보상능력 평가

다음은 기아자동차의 연결재무제표상의 재무자료이다. 이 자료를 가지고 필수지출액보상비율을 계산하여 이 회사의 필수지출항목의 보상능력을 평가해보자.

(단위 : 십억원)

	2017년	2016년
영업활동 현금흐름	2,594	3,276
이자지급액	196	152
합 계	2,790	3,428
이자지급액	196	152
유동부채	15,323	16,247
배당금	441	441
합 계	15,960	16,840

$$필수지출액보상비율 = \frac{2,790}{15,960} \quad \frac{3,428}{16,840}$$

$$= 0.17 \quad 0.20$$

기아자동차는 필수지출액보상비율이 2016년 0.2에서 2017년 0.17로 나타나 소폭 감소된 모습을 보이고 있으며, 이에 따라 이자지급전 영업활동현금흐름으로 필수지출항목에 대해 20% 수준을 충당하고 있는 것으로 평가된다. 2016년도에 비해 소폭 감소된 원인은 영업활동에서 창출한 현금흐름의 감소와 이자지급액의 증가에서 찾을 수 있다.

한편 이 비율에서 배당금지급액을 제외한 비율 산식도 많이 사용되고 있으며, 한국은행에서 공표하고 있는 현금보상비율(또는 부채상환계수)도 이 비율과 유사한 비율이라고 볼 수 있는데, 그 산식은 다음과 같다.

$$현금보상비율 = \frac{영업활동\ 현금흐름 + 금융비용}{금융비용 + 단기차입금}$$

예제 3-9 단기부채상환능력 평가

다음은 기아자동차의 연결재무제표상의 재무자료이다. 이 자료를 가지고 현금보상비율(또는 부채상환계수)을 계산하여 이 회사의 단기부채상환능력을 평가해보자..

(단위 : 십억원)

	2017년	2016년
영업활동 현금흐름	2,594	3,276
이자지급액	196	152
합 계	2,790	3,428
이자지급액	196	152
단기차입금	2,994	2,876
유동성장기부채	861	1,255
합 계	4,051	4,283

$$\text{현금보상비율} = \frac{2,790}{4,051} \qquad \frac{3,428}{4,283}$$

$$= 0.689 \qquad 0.80$$

기아자동차는 현금보상비율이 2016년 0.80에서 2017년 0.689로 나타나 영업활동을 통한 이자와 단기차입금 상환 능력이 소폭 저하된 모습을 보이고 있다. 그러나 두 연도 모두 현금보상비율 값이 1보다 낮아서 영업활동에서 창출한 현금흐름으로 이자와 단기차입금 및 유동성장기부채를 모두 상환할 정도가 되지 못하며, 이에 따라 일부 외부자금에 의존해야 되는 상황임을 알 수 있다.

(3) 현금흐름이자보상비율

현금흐름이자보상비율(Cash flow lnterest coverage ratio)의 산식은 다음과 같다.

$$\text{현금흐름이자보상비율} = \frac{\text{영업활동 현금흐름 + 이자 및 법인세지급액}}{\text{이자지급액}}$$

이 비율은 이자보상비율을 실제현금흐름정보로 바꾸어서 이자지급능력을 측정하고 있다. 실제로 이자는 당기순이익으로 지급되는 것이 아니고 현금으로 지급하는 것이기 때문에 현금흐름이자보상비율이 더 합리적인 이자지급능력측정비율인 것이다.

현금흐름이자보상비율은 채권자가 기업의 이자지급능력을 평가하는 데 유용하게 사용된다. 위의 산식의 분자를 보면 영업활동 현금흐름에다 이자 및 법인세지급액을 가산하여 이자와 법인세지급액차감전 영업활동으로 인한 현금흐름을 사용하고 있다. 이는 영업활동으로 인한 현금흐름을 계산하는 과정에서 이미 이자 및 법인세지급액이 차감되었기 때문에 이 금액을 다시 가산하여, 이자를 상환하는 데 사용가능한 정확한 영업활동 현금흐름을 계산하기 위해서 이다. 한편 법인세지급액이 가산되는 이유는 이자가 법인세보다 우선적으로 지급되는 것으로서 법인세지급을 하기 전의 영업활동 현금흐름은 이자지급액의 재원이 되기 때문이다.

이 비율은 이자와 법인세를 차감하기 전의 영업활동 현금흐름을 가지고 이자지급액을 몇 배나 갚을 수 있는 지를 측정하게 된다.

현금흐름이자보상비율이 1.0보다 높을수록 이자지급능력이 충분하다는 것으로, 이자지급을 이행하지 못할 위험이 그만큼 없다는 의미이다. 이런 기업은 제때 이자지급을 이행할 것이기 때문에 원금상환기간이 도래할 때 부채를 차환하거나 만기가 연장될 가능성이 높을 것이다.

그러나 이 비율이 1.0에 가깝거나 그 이하인 기업은 영업활동 현금흐름 전부로 겨우 이자를 지급하고 있거나, 아니면 다 지급할 수 없어서 이자의 일부를 다시 부채로 조달한 현금이나 또는 자산을 매각처분해서 들어온 현금으로 갚아 나가고 있다는 의미이다. 이런 기업은 이자지급능력이 불량한 기업으로서 향후 차입능력에 문제가 있을 수 있다.

예제 3-10 이자지급능력 평가

1990년 5월에 파산보호 신청을 한 수퍼마켓 체인점 Circle K의 88년도와 89년도 이자지급능력을 현금흐름이자보상비율을 통해 살펴보자.

(단위 : 천달러)

	1989	1988
영업활동 현금흐름	$ 57,767	$ 84,333
이자지급액	89,928	49,267
법인세 납부액	11,233	28,439
합 계	$ 158,928	$ 162,039

$$\text{현금흐름이자보상비율} = \frac{\$158,928}{\$89,928} \quad \frac{\$162,039}{\$49,267}$$

$$= 1.77 \quad 3.29$$

Circle K의 현금흐름이자보상비율은 88년도 3.29에서 89년도 1.77로 악화된 모습을 보이고 있어 향후 이자지급능력에 문제가 생길 수 있는 것으로 보인다. 이 회사는 경영부실로 인한 수익성 저하가 발생되는 상태에서 과도한 부채로 인한 이자지급을 감당할 수 없어서 마침내 파산보호신청을 하게 되었다. 이에 따라 현금흐름이자보상비율의 지속적인 저하는 계속기업으로서의 존속능력에 문제가 있다는 경고신호로 받아드려야 한다.

현금흐름이자보상비율이 부채의 원금 상환분을 제외하고 있기 때문에 기업의 장기지급능력을 측정하는 데는 불충분하다는 비판이 제기 되고 있다. 이에 따라 다음과 같은 비율이 대체적인 비율로 사용될 수 있다.

$$\text{현금흐름이자원금보상비율} = \frac{\text{영업활동 현금흐름 + 이자 및 법인세지급액}}{\text{이자 및 원금상환액}}$$

(4) 현금흐름총부채보상비율

현금흐름총부채보상비율(Cash flow debt coverage ratio)의 산식은 다음과 같다.

$$현금흐름총부채보상비율 = \frac{영업활동\ 현금흐름}{평균총부채}$$

이 비율은 영업활동 현금흐름으로 기업의 총부채를 얼마나 상환할 수 있는지를 측정한다. 기업은 영업활동을 통해서 대체로 안정적으로 유동부채를 발생시키고 또한 상환하고 있다. 그리고 영업활동 현금흐름을 가지고 비유동부채를 상환하거나 기타 목적에 이용할 수 있다. 따라서 이 비율이 높을수록 부채를 상환하는데 이용할 수 있는 영업활동 현금흐름이 충분하다는 의미이기 때문에 이런 기업의 장기지급능력은 양호한 것으로 볼 수 있다.

이 비율은 기업의 신용분석에서 기업의 재무적 융통성(Financial Flexibility)을 검토하는데 사용되고 있다. 재무적 융통성은 불황이나 파업 등 예상하지 못한 곤경이나 새로운 사업기회가 생겼을 때 이에 탄력적으로 신속하게 현금을 동원해서 대응조치를 취할 수 있는 기업의 현금창출능력을 말하는데, 역시 이 비율이 높을수록 재무적 융통성도 뛰어나다고 볼 수 있다.

위의 산식의 분모 분자를 다음과 같이 바꾸어서 사용하기도 한다.

$$총부채상환소요기간 = \frac{평균총부채}{영업활동\ 현금흐름}$$

이 비율의 측정값은 소요기간의 의미로 해석할 수 있다. 즉, 현재 수준의 영업활동 현금흐름으로 총부채를 상환할 경우 얼마의 기간이 소요될 것인가를 의미한다고 볼 수 있다. 따라서 이 비율은 낮게 나타날수록 부채상환에 소용되는 기간이 단축된다고 볼 수 있기 때문에 기업의 부채상환능력이 양호하다고 볼 수 있다.

예제 3-11 장기부채상환능력과 재무적 융통성 평가

다음의 자료를 가지고 두 회사의 부채상환능력과 재무적 융통성을 평가해보자.

(단위 : 백만원)

	A회사	B회사
영업활동 현금흐름	200,000	100,000
평균총부채	600,000	800,000
평균총부채만기	3년	4년

총부채보상비율과 총부채상환소요기간을 계산하면 다음과 같다.

$$총부채보상비율 = \frac{200,000}{600,000} = 0.33 \qquad \frac{100,000}{800,000} = 0.13$$

$$총부채상환소요기간 = \frac{600,000}{200,000} = 3년 \qquad \frac{800,000}{100,000} = 8년$$

A회사는 현재의 영업활동 현금흐름으로 총부채의 0.33(33%)을 상환할 수 있으며, 현재 수준의 영업활동 현금흐름을 전액 부채상환에 사용할 경우 3년이 소요될 것으로 예상된다. 이 기간은 회사의 평균총부채만기인 3년과 일치되고 있어 현재 수준 이상의 영업활동 현금흐름이 창출된다면, 외부자금에 의존하지 않고 부채상환을 할 수 있음을 보여준다. 따라서 이 회사는 부채상환능력이 양호하고, 필요시 추가로 외부자금을 조달할 수 있는 재무적 융통성도 높다고 평가할 수 있다.

반면에 B회사는 현재의 영업활동 현금흐름으로 총부채의 0.13(13%)을 상환할 수 있으며, 현재 수준의 영업활동 현금흐름을 전액 부채상환에 사용할 경우 8년이 소요될 것으로 예상된다. 이 기간은 회사의 평균총부채만기인 4년보다 훨씬 긴 기간이어서 현재 수준 정도의 영업활동 현금흐름이 창출된다면, 외부자금에 의존하지 않고는 부채상환을 할 수 없음을 보여준다. 따라서 이 회사는 부채상환능력이 부실하고, 또한 내부창출자금이 부족해서 계속 외부자금을 조달할 가능성이 높기 때문에 재무적 융통성도 낮다고 평가할 수 있다.

총부채보상비율을 변형시킨 대체 비율로 다음과 같은 것이 있다.

$$\text{현금흐름총부채보상비율} = \frac{\text{영업활동 현금흐름} - \text{배당금지급액}}{\text{장기부채(또는 비유동부채)}}$$

또한 현금흐름부채보상비율의 엄격한 대체적인 비율로 많이 사용되는 비율로 다음과 같은 비율이 있다.

$$\text{잉여현금흐름부채보상비율} = \frac{\text{영업활동 현금흐름} - \text{자본적 지출액}}{\text{향후 5년 동안 만기도래 부채의 평균상환액}}$$

이 비율에서는 세금과 이자비용 지급액 그리고 자본적 지출액을 차감하고 난 후의 잔액 즉, 잉여현금흐름(free cash flow)을 미래의 부채상환에 이용가능한 현금으로 보고 있다. 신규 고정자산에 대한 투자는 대부분의 기업에 있어서 필수적이기 때문에 재무분석가들은 기업이 기존의 비유동자산을 대체하고 그리고 개량하고 난 후의 부채상환에 이용가능한 현금에 관심을 갖게 되는 것이다. 향후 5년 내에 만기가 도래하는 부채상환액은 비유동부채와 관련된 주석에서 발견할 수 있다. 이 비율 값이 1 이상이면 부채상환에 충분한 현금흐름을 창출하고 있는 기업이라고 볼 수 있다. 그러나 당해 기업의 이전 연도의 비율과 동종 산업의 유사규모 기업의 비율 값과 비교해서 판단을 내려야 한다.

예제 3-12 부채상환능력 평가

다음의 자료는 Best Buy의 연결현금흐름표와 주석에 제시된 것이다 잉여현금흐름부채보상비율 계산하여 이 회사의 부채상환능력을 평가해보자.

(단위 : 백만달러)

	2007년	2006년	2005년
영업활동 현금흐름	$ 1,762	$ 1,740	$ 1,981
유형자산 취득액	733	648	502
잉여현금흐름	1,029	1,092	1,479
향후 5년분 부채상환액	502	492	535
평균부채상환액	100.4	98.4	107
잉여현금흐름부채보상비율	10.2	11.1	13.8

이 회사의 잉여현금흐름부채보상비율은 2005년 13.8, 2006년 11.1, 2007년 10.2로 약간 감소하는 추세를 보이고 있지만 3개 연도 모두 잉여현금흐름으로 향후 5개년에 대한 평균부채를 상환할 수 있는 능력이 충분한 것으로 평가된다.

우리 나라의 경우 신용평가기관에 따라서 잉여현금흐름(Free Cash Flow)을 영업활동 현금흐름에서 자본적 지출만을 차감한 잔액으로 정의하거나, 영업활동 현금흐름에서 자본적 지출과 배당금을 모두 차감한 잔액으로 아주 보수적으로 정의를 해서 사용하고 있으며, 후자의 경우는 처분가능현금흐름(Discretionary Cash Flow)이라는 명칭을 부여해서 사용하는 신용평가회사(서울신용평가정보와 NICE신용평가)도 있다. 이렇게 측정한 잉여현금흐름은 차입금 또는 차입금에서 단기금융자산을 차감한 금액(순차입금이라 함)과 대비시킨 비율을 기업의 신용평가에 활용하고 있다.

$$잉여현금흐름차입금보상비율 = \frac{영업활동\ 현금흐름 - 자본적\ 지출액}{차입금(또는\ 차입금 - 단기금융자산)}$$

$$처분가능현금흐름차입금보상비율 = \frac{영업활동\ 현금흐름 - 자본적\ 지출액 - 배당금}{차입금(또는\ 차입금 - 단기금융자산)}$$

(5) 자본적 지출액 보상비율

경쟁력을 계속 유지하기 위해서는 기업은 적절한 시점에서 설비자산을 대체하거나 확장하지 않으면 안 된다. 기업의 설비투자능력을 평가할 수 있게 해주는 비율에는 다음과 같은 자본적 지출액 보상비율(Capital expenditure coverage ratio)이 있다.

$$자본적\ 지출액보상비율 = \frac{영업활동\ 현금흐름}{연간자본적지출액}$$

분모의 자본적 지출에는 유형자산의 취득분만 포함시키기도 하고 또는 유형·무형자산의 신규취득과 기존자산의 증가분 그리고 타기업의 인수·합병대금도 모두 포함시키기도 한다.

이 비율이 1.0을 초과하고 있다면 이는 이 기업이 현재의 영업활동을 통해서 이 기업의 바람직한 설비수준을 유지하는데 필요한 현금자금 이상을 창출시키고 있다는 의미이다. 따라서 이 비율이 높을수록 비유동부채와 같은 외부자금에 대한 의존도가 낮기 때문에 재무적으로 건강한 기업이며, 재무적 융통성도 좋은 기업이라고 말할 수 있다. 한편 이 비율은 장기지급능력의 측정지표로 간주할 수도 있다. 왜냐하면 이 비율이 1.0을 초과하고 있다는 것은 필요한 자본적 지출 소요자금을 초과하는 영업활동 현금흐름이 남아 있다는 것을 의미하는 것으로써 이 자금은 비유동부채를 상환하는데 쓰일 수 있기 때문이다.

그러나 이 비율의 의미를 해석할 때 단순히 비율의 측정치 크기만을 가지고 해석해서는 오류를 범할 수 있다. 따라서 자본적 지출의 수준, 자본적 지출의 최근의 추세, 동일 산업내의 타기업 비율측정치, 아웃소싱(outsourcing) 이용 여부 그리고 기업의 수명주기단계 등에 대한 종합적인 고려를 통해서 이 비율의 측정치를 바로 해석하지 않으면 안 된다.

예제 3-13 자본적지출액 보상능력 평가

다음의 자료를 가지고 Circle K의 자본적 지출액보상능력을 평가해보자.

(단위 : 천달러)

	1989년	1988년
영업활동 현금흐름	57,767	84,333
유형자산 취득액	193,338	233,087
기업인수대금 지급액	68,139	147,500
자본적 지출액	261,477	380,587
자본적 지출액보상비율	0.22	0.22

Circle K의 자본적 지출액 보상비율 계산결과를 보면 두 연도 모두 영업활동 현금흐름으로 기업 확장에 필요한 자본적 지출액을 22%정도 충당하고 있어 자본적 지출액 보상능력이 좋지 않음을 보여주고 있다, 이는 기업 확장에 필요한 자본적 지출액을 충당하기에는 내부창출자금인 영업활동 현금흐름이 매우 부족한 상태이며, 이에 따라 기업 확장에 필요한 자본적 지출액의 78%를 외부자금에 의존해서 충당했다는 것으로 이 회사의 자본적 지출액 보상능력이 좋지 않음을 의미하는 것이다.

이처럼 자본적 지출액 보상비율이 계속해서 1보다 현저하게 낮게 나타나면 외부자금 의존도가 높아지게 되며, 특히 부채에 대한 의존도가 높아지는 경우에는 재무구조가 부실해져 자금난을 초래할 가능성이 높아지게 된다. 따라서 지속적으로 낮게 계산되는 자본적 지출액보상비율은 유동성 위기가능성에 대한 위험 신호로 볼 수 있다. 실제로 Circle K는 1990년에 파산 보호신청을 하게 되었다.

자본적 지출의 수준을 파악하기 위해서는 다음과 같은 방식으로 비교해보면 된다.

$$\text{자본적 지출액수준비율} = \frac{\text{연간자본적 지출액}}{\text{감가상각비} + \text{유형자산매각대금}}$$

즉, 자본적 지출액을 감가상각비와 유형자산매각대금을 합한 금액으로 나눈 값이 여러 기간에 걸쳐서 1.0 이상 나타나면, 기존의 유형자산에 대한 대체투자 이상의 수준으로 투자가 이루어져 기업이 성장하고 있다는 증거가 된다. 반면에 1.0 미만으로 나타나면 대체투자를 밑도는 수준의 투자가 이루어진다는 의미로 기업이 축소되고 있다는 위험신호인 것이다. 즉, 자본적 지출의 수준을 계속 감소시키게 되면 설비의 대체투자가 적절하게 이루어지지 않아서 결국에는 미래의 경쟁력이 상실되기 때문에 그렇다.

따라서 자본적 지출을 줄여서 이 비율의 측정치가 높게 나타난 것인지, 또는 감가상각비 이상의 자본적 지출 수준인데도 높게 나타난 것인지 여부를 반드시 확인할 필요가 있다.

생산의 일정수준을 아웃소싱에 의존하는 전략을 택하고 있는 기업의 경우는 자본적 지출의 수준이 그렇지 않은 기업에 비해 낮기 때문에 이 비율이 높게 나타날 것이다. 때문에 이런 사정을 감안하지 않고, 이 비율이 높다고 해서 무조건 양호한 것으로 판단하면 전혀 그릇된 판단이 될 수 있다.

또한 기업의 수명 주기상 초기단계, 즉 도입기와 성장기의 초반에 위치한 기업은 확장을 위한 급격한 설비투자가 대폭적으로 이루어지는 반면에 영업활동에서 창출되는 현금흐름은 부족하게 되는 경우가 많기 때문에 이 비율의 측정치가 낮게 나타나는 경우가 많다. 그러나 성숙기에 위치한 기업은 대규모 설비투자가 거의 완료된 상태여서 영업활동에서 창출되는 현금흐름이 풍부하기 때문에 이 비율의 측정치가 높게 나타날 것으로 기대된다. 따라서 기업의 수명주기도 이 비율을 해석할 때 반드시 고려할 필요가 있다.

그리고 자본적 지출액의 수준은 산업에 따라 차이가 많다. 자본집약적인 산업은 노동집약적인 산업에 비해서 자본적 지출액의 수준이 높을 수밖에 없다. 따라서 이 비율은 특정기업의 기간별 비교를 통해서, 또는 동일 산업내의 경쟁기업과의 비교를 통해서 그 의미를 해석하여야 한다.

한편 자본적 지출액은 기간별로 변동성이 높기 때문에 단일 연도의 비율 뿐만 아니라 3개 연도분 정도의 합산액을 이용한 비율 값과 함께 해석하는 것도 바람직하다.

예제 3-14 자본적 지출액보상비율의 평가

다음 롯데제과의 자료를 가지고 자본적 지출액보상비율을 계산하고 평가해보자.

	47기	46기	45기	3년 합산
영업활동 현금흐름	136,873	78,794	120,548	336,216
설비투자액	99,209	52,548	59,667	211,424
자본적지출액보상비율	1.38	1.50	2.02	1.59

롯데제과의 개별기간 및 3년 합산분에 대한 자본적 지출액보상비율은 모두 1.0 이상으로 자본적 지출액을 충당하고도 충분히 남을 정도로 영업활동을 통해서 충분한 현금흐름이 창출되고 있음을 보여주고 있다. 따라서 이 회사는 남은 현금을 부채를 상환하는데 사용할 수 있기 때문에 장기지급능력도 양호한 것으로 평가할 수 있다. 그러나 이 회사는 기업의 수명주기상 성숙단계에 위치하고 있기 때문에 이 비율이 높게 나타나는 것으로 보여진다.

이 비율의 대체적인 비율로 다음과 같은 것이 있다. 이 비율의 분자는 매출 등으로부터의 현금유입액에서 매입액. 급여. 이자 및 법인세 등으로부터의 현금유출액을 차감해서 계산된 결과인 영업활동 현금흐름(직접법의 계산방식임)에서 다시 주주에 대한 배당금을 차감하고 남은 일종의 내부현금 유보액을 사용하고 있다. 이는 배당금이 주주의 투자에 대한 대가로 이익에서 일부가 분배되고 나머지는 자산에 재투자된다는 점에 착안한 것 같다. 따라서 이 비율은 재투자할 수 있는 여유자금으로 설비를 대체하거나 확장하는 데 소요되는 자본적 지출자금을 얼마나 충당(또는 재투자)할 수 있는 지를 측정하고 있다.

$$\text{자본적 지출액보상비율} = \frac{\text{영업활동 현금흐름} - \text{배당금지급액}}{\text{자본적 지출액}}$$

이 비율이 낮게 나타날 경우 이는 재투자할 내부여유자금이 부족하다는 의미이기 때문에 향후 내부창출자금을 증가시킬 방안과 배당금지급 규모를 축소하는 방안 등을 강구할 필요가 있을 것이다.

(6) 배당금보상비율

배당금보상비율(Cash flow dividend coverage ratio)의 산식은 다음과 같다.

$$\text{배당금보상비율} = \frac{\text{영업활동 현금흐름}}{\text{배당금지급액}}$$

이 비율은 영업활동으로 인한 현금흐름이 배당금지급액의 몇 배에 해당되는 지를 측정하게 된다. 이 비율이 높을수록 배당금을 지급할 수 있는 충분한 현금흐름을 영업활동을 통해 창출하고 있는 우량기업이라고 볼 수 있다. 만약 이 비율이 1.0보다 작다는 것은 영업활동을 통해 조달된 현금으로 배당금을 전부 지급할 수 없을 정도로 내부창출자금이 부족해서 투자활동이나 재무활동을 통해서 조달된 현금(즉, 자산매각대금이나 외부조달자금)으로 배당금을 지급하였다는 것을 의미한다. 이 비율이 낮은 기업일수록 심각한 자금난을 겪고 있을 가능성이 많은 기업이기 때문에 현재의 배당금 지급수준의 적정성을 검토해서 그 규모를 축소하는 것이 바람직하다. 이 비율의 분자와 분모를 서로 바꾸게 되면 현금흐름배당성향(dividend payout)을 측정하는 산식이 된다.

$$현금흐름배당성향 = \frac{배당금지급액}{영업활동\ 현금흐름}$$

한편 배당금보상비율을 엄격하게 측정하는 대체적 비율로 다음과 같은 것이 있다.

$$배당금보상비율 = \frac{영업활동\ 현금흐름 - 부채상환액}{배당금지급액}$$

채권자에 대한 부채상환은 상환기간이 도래하였을 때 반드시 상환해야 할 강제적 의무사항인데 반해 주주에 대한 배당금지급은 이익의 분배로써 기업의 형편에 따라 임의로 결정할 수 있는 재량적 사항에 지나지 않는다. 이에 따라 부채상환이 배당금지급보다 우선적으로 해결해야 할 사항이기 때문에 부채상환액을 먼저 영업활동 현금흐름에서 차감시킨 잔액을 분자에 사용해서 이를 배당금지급액으로 나누어서 배당금보상정도를 측정하는 비율이 사용되기도 한다.

한편 부채상환액은 단기차입금과 유동성장기부채가 해당되는데, 단기차입금의 경우 대개 만기가 자동적으로 연장 또는 차환되는 것이 일반적이다. 따라서 이런 경우에는 단기차입금 상환액을 제외하고 유동성장기부채 즉, 비유동부채 상환액만 포함시키는 것이 좋다.

이 비율은 1.0보다 클수록 부채를 상환하고도 영업활동한 현금흐름이 충분히 남아 있어서 주주에게 배당하는 데 아무 문제가 없는 지급능력이 매우 우량한 기업이라고 할 수 있다.

반대로 이 비율이 1.0보다 작을 경우 부채상환후의 영업활동 현금흐름을 가지고 현재 수준의 배당금을 지급할 수 없다는 의미이기 때문에 이런 기업의 배당금지급능력은 열악한 기업이라고 볼 수 있다. 이런 기업은 현재의 배당금 지급수준의 적정성여부에 대해서 검토할 필요가 있다.

보통주에 대한 배당금보상비율을 측정하기 위해서는 다음과 같이 산식을 나타낼 수 있다.

$$\text{보통주배당금보상비율} = \frac{\text{영업활동 현금흐름} - \text{우선주배당금}}{\text{보통주배당금}}$$

(7) 자본적 지출 및 배당금보상비율

보통 자본적 지출액과 배당금 지급액을 영업활동 현금흐름으로 얼마나 충당하는지를 개별적으로 나누어서 측정하기도 하지만 자본적 지출액과 배당금 지급액을 합쳐서 이 두 항목을 영업활동 현금흐름으로 얼마나 보상하는지를 측정하는 비율도 많이 사용되고 있다.

$$\text{자본적 지출 및 배당금보상비율} = \frac{\text{영업활동 현금흐름}}{\text{자본적 지출액} + \text{배당금 지급액}}$$

(8) 잉여현금흐름비율

최근들어 투자자들에게 투자의 질과 기업의 건전도를 측정하는 지표로 잉여현금흐름의 수준을 측정하는 비율이 많은 인기를 끌고 있다. 이 비율은 영업활동 현금흐름과 비교해서 잉여현금흐름이 얼마나 되는지를 측정하며, 잉여현금흐름비중이 높을수록 회사의 투자 질과 재무건전도가 우량한 것으로 평가한다.

잉여현금흐름의 측정 방법은 여러 가지가 있다. 그 중 영업활동 현금흐름에서 자본적 지출액을 차감한 금액을 잉여현금흐름으로 정의할 경우, 그 의미는 현행자산규모의 유지와 미래 성장을 위한 신규자산의 취득을 위한 자본적 지출을 제공하고 난 후에 자본제공자(주주와 채권자)에게 분배하는데 사용할 수 있는 자금을 의미한다.

잉여현금흐름을 보수적으로 엄격하게 측정할 경우에는 배당금까지도 차감한 금액을 사용하기도 한다. 이 금액을 처분가능현금흐름(Discretionary Cash Flow)이라는 명칭으로 사용하는 신용평가회사도 있다. 이 측정치는 자본적 지출뿐만 아니라 배당금도 회사 유지와 발전을 위한 필수 지출항목으로 보는 관점을 반영한 것이다. 실제로 배당금의 축소나 일시 지급정지와 같은 이사회 결정은 주가에 악영향을 미치는 것으로 알려져 있다.

잉여현금흐름의 수준은 업종에 따라 영향을 받는 것으로 알려져 있다. 대체로 경쟁력을 계속 유지하기 위해서 신규설비투자를 지속적으로 높은 수준으로 해야 하는 항공, 철도, 전자통신업종에 속한 기업들은 다른 업종에 비해 잉여현금흐름 비중이 낮은 경우가 많다. 따라서 잉여현금흐름수준을 평가하는데 산업의 특성과 기업의 수명주기 등을 함께 고려해야 할 필요가 있다.

$$\text{잉여현금흐름비율} = \frac{\text{잉여현금흐름}}{\text{영업활동 현금흐름}}$$

예제 3-15 잉여현금흐름 수준의 평가

다음 3 회사의 자료를 가지고 잉여현금흐름 수준을 평가해보자.

	Apple	Coca-Cola	Verizon
매출액	$65,225	$35,119	$106,565
영업활동현금흐름	18,595	9,352	33,363
현상유지 자본적 지출	2,005	2,215	16,458
잉여현금흐름	$16,590	$7,137	$16,905
잉여현금흐름/영업활동 현금흐름	89%	76%	51%
잉여현금흐름/매출액	25%	20%	16%

요즘 분석가들은 대체로 기업의 재무 건전도를 측정하는데 영업활동현금흐름보다는 잉여현금흐름을 더 많이 사용한다. 항공, 철도, 그리고 통신업종에 속한 기업들은 경쟁력을 계속 확보하기 위해 신규설비투자의 수준을 높게 유지하게 된다. 이러한 설비투자는 잉여현금흐름을 큰 폭으로 축소시키게 된다. 예를 들어 전자통신업종인 Verizon Communications Inc.의 잉여현금흐름은 영업활동 현금흐름의 51% 수준인데 반해 컴퓨터 업종인 Apple Inc.의 잉여현금흐름은 영업활동 현금흐름의 89% 수준인 것이 이를 잘 보여주고 있다. (Reeve의 Principles of Financial Accounting 2/e, p.716, 2014 내용 정리함)

(9) 현금흐름창출력비율

현금흐름창출력비율(cash generating power ratio)은 영업활동을 통한 현금흐름창출능력을 측정하는 비율로 영업활동 현금흐름, 투자활동과 재무활동에서 유입된 현금의 총합계액과 비교해서 영업활동에서 창출한 현금흐름이 차지하는 비중을 통해 측정하게 되며, 산식은 다음과 같다.

$$\text{현금흐름창출력비율} = \frac{\text{영업활동 현금흐름}}{\text{영업활동현금흐름} + \text{투자와 재무활동현금유입액}}$$

현금흐름창출력비율은 높게 나타날수록 영업활동에서 창출한 현금흐름 수준이 높기 때문에 내부자금을 창출하는 영업활동의 현금흐름창출능력이 양호함을 의미한다. 이 비율은 기간별 비교를 통해서 평가되어야 하며, 또한 경쟁기업과의 비교를 통해서도 평가하는 것이 필요하다. 이 비율이 기간에 걸쳐서 현저한 감소 추세를 보이면 영업활동에서 현금흐름을 창출하는 능력에 이상이 있다는 신호이기 심층분석이 필요하다.

예제 3-16 현금흐름창출력 평가

다음은 단백질 의약품의 연구, 개발 및 제조를 주요 사업으로 하고 있는 생명공학 기업인 셀트리온의 최근 3년간 현금흐름자료이다. 이를 가지고 영업활동에서의 현금흐름 창출력을 평가해보자.

(단위 : 백만원)

	제27기	제26기	제25기
영업활동 현금흐름	523,845	261,440	59,436
영업활동 현금흐름	523,845	261,440	59,436
투자활동 현금유입액	155,766	10,517	43,929
재무활동 현금유입액	102,000	207,383	229,986
현금유입액합계	834,377	479,340	333,351
현금흐름창출력비율	0.63	0.55	0.18

이 회사의 현금흐름창출력 비율율 계산결과를 보면 제25기 0.18, 제26기 0.55, 제27기 0.69으로 영업활동에서의 현금흐름 창출능력이 큰 폭의 지속적인 상승하는 모습을 나타내고 있어 내부현금 창출능력이 매우 양호한 상태라고 평가할 수 있다. 이와 같이 영업활동에서의 현금흐름 창출능력이 큰 폭으로 개선됨에 따라 재무활동을 통한 현금유입액이 감소하고 있어 외부자금 의존도가 낮아지고 있음도 알 수 있다.

한편 이 비율과 관련된 비율로 외부자금조달지수(external financing index)가 있다. 이 비율은 재무활동 현금유입액을 영업활동 현금흐름으로 나누어서 계산하며, 자금조달 수단으로서 외부자금 원천의 의존도를 측정한다.

외부자금조달지수의 산식은 다음과 같다.

$$\text{외부자금조달지수} = \frac{\text{재무활동 현금흐름}}{\text{영업활동 현금흐름}}$$

이 비율이 높게 나타날수록 영업활동 현금흐름 창출능력 즉, 내부자금 창출능력이 낮고 외부자금 의존도가 높다는 것을 의미한다. 이는 높은 수준의 재무위험을 초래시키는 상황의 원인이 되게 된다.

예제 3-17 외부자금조달지수 평가

다음은 셀트리온의 최근 3년간 현금흐름자료이다. 이를 가지고 외부자금조달지수를 평가해보자.

(단위 : 백만원)

	제27기	제26기	제25기
재무활동 현금흐름	(97,229)	10,268	80,065
영업활동 현금흐름	523,845	261,440	59,436
외부자금조달지수	−0.19	0.04	1.35

이 회사의 외부자금조달지수 계산결과를 보면 제25기 1.35, 제26기 0.04, 제27기 −0.19으로 큰 폭의 지속적인 감소추세를 보이고 있어 외부자금 의존도가 큰 폭으로 낮아지고 있는 것으로 평가할 수 있다. 이는 영업활동에서의 현금흐름 창출능력이 큰 폭의 지속적인 상승하는 데서 그 원인을 찾을 수 있다.

(10) 현금흐름충분성비율

지금까지는 개별적인 항목에 대한 영업활동 현금흐름의 충분성을 측정하는 비율을 살펴보았다. 그러나 여러 가지 항목을 한꺼번에 포함시켜서 이에 대한 영업활동 현금흐름의 충분성을 종합적으로 측정해보는 것도 의미가 있을 것이다.

현금흐름충분성비율로는 다음과 같은 비율이 제안되고 있다.

$$\text{현금흐름충분성비율} = \frac{\text{영업활동 현금흐름의 5년분 합계}}{\text{자본적지출, 재고자산 증가, 현금배당금의 5년분 합계}}$$

이 비율은 기업이 자본적 지출과 재고자산 투자 및 현금배당금을 지급하는 데 필요한 자금을 영업활동 현금흐름으로 얼마나 충당하고 있는가를 측정하고 있다. 한편 영업성장과 관련된 재고자산은 포함되는 반면에 매출채권이 제외된 것은 자금 대여 성격을 가진 매출채권을 자금조달 성격을 지닌 매입채무와 연관시켰기 때문이다.

이 비율이 1.0이라면 이는 기업이 외부자금에 의존할 필요없이 일정한 성장수준을 달성하는 데 필요한 현금을 전액 영업활동에서 충당하고 있다는 뜻이다. 그러나 이 비율이 1.0 이하로 나타난다면 이 기업은 기업내부에서 창출한 현금으로 배당과 현재의 영업성장수준을 유지시키지 못하고 있다는 뜻이 될 것이다.

이 비율의 산식에는 5년분의 합계액이 사용되고 있는데, 이는 분모와 분자에 미치는 경기변동의 영향이나 현금흐름의 불규칙적인 변동에 따른 영향을 완화시키기 위해서이다. 그리고 계산시 주의해야 할 점은 재고자산의 경우 증가분만 포함되고 감소분은 포함되지 않는다는 점이다.

예제 3-18 현금흐름충분성비율 평가

다음은 Campbell Soup Company의 5개연도 자료이다. 이 자료를 사용해서 현금흐름충분성을 평가해보자.(단위는 1백만 달러이다).

연 도	영업현금흐름	재고자산	재고증가	자본적지출	배당금
제11기	$805.2	$706.7	$0.0	$430.6	$137.5
제10기	448.4	819.8	3.8	372.6	124.3
제9기	357.3	816.0	151.3	375.2	86.7
제8기	466.6	664.7	41.1	671.1	104.6
제7기	468.3	623.6	13.1	311.0	91.7
합계	2,545.8		209.3	2,160.5	544.8

자본적 지출에는 유형자산 순취득액과 기업순인수액으로 구성되어 있다. 재고자산 증가는 전년도 대비 증가한 금액을 말하며, 감소한 경우는 0으로 처리한다.

이 회사의 5개 연도분의 비율 값을 계산해보면 $2,545.8/($2,160.5+$209.3+$544.8)=0.873으로 1보다 낮다. 따라서 이 회사는 영업활동에서 창출된 내부 현금흐름으로 영업성장을 위한 자본적 지출과 재고자산 투자 그리고 배당급 지급을 모두 충당하지 못하고 일부를 외부자금에 의존하고 있는 모습을 보이고 있다.

한편 이와 유사한 비율로 다음과 같은 것도 있다.

$$\text{현금흐름충분성비율} = \frac{\text{영업활동 현금흐름}}{\text{비유동부채상환액} + \text{자산구입액} + \text{배당금지급액}}$$

이 비율은 영업활동 현금흐름으로 비유동부채의 상환과 자산의 구입 그리고 배당금지급을 어느 정도 충당하고 있는지를 나타내고 있다. 이 비율을 계산하는 데도 3년 이상의 합계액을 사용하는 것이 바람직하다.

예제 3-19 자본적지출액 보상능력 평가

다음의 자료를 가지고 현금흐름의 충분성을 평가해보자.

(단위 : 백만원)

	2017년	2016년
영업활동 현금흐름	249,000	424,500
유형자산 취득액	300,000	230,000
장기부채상환액	200,000	-
배당금 지급액	102,000	145,000
필수지출액 합계	602,000	375,000
현금흐름충분성비율	0.41	1.13

이 회사의 현금흐름충분성비율 계산결과를 보면 2016년은 1,13으로 영업활동 현금흐름에 의해 기업 운영에 필요한 필수 지출액을 모두 충당하고 있음을 보여주고 있으나, 2017년에는 0.41로 영업활동 현금흐름에 의해 기업 운영에 필요한 필수 지출액을 41% 정도를 충당하고 있음을 보여주고 있어 필수 지출액을 충당할 수 있는 내부창출자금인 영업활동 현금흐름 수준이 매우 저하된 상태임을 알 수 있다.

이 밖에도 현금재투자비율이라는 것이 있는데, 이의 산식은 다음과 같다.

$$\text{현금재투자비율} = \frac{\text{영업활동 현금흐름} - \text{배당금}}{\text{비유동자산} + (\text{유동자산} - \text{유동부채})}$$

이 비율은 영업활동 현금흐름에서 배당금을 차감하고 남은 내부유보현금을 가지고 영업활동의 성장에 필요한 운전자본과 영업활동에 직접 사용되는 비유동자산에 어느 정도 재투자되고 있는지를 측정한다. 보통 10% 전후로 재투자되면 양호한 것으로 평가된다. 이 비율은 특정 연도에 대해서 구할 수 있고, 또 몇 개 연도분을 합해서 구할 수도 있다.

예제 3-20 현금재투자비율 평가

다음은 Campbell Soup Company의 6개연도 자료이다. 이 자료를 가지고 현금재투자비율을 계산해서 현금재투자수준을 평가해보자.(단위는 1백만 달러이다).

연 도	영업현금흐름	비유동자산	순운전자본	배당금
제11기	$805.2	$3,326.5	$240.5	$137.5
제10기	448.4	3,083.9	367.4	124.3
제9기	357.3	2,866.1	369.4	86.7
제8기	466.6	2,780.9	499.6	104.6
제7기	468.3	2,665.6	744.1	91.7
제6기	463.8	2,349.0	708.7	104.6
합계	3,009.6	17,072.0	2,927.7	649.4

비유동자산은 유형자산, 무형자산 그리고 투자자산으로 구성되어 있다. 이 회사의 6개 연도분의 비율 평균값을 계산해보면 다음과 같다.

$$6\text{개 연도 평균비율} = \frac{\$3,009.6 - \$649.4}{\$17,072 + \$2,929.7} = 11.8\%$$

이 회사는 6개 연도분의 비율 평균값이 11.8%로 측정되는데, 이는 영업활동창출현금에서 배당금을 지급하고 남은 잉여현금의 11.8%를 자산 대체 및 영업성장을 위한 재투자에 사용하고 있다는 의미이다. 보통 현금재투자비율 수준이 10% 정도에 있으면 만족스러운 것으로 평가하는데, 이에 비추어보면 이 회사는 영업활동에서 창출된 현금에 의한 재투자수준이 10%를 상회하므로 양호한 수준인 것으로 평가할 수 있다.

개별 연도의 비율을 계산해보면 제11기에는 18.7%, 제10기에는 9.4%, 제9기에는 8.4%, 제8기에는 11.0%, 제7기에는 11.0% 그리고 제6기는 11.7%로 측정된다. 따라서 개별 연도의 경우도 재투자비율 수준이 8%에서 18% 정도를 나타내고 있어서 영업활동에서 창출된 현금의 재투자수준이 만족스러운 것으로 평가된다.

(11) 현금소진율과 현금소진개월수

+의 영업활동 현금흐름을 창출시키는 능력은 기업의 생존과 성공에 결정적으로 중요하다. 이러한 점은 신생기업과 인터넷 기업의 경우 특히 그렇다. 능력을 갖춘 경영자, 기술력을 지닌 종업원, 컴퓨터 하드웨어, 물리적 시설, 연구개발 및 광고를 위한 지출은 개발 중에 있는 신제품 또는 용역으로부터 현금흐름을 기다리고 있는 신생의 인터넷 기업에게는 대규모의 현금흐름수요를 요구하게 된다. 그 결과로 많은 인터넷 기업은 기업의 인프라를 갖추고 영업에 필요한 자산을 취득하는데 대규모의 현금을 투자하게 되는 반면에, 영업활동에서는 −의 현금흐름을 창출하게 된다. 따라서 신생기업 특히 인터넷 기업에 대해서는 현금소진율과 현금소진개월수를 계산해보는 것은 대단히 중요하다.

현금소진율(cash burn rate)은 인터넷 기업이 얼마나 빨리 현금보유액을 소진시킬 것인지를 평가하는 지표이다. 관련된 비율인 현금소진개월수(months to burnout)는 기업이 외부자금(차입 또는 주식발행에 의한 자금조달)에 의존하지 않고 얼마 동안 생존할 수 있는지에 대한 추산치를 제공한다. 현금소진율과 현금소진개월수의 산식은 다음과 같다.

$$현금소진율 = \frac{-의\ 영업활동\ 현금흐름\ +(-의\ 자본적\ 지출)}{12개월(분기별\ 현금흐름표는\ 3개월)}$$

* 자본적 지출에는 사업체 인수대금도 포함시킴

$$현금소진개월수 = \frac{현금예금+현금성자산+단기금융상품과\ 유가증권}{현금소진율}$$

현금소진율이 낮게 나타날수록, 그리고 현금소진개월수가 길게 나타날수록 외부자금에 의존하지 않으면서 존속할 수 있는 능력이 높은 기업이라고 평가할 수 있다.

예제 3-21 인터넷 기업의 현금소진율 평가

Amazon.Com의 다음 자료를 가지고 1999년도의 현금소진율을 평가해 보자.

	1999
영업활동 현금흐름	−90,875,000
투자활동 현금흐름	
유형자산 취득액	287,055,000
타사업체 인수 및 투자액(순액)	369,607,000
현금 및 현금성자산, 단기금융상품과 유가증권	706,188,000

현금소진율과 현금소진개월수를 계산하면 다음과 같다.

$$현금소진율 = \frac{-747{,}537{,}000}{12} = -62{,}294{,}750/월$$

$$현금소진개월수 = \frac{706{,}188{,}000}{62{,}294{,}750} = 11.3개월$$

현금소진율을 계산한 결과 이 회사는 매월 $62,294,750이 사용되고 있는 것으로 나타났다. 현금소진개월수로 환산하면, 11.3개월로 계산되는데 이는 현재의 현금 및 현금성 자산만으로 11.3개월 유지할 수 있음을 의미하는 것이다.

코스닥기업 영업·투자활동 마이너스

코스닥 벤처기업의 절반이 영업활동과 투자활동에서 모두 마이너스의 현금흐름을 보이는 것으로 나타났다.

이는 영업에서 돈을 벌지 못하면서 투자에 돈을 쏟아 붓고 있다는 의미로 사업초기 과도한 영업비용이 발생한 데 따른 것일 수도 있지만 현금고갈에 따른 위험성 증대로도 해석될 수 있다는 분석이다.

18일 코스닥증권시장이 12월 결산법인 462사를 대상으로 현금흐름표를분석한 결과 하나로통신 세원텔레콤 드림라인 등 영업활동현금흐름과 투자활동현금흐름이 모두 마이너스를 기록한 회사가 전체의 37.6%인 174사에 달했다.

이 중 벤처기업이 62.6%에 달하는 109사이며 이는 전체 벤처기업(221사)의 절반(49.1%)에 해당한다.

코스닥증권시장 관계자는 "사업개시 초기단계에는 영업과 투자부문에서 모두 마이너스의 현금흐름을 보일 수 있지만 벤처기업의 절반이 이에 해당한다는 것은 지나친 것으로 평가된다"고 말했다.

반면 영업활동과 투자활동에서 모두 플러스를 기록한 기업은 태산엘시디 서희이엔씨 등 26사(5.6%)에 달했다. 이들은 영업에서 현금을 창출하고 투자부담도 적은 기업으로 가장 효율적인 비즈니스모델을 갖춘 것으로 평가된다.

영업활동에서 플러스, 투자활동으로는 마이너스의 현금흐름을 보인 기업이 233사로 코스닥에서 가장 높은 비중(50.3%)을 차지하는 것으로 나타났다.

한통프리텔 LG텔레콤 엔씨소프트 휴맥스 네오위즈 등 코스닥의 대표기업들이 대부분 이 유형에 속해 있다. 이들은 성장업종에 속해 있으면서 시장지위도 어느 정도 확보하고 투자활동도 왕성해 향후 성장가능성이 높은 것으로 해석할 수 있다. 한편 서울이동통신과 같이 영업현금흐름이 마이너스이면서 투자흐름은 플러스인 29사(6.3%)는 영업에서 현금을 창출하지 못하기 때문에 사업전환을 위해 기존의 투자자금을 회수하는 기업으로 분류됐다.

이처럼 현금·투자활동 현금흐름을 4개 유형으로 구분해 분석하는 것은 프랑스계 투자은행인 CSFB가 고안한 방법으로 기업 비즈니스모델의 수익성을 평가하는 데 사용된다고 코스닥증권은 설명했다.

– 매일경제 2001년 4월 19일 –

참고1 한국은행에서 사용하는 현금흐름비율

최근에 한국은행에서 발간하는 기업경영분석 책자에 제시되고 있는 현금흐름비율은 다음과 같다.

1. 현금보상비율(Cash coverage ratio)

기업의 단기지급능력을 나타내는 지표로서 영업활동을 통해 창출한 현금으로 기업의 단기차입금과 금융비용을 얼마나 부담할 수 있는가를 알아보기 위한 지표이다. 부채상환계수라고도 불리는 현금보상비율은 아래의 산식과 같이 계산되며 이 비율이 높으면 높을수록 기업의 단기차입금과 금융비용을 상환할 수 있는 능력이 양호한 것으로 평가할 수 있다.

$$\text{현금보상비율} = \frac{\text{영업활동 현금흐름} + \text{금융비용}}{\text{단기차입금(평균)} + \text{금융비용}}$$

2. 금융비용보상비율(Interests coverage ratio)

기업의 단기지급능력을 나타내는 보조지표로서 영업활동을 통해 창출한 현금이 기업의 금융비용을 지불하는데 충분한가를 판단하는 지표이다.

$$\text{금융비용보상비율} = \frac{\text{영업활동 현금흐름} + \text{금융비용}}{\text{금융비용}}$$

3. 영업활동 현금흐름 대 매출액 비율
(Ratio of Cash flows from operating activities to sales)

이는 기업이 매출활동을 통해 얼마만큼의 현금을 창출할 수 있는가를 파악하기 위한 지표이다. 이 비율이 낮은 것은 기업이 매출할 때 외상매출의 비중이 지나치게 높다는 것을 나타내게 되며 이는 자금사정이 악화될 가능성이 큼을 의미한다.

$$영업활동\ 현금흐름\ 대\ 매출액비율 = \frac{영업활동\ 현금흐름}{매출액}$$

4. 당기순이익 대 영업활동 현금흐름비율
(Ratio of Net income to cash flows from operating activities)

이는 영업활동 현금흐름 중에 당기순이익이 차지하는 비중을 의미한다.

$$당기순이익\ 대\ 영업활동으로\ 인한\ 현금흐름비율 = \frac{당기순이익}{영업활동\ 현금흐름}$$

5. 영업활동 현금흐름 대 투자활동 현금지출비율
(Ratio of Cash flows from operating activities to cash outflows for investing activities)

이 비율은 영업활동을 통해 조달한 현금으로 투자활동에 대한 현금지출액을 어느 정도 충당할 수 있는가를 나타낸다.

$$영업활동\ 현금흐름\ 대\ 투자활동\ 현금지출비율 = \frac{영업활동\ 현금흐름}{투자활동\ 현금지출}$$

6. 투자안정성비율(영업활동 현금흐름 대 유형자산 투자지출비율)
(Ratio of Cash flows from operating activities to cash outflows for tangible assets)

이 비율은 영업활동을 통해 조달한 현금으로 유형자산 투자를 위한 현금

지출에 어느 정도 충당할 수 있는가를 나타낸다. 이 비율이 100% 미만인 것은 기업이 영업활동으로부터 조달한 현금을 초과하여 유형자산에 투자하였다는 것을 의미한다.

$$투자안정성비율 = \frac{영업활동\ 현금흐름}{유형자산순투자지출}$$

7. 영업활동 현금흐름 대 총부채비율

(Ratio of Cash flows from operating activities to total liabilities)

이는 부채상환능력을 측정하기 위한 지표로서 영업활동 현금흐름으로 총부채를 어느 정도 상환할 수 있는가를 나타내는 비율이다.

$$영업활동\ 현금흐름\ 대\ 총부채비율 = \frac{영업활동\ 현금흐름}{총부채(평균)}$$

8. 영업활동 현금흐름 대 차입금 비율

(Ratio of Cash flows from operating activities to borrowings)

이는 차입금상환능력을 측정하기 위한 지표로서 영업활동 현금흐름으로 차입금을 어느 정도 상환할 수 있는가를 나타내는 비율이다.

$$영업활동\ 현금흐름\ 대\ 차입금비율 = \frac{영업활동\ 현금흐름}{차입금(평균)}$$

참고2 현금흐름비율의 업종평균비율

한국은행에서 발간하는 기업경영분석 책자에는 현금흐름비율에 대한 업종별 평균비율이 제시되고 있다. 분석대상 기업의 현금흐름을 평가하기 위해서는 ① 전년도 비율 값 ② 업종별 평균비율 값 ③ 경쟁기업의 비율 값과 비교하여야 한다.

전자부품, 컴퓨터, 영상, 음향 및 통신장비업종의 현금흐름비율 측정값은 다음과 같다.

(단위 : %)

	2015	2016
현금흐름보상비율	177.5	164.2
현금흐름이자보상비율	2,664.1	2,749.4
영업활동현금흐름 대 매출액	13.6	14.2
당기순이익 대 영업활동현금흐름	44.8	38.7
투자안전성비율	158.2	142.4
영업활동현금흐름 대 투자활동지출	124.2	121.1
영업활동현금흐름 대 총부채	38.6	37.6
영업활동현금흐름 대 차입금	99.1	94.0

한국은행에서 제시하는 비율 중에서 당기순이익 대 영업활동현금흐름비율은 본서의 본문 내용에서 소개한 영업활동현금흐름을 당기순이익으로 나누어서 계산하는 순이익 질 비율과 산식이 정반대로 되어 있어서 해석에 유의해야 한다.

본서에서 소개한 순이익 질 비율은 1 이상 높게 나와야 순이익의 질이 우수한 것으로 평가된다고 하였다. 그러나 한국은행의 비율은 산식이 반대로 되어 있기 때문에 이 비율이 1보다 낮게 나와야 순이익의 질이 우수한 것으로 평가되는 것이다.

예제 3-22 지급능력 평가

다음은 20×6년과 20×7년의 신바람주식회사의 현금흐름표이다.

현금흐름표

	20×7	20×6
영업활동		
당기순이익	205,000	170,000
현금유출이 없는 비용		
감가상각비	110,000	90,000
무형자산상각비	15,000	13,000
영업활동과 관련이 있는 자산 부채의 변동분		
매출채권의 증가	(25,000)	(8,000)
재고자산의 증가	(18,000)	(7,000)
기타유동자산의 증가 또는 감소	(2,000)	12,000
매입채무의 증가	60,000	40,000
기타유동부채의 증가	10,000	10,000
영업활동 현금흐름	355,000	320,000
투자활동		
유형자산의 처분	75,000	40,000
투자유가증권의 취득	(400,000)	(20,000)
유형자산의 구입	(275,000)	(420,000)
투자활동 현금흐름	(600,000)	(400,000)
재무활동		
차입금의 차입	400,000	
보통주의 발행		350,000
차입금의 상환	(100,000)	(100,000)
배당금의 지급	(100,000)	(100,000)
재무활동 현금흐름	200,000	150,000
현금의 증가 또는 감소	(45,000)	70,000
기초의 현금	80,000	10,000
기말의 현금	35,000	80,000
평균유동부채	100,000	100,000

질문

1. 이 회사는 수명주기상 어디에 속한다고 보는가?
2. 채권자 입장에서 이 회사의 지급능력을 배당금보상비율, 현금흐름유동부채보상비율과 잉여현금흐름을 계산하여 평가하시오. 단 기존설비의 대체투자분은 감가상각비에 해당하는 금액으로 본다.

해답

1. 이 회사는 수명주기상 성장단계에 있는 것으로 판단된다. 그 이유는 첫째, 매출증가 속도와 비례해서 매출채권과 재고자산의 증가폭이 커지고 있다는 점과 둘째, 현금흐름의 상당부분이 2개 연도의 투자활동에 사용되고 있다는 점에서 찾을 수 있다. 투자된 금액은 20×7년과 20×6년 각각 ₩600,000과 ₩400,000으로 20×7년과 20×6년의 감가상각비 ₩110,000과 ₩90,000을 훨씬 초과하고 있기 때문에 기업의 규모가 계속 확장되고 있다고 볼 수 있다. 그 내용을 보면, 20×7년에는 타회사의 소유권을 취득하는데 ₩400,000을 사용하였으며, 유형자산을 구입하는데 ₩275,000을 사용하였다. 20×6년에는 타회사를 취득하는데 단지 ₩20,000을 사용하였으며, 유형자산을 추가로 구입하는데 ₩420,000을 사용하였다.
2. 이 회사의 배당금 지급능력과 부채상환능력을 계산해보면, 배당금보상비율과 부채상환액보상비율 모두가 20×6년과 20×7년 각각 3.20배와 3.55배로 나타나고 있어 대단히 양호하다고 말할 수 있다.

   따라서 이 회사는 영업활동에서 창출한 현금흐름으로 배당금은 물론 당기에 상환해야 할 부채를 충분히 상환할 능력을 가지고 있음을 알 수 있다. 즉 이 회사는 2개 연도에서 영업활동을 통해 ₩300,000 이상을 창출시키고 있는 반면에 배당금과 부채를 지급하기 위해 필요한 현금은 ₩200,000 뿐이기 때문에 투자활동에 사용할 수 있는 현금흐름까지도 창출시키고 있는 양호한 상황에 처해 있는 것이다. 이에 따라 재무활동에서 추가로 조달한 현금은 기업의 확장을 위한 자금으로 전액 사용되게 되었다. 이 회사의 지급능력이 건전함은 잉여현금흐름의 계산결과에서도 확인된다. 즉 이 회사의 2개 연도의 잉여현금흐름은 20×6년과 20×7년 각각 ₩130,000과 ₩145,000으로 모두 ₩100,000을 초과하고 있어 채권자의 입장에서 지급능력에 대해 걱정하지 않아도 될 건전한 회사로 평가된다.

3. 공통형 현금흐름표 작성과 분석해보기

공통형 재무제표(common size financial statement)란 백분율 재무제표라고도 하는 것으로 전체에 대한 부분의 구성관계를 비율로 표시한 재무제표를 말한다. 앞장에서 설명하였듯이 공통형 재무상태표는 자산총계 또는 부채 및 자본총계를 100%로 했을 때 자산의 각 항목과 부채 및 자본의 각 항목의 구성비를 백분율로 표시하여 작성한 재무제표이다.

또한 공통형 손익계산서는 손익계산서에 표시된 매출액을 100%로 하고 이에 대한 손익계산서의 각 항목의 구성비율을 백분율로 표시해서 작성한 재무제표이다.

마찬가지로 공통형 현금흐름표는 현금흐름의 총유입을 100%로 했을 때 또는 총유입액과 총유출액을 각각 100%로 했을 때 유입액과 유출액을 구성하고 있는 각 항목의 구성비를 각각 백분율로 표시하여 작성한 것이다. 여기서 공통형이란 이름이 붙은 것은 기업종류나 규모에 관계없이 전체 100%에 대해 부분 몇 %로 나타내서 작성되기 때문이다.

공통형 재무제표는 규모의 차이가 제거되어 있어 규모가 다른 기업간의 비교분석을 하는데 유용하게 이용될 수 있을 뿐만 아니라, 동일 기업의 여러기간에 걸친 기간별 추세분석에도 유용하며, 항목별 구성비율을 산출함으로써 그 기업의 재무상태, 경영성과 및 현금흐름의 대체적인 윤곽을 파악하여 기업이 당면한 문제점을 쉽게 찾아내는데 유용하다.

또한 재무비율의 경우 재무제표의 두 항목 이상을 서로 대응시켜 계산함으로써 재무제표에 포함되어 있는 모든 정보를 충분히 활용할 수 없는 문제점이 있는 데, 공통형 재무제표는 이러한 문제점을 제거할 수 있기 때문에 비율분석의 한계를 보완하는 역할을 담당할 수 있다.

직접법과 간접법에 의해 작성된 현금흐름표를 가지고 공통형 현금흐름표로 각각 나타내면 다음과 같다. 본 공통형 현금흐름표에서는 현금흐름의 총유입액을 100%로 해서 구성항목인 3가지 기업활동, 즉 영업활동·투자활동 그리고 재무활동에서 각각 몇 %나 유입되었는지 또한 총유입액 대비 영업활동, 투자활동 그리고 재무활동으로부터의 현금유출액은 각각 몇 %나 되는지를 백분율로 나타내고 있다.

〈표 3-1〉 **현금흐름표(직접법)**

(주)늘푸른	(20×7. 1. 1~20×7. 12. 31)	(단위 : 백만원)
Ⅰ. 영업활동 현금흐름		10,800
1. 매출 등 수익으로부터의 유입액	44,200	
2. 매입 및 영업비용으로부터의 유출액	(30,000)	
3. 법인세 등의 유출액	(3,200)	
Ⅱ. 투자활동 현금흐름		
1. 투자활동으로 인한 현금유입액		1,000
가. 토지의 처분	3,000	
2. 투자활동으로 인한 현금 유출		
가. 유형자산의 취득	(2,000)	
Ⅲ. 재무활동 현금흐름		
1. 재무활동으로 인한 현금유입액		(10,600)
가. 보통주 발행	6,000	
2. 재무활동을 인한 현금 유출액		
가. 사채 상환	(10,000)	
나. 배당금 지급	(6,600)	
Ⅳ. 현금의 증가(감소)		1,200
Ⅴ. 기초의 현금		4,800
Ⅵ. 기말의 현금		6,000

〈표 3-2〉 공통형 현금흐름표(직접법)

(주)늘푸른 20×7. 1. 1~20×7. 12. 31 (단위 : 백만원)

계 정 과 목	유입액	유출액	유입액 (%)	유출액 (%)
Ⅰ. 영업활동				
1. 매출 등 수익으로부터의 유입액	44,200		83.1	
2. 매입 및 영업비용으로의 유출액		30,200		56.8
3. 법인세 등의 유출액		3,200		6.0
영업활동 현금흐름	44,200	33,400	83.1	62.8
Ⅱ. 투자활동				
1. 토지의 처분	3,000		5.6	
2. 유형자산의 취득		2,000		3.8
투자활동 현금흐름	3,000	2,000	5.6	3.8
Ⅲ. 재무활동				
1. 보통주 발행	6,000		11.3	
2. 사채 발행		10,000		18.8
3. 배당금 지급		6,600		12.4
재무활동 현금흐름	6,000	16,600	11.3	31.2
Ⅳ. 현금유입액 및 유출액	53,200	52,000	100.0	97.8
Ⅴ. 현금의 증가(감소)	1,200			2.1

〈표 3-3〉 현금흐름표(간접법)

㈜늘푸른	(20×7. 1. 1~20×7. 12. 31)	(단위 : 백만원)
Ⅰ. 영업활동 현금흐름		10,800
1. 당기순이익	7,000	
2. 현금의 지출이 없는 비용 등의 가산		
가. 감가상각비	9,000	
3. 현금의 수입이 없는 수익 등의 차감		
가. 토지처분이익	(2,000)	
4. 영업활동으로 인한 자산·부채의 변동		
가. 매출채권의 감소	200	
나. 재고자산의 증가	(2,000)	
다. 매입채무의 감소	(2,200)	
라. 미지급법인세의 증가	800	
Ⅱ. 투자활동 현금흐름		1,000
1. 투자활동으로 인한 현금 유입액		
가. 토지의 처분	3,000	
2. 투자활동으로 인한 현금유출액		
가. 유형자산의 취득	(2,000)	
Ⅲ. 재무활동 현금흐름		(10,600)
1. 재무활동으로 인한 현금유입액		
가. 보통주 발행	6,000	
2. 재무활동으로 인한 현금유출액		
가. 사채 상환	(10,000)	
나. 배당금 지급	(6,600)	
Ⅳ. 현금의 증가(감소)		1,200
Ⅴ. 기초의 현금		4,800
Ⅵ. 기말의 현금		6,000

〈표 3-4〉 **공통형 현금흐름표(간접법)**

(주)늘푸른 20×7. 1. 1~20×7. 12. 31 (단위 : 백만원)

과 목	금 액	유입액 (%)	유출액 (%)
Ⅰ. 영업활동 현금흐름	10,800	54.5	
1. 당기순이익	7,000		
2. 현금의 지출이 없는 비용 등의 가산			
가. 감가상각비	9,000		
3. 현금의 수입이 없는 수익 등의 차감			
가. 토지처분이익	(2,000)		
4. 영업활동으로 인한 자산·부채의 변동			
가. 매출채권의 감소	200		
나. 재고자산의 증가	(2,000)		
다. 매입채무의 감소	(2,200)		
라. 미지급법인세의 증가	800		
Ⅱ. 투자활동 현금흐름	1000		
1. 투자활동으로 인한 현금유입액			
가. 토지의 처분	3,000	15.2	
2. 투자활동으로 인한 현금유출액			
가. 유형자산의 취득	(2,000)		10.1
Ⅲ. 재무활동 현금흐름			
1. 재무활동으로 인한 현금 유입액	(10,600)		
가. 보통주 발행	6,000	30.3	
2. 재무활동으로 인한 현금 유출액			
가. 사채 상환	(10,000)		50.4
나. 배당금 지급	(6,600)		33.4
		100%	94.0%
Ⅳ. 현금의 증가(감소)	1,200		6.0%

Chapter 04

현금흐름표 분석방법 적용 사례

1. 현금흐름표의 기본 분석 적용사례

먼저 현금흐름표의 기본적인 분석방법을 Colgate-Palmolive회사의 적용 사례를 통해 살펴보고자 한다.

이 방법은 제3장에서 제시한 것처럼 다음과 같은 4단계를 거치도록 되어 있다.

1. 현금흐름표 전반에 대한 개괄적 분석
2. 영업활동현금흐름 창출능력 분석
3. 투자 및 재무활동상의 현금흐름에 대한 분석
4. 현금흐름의 종합분석 및 결론 도출

분석 1단계: 현금흐름표의 개괄적 분석

설명의 편의를 위해서 Colgate-Palmolive회사의 3개년분 현금흐름표를 사용하고자 한다.

현금흐름표의 전반적인 모습을 개관하기 위해서는 여러 절차를 밟을 필요가 있다. 첫째는 분석회사의 연령, 산업(업종) 및 규모에 의해 회사의 상황을 파악한다. 우리는 성숙단계에 속한 회사가 초기시작단계에 속한 회사의 현금흐름 모습과 다를 것이며, 서비스 산업에 속한 회사는 제조업에 속한 대규모 회사의 현금흐름 모습과 다를 것으로 예상할 수 있다. 대규모 회사들은 특정 연도에 현금흐름이 감소하는 것을 경험할 수도 있으나, 이들 회사들은 거액의 현금흐름 보유하고 있거나 조달할 수 있기 때문에 곧바로 개선시킬 수 있는데 반해, 대규모 회사처럼 방대한 자원을 보유하고 있지 않은 소규모 회사라면 현금흐름의 감소추세는 대단히 경계할만한 일이 된다.

Colgate-Palmolive회사는 분명히 성숙기에 속한 회사이다. 이 회사는 규모가 크고 전 세계를 상대로 주로 소비자제품 시장에서 영업을 하고 있다. 이와 같은 회사는 글로벌 규모의 복잡한 활동에 관련된다. 그러나 이 회사의 현금흐름표는 대단히 규모가 적고 단순한 회사에서 기대할 수 있는 현금흐름보다 결코 복잡하지는 않다.

전체 모습을 개괄적으로 분석하는 핵심 부분은 재무건전도에 대한 핵심 요약수치인 당기순이익을 살펴보는 것이다. 이 회사는 현금흐름표가 간접법으로 작성되고 있기 때문에 당기순이익을 현금흐름표의 영업활동부분 첫 번째 줄에서 발견할 수 있다. 당기순이익을 살펴보면서 그 금액이 얼마나 되는지, 과거 몇 년 동안 흑자나 적자를 보이고 있는지, 그리고 그 추세는 증가 또는 감소를 보이고 있는지 등을 확인해보아야 한다. 이러한 점들은 현금흐름표를 분석할 때도 마찬가지임을 명심해야 한다. 또한 여러분이 궁극적으로 알고 넘어가야 할 이례적 항목들에 대해서는 과거 3년분의 수치를 살펴보아야 한다.

이 회사는 3년 동안 정(+)의 당기순이익을 보고함에 따라 청신호를 보여주고 있다. 3년 동안의 추세도 상승하는 모습을 보이고 있으나, 93년의 큰 폭의 하락은 몇 가지 의문을 가지게 한다. 현금흐름표 역시 반드시 검토하고 넘어가야 할 몇 가지 항목을 가지고 있다. 영업활동 부분에서 93년도의 회계변경의 누적효과와 구조조정항목이 바로 그 것이다. 이 부분은 다음에 검토하기로 하자. 연도별로 차이가 크게 나는 항목들에 대해서 주목을 할 필요가 있다. 이 회사는 운전자본 계정의 변동액과 부채발행대금 및 자사주 구입액을 포함해서 몇 가지를 가지고 있음을 알 수 있다.

Colgate-Palmolive	현금흐름표		(단위: 백만달러)
	1994년	1993년	1992년
영업활동			
당기순이익	580.2	189.9	477.0
감가상각비	235.1	209.6	192.5
구조조정비	(39.1)	(77.0)	(92.0)
회계변경 누적효과		358.2	
이연법인세 및 기타	64.7	53.6	(25.8)
매출채권의 (증가)감소	(50.1)	(103.6)	(38.0)
재고자산의 (증가)감소	(44.5)	31.7	28.4
기타유동자산의 (증가)감소	(7.8)	(4.6)	10.6)
매입채무의 증가(감소)	90.9	52.6	(10.0)
영업활동 현금흐름	829.4	710.4	542.7
투자활동			
유형자산의 취득	(400.8)	(364.3)	(318.5)
타회사 인수	(146.4)	(171.2)	(170.1)
기타투자자산 취득	(1.9)	(12.5)	(6.6)
투자자산 처분	58.4	33.8	79.9
기타투자자산 처분	33.0	61.7	17.4
투자활동 현금흐름	(457.7)	(452.5)	(397.9)
재무활동			
차입금의 증가	316.4	782.1	262.6
보통주의 발행	15.2	60.0	
주식선택권 행사대금	18.5	21.8	22.6
차입금의 감소	(88.3)	(200.8)	(250.1)
자기주식의 구입	(357.9)	(657.2)	(20.5)
배당금 지급	(246.9)	(231.4)	(200.7)
재무활동 현금흐름	(343.0)	(225.5)	(186.1)
현금에 대한 환율변동효과	(2.9)	(6.2)	(9.3)
현금의 증감액	25.8	26.2	(50.6)

제2단계: 영업현금 창출능력 분석

영업활동현금흐름부분에서 회사의 현금흐름 창출능력이 어떤 정도인지를 파악할 수 있다. 이러한 현금흐름 창출능력이 효과적으로 작동될 때, 영업활동에 필요한 현금소요액을 충당할 수 있는 현금흐름이 창출되게 된다. 또한 이러한 영업활동에서의 현금흐름 창출능력은 진부화된 설비를 대체하고, 배당금을 지급하는 것과 같은 정규적인 현금지출에 필요한 현금흐름을 창출하게 된다. 물론 여기에도 예외는 존재한다. 예를 들어 창업초기에 속한 회사들은 대개 현금창출동력이 완전 가동단계에 들어서지 못하기 때문에 영업활동에서 부(−)의 현금흐름을 창출하는 경우가 많다. 경기 주기에 영향을 받는 업종에 속한 회사는 침체기에 해당하는 사업연도에는 부(−)의 현금흐름을 창출할 수도 있다. 또한 대규모의 노사분쟁을 겪은 연도에도 부(−)의 현금흐름을 창출하는 경우가 많을 것으로 예상할 수 있다.

영업활동에서 현금흐름이 특정 사업연도에 부(−)의 현금흐름을 창출한다고 해서 크게 걱정할 사안은 아니지만 평균적으로 볼 때 정(+)의 현금흐름을 창출하는 것이 정상인 것이다.

현금흐름 창출능력을 평가하기 위해서는 먼저 영업활동 현금흐름이 0보다 얼마나 큰 금액인지를 관찰하여야 한다. 또한 영업활동 현금흐름이 증가추세를 보이는지, 아니면 감소추세를 보이는지를 살펴보아야 한다. 영업활동 현금흐름이 정(+)의 현금흐름이라고 가정한다면, 그 다음 확인해야 할 것은 중요하고 정규적인 지출항목에 충당할 정도의 충분한 현금흐름이 되는지에 대한 것이다.

창업초기 단계에 속한 회사로부터 정(+)의 영업활동 현금흐름을 기대하기가 어렵듯이, 마찬가지로 급속도로 성장하는 단계에 있는 회사로부터도 회사를 급속도로 확장시키는데 필요한 투자 자금에 충당할 수 있는 정도의 충분한 자금을 영업활동에서 창출할 수 있을 것으로 기대하는 것은 무리이다.

그러나 성숙단계에 속한 회사에게서는 영업활동으로부터 회사를 전체적으로 유지하는데 드는 현금흐름을 충분히 창출할 수 있을 것으로 기대할 수 있다.

회사를 전체적으로 유지하는데 드는 현금흐름에는 주주들이 기대하는 연간 배당금을 지급하는데 필요한 현금과 수명이 다되었거나, 낡은 또는 기술적으로 진부화 상태인 설비자산을 대체하는데 소요되는 투자금액이 포함된다. 회사의 설비자산을 전체적으로 현상 유지하는데 소요되는 현금흐름을 정확히 측정한다는 것은 대단히 어려운 문제이다. 현금흐름표에서는 대체 및 경신을 위한 자본적 지출과 확장을 위한 자본적 지출을 구분해서 보고되지 않기 때문이다.

그러나 대략적인 금액을 연간 감가상각비 규모를 통해서 매년 대체하는데 소요되는 설비자산의 대략적인 금액을 간접적으로 추산하는 것이 가능하다. 물가가 상승하는 기간에는 자산을 대체하는 원가는 현재 자산의 원가를 기준으로 계산되는 감가상각비 금액보다 어느 정도는 더 많아야 할 것이다. 그렇기 때문에 회사가 전체적으로 현상유지가 가능하고 축소되지 않기 위해서는 설비자산의 구입과 관련된 투자활동 부분이 감가상각비 규모를 초과하고 있어야 한다.

한편 현금흐름 창출능력에 관한 중요한 정보는 영업활동과 관련된 운전자본 항목의 변동액에서 살펴볼 수 있다. 이 회사의 영업활동 부분을 보면, 영업활동 관련 자산과 부채의 변동이란 표제하에 표시되고 있다. 건전하고 성장 발전하는 회사에서는 예를 들어 재고자산과 매출채권 그리고 매입채무 및 기타 영업관련 채무와 같은 영업활동 관련 운전자본 항목의 증가를 예상할 수 있다. 분명히 기간별로 운전자본 계정의 변동성이 나타난다.

회수정책을 개선하고 재고관리를 적시구매(just in time) 방식으로 실시하게 되면 성장하는 단계에 있는 회사라도 매출채권과 재고자산의 규모가 축소하게 된다. 그러나 평균적으로 보면, 재고자산, 매출채권 및 매입채무는 대개 성장하는 회사에서는 증가 형태를 보이는 것이 일반적이다. 모든 운전자본계정이 영업활동 현금흐름을 증가시키는 상황을 경계하여야 한다. 이러한 상황은 건전하고 성장 발전하는 회사에서는 이유없이 발생하지는 않는다. 이러한 상황은 보통 의도적인 경영자의 행동에 의해서 초래되는 것으로, 경영자가 운전자본계정을 회사의 생존 차원에서 어쩔 수 없이 활용하였으며, 이는 회사의 현금흐름위기가 발생한 것을 의미한다.

이러한 기본적인 지식을 토대로 이 회사의 영업활동을 통한 현금흐름 창출능력을 살펴보자. 3년 모두 영업활동 현금흐름이 0보다 큰 규모를 보여주고 있으며, 1994년도는 800만 달러에 이르고 있다. 영업활동 현금흐름은 당기순이익과는 달리 매년 꾸준하게 증가하고 있다. 연간 감가상각비는 매년 200백만 달러에 이르고 있으며, 연간 배당금 역시 200백만 달러에 이르고 있다. 이 회사의 현금흐름동력은 회사를 전체적으로 현상유지하는데 충당할 수 있는 현금흐름을 창출하고 있을 뿐만 아니라, 연간 성장과 투자를 위해 400백만 달러를 지출할 수 있게 하며, 초과 현금이 존재함에 따라 현금잔액이 매년 증가하고 있음을 보여주고 있다.

이 회사는 영업활동에서 매우 강력한 현금흐름 창출능력을 보유하고 있다고 말할 수 있다. 운전자본계정을 대충 살펴보면 매출채권, 기타자산 및 매입채무는 3년에 걸쳐서 증가하고 있으며, 반면에 재고자산은 약간 감소되고 있음을 보여준다. 이러한 모습은 기업 인수와 신제품 개발을 통해 회사의 규모를 확대하는 글로벌회사의 현금흐름패턴과 일치되는 것으로 보여진다.

제3단계: 투자 및 재무활동에 대한 분석

이 단계는 영업활동 이외의 부분에서 긍정적인 신호와 부정적인 신호를 찾아보기 위해 현금흐름표를 살펴보는 것인데, 이는 현금흐름표상의 항목에 대한 체계적인 관찰과 비교를 위해 제시된 여러 연도 동안의 자료에 나타난 추세분석을 통해서 파악할 수 있다.

투자활동 현금흐름부터 시작해보자. 이 부분이 여러분에게 말하려고 하는 것은 무엇인가? 먼저 회사가 투자활동에서 현금흐름을 창출하고 있는지, 아니면 사용하고 있는지에 대해 체계적으로 관찰할 필요가 있다. 영업활동 현금흐름을 정(+)이길 기대하는 것처럼, 마찬가지로 건전한 기업은 계속해서 회사의 확장을 위해서 그리고 수명이 끝나거나 기술적으로 진부화된 자산의 대체를 위해서 고정자산에 투자하여야 한다는 것을 기대한다. 회사가 종종 더 이상 필요가 없는 자산을 매각하는 경우가 있지만, 매각 처분하는 자산보다는 구입하는 자본자산이 더 많은 것이 정상적이다. 그 결과로 우리는 일반적으로 투자활동 현금흐름이 부(−)일 것을 기대한다. 영업활동처럼 회사가 사업부서나 종속회사를 매각처분하는 경우에는 예외가 발생할 수가 있다. 그러나 사업부분을 매각처분해서 현금의 대부분을 창출하는 회사는 실질적으로 사업규모가 축소되기 시작하는 회사이기 때문에 경계를 하여야 한다.

이 회사는 투자활동으로부터 긍정적인 내용이 있다는 신호를 보내고 있다. 자본적 지출을 보면 감가상각비의 1.5배 정도에 해당된다. 따라서 이 회사는 회사를 전체적으로 현상 유지하는데 드는 수준 이상의 지출이 이루어지고 있음을 분명히 알 수 있다. 한편 이 회사는 또 하나의 성장지표라 할 수 있는 타기업 인수에 대한 지출을 매년 큰 폭으로 하고 있다. 이 수치는 연도별로 보면 일정하거나 증가하고 있으며, 영업활동에서 창출한 현금흐름으로 자본적 지출을 충분하게 감당하면서 꾸준히 성장하는 모습을 보여주고 있다.

재무활동 현금흐름은 건전한 기업도 정(+)일 수도 있고, 부(−)인 경우도 있다. 더욱이 재무활동 현금흐름은 매년 변동적이기가 쉽기 때문에 긍정적인 내용이나 부정적인 내용을 찾아내기가 쉽지 않다. 긍정적인 내용이나 부정적인 내용을 찾아내기 위해서는 재무활동 현금흐름을 현금흐름표상의 다른 정보와 관련시켜서 검토하고, 그 결과 확보한 증거와 여러분 각자의 판단을 적절하게 비중을 두어 도출한 결론에 토대를 두는 것이 필요하다.

한 회사가 현금을 차입하거나 주식을 발행하였다고 가정하자. 긍정적 시나리오는 회사가 레버리지(부채의존도)와 자본조달비용을 신중하게 분석한 다음 영업활동 현금흐름보다는 부채나 자기자본으로 자금조달하는 방법을 선택한 것으로 보는 것이다. 또 하나의 긍정적 시나리오는 신생기업의 경우 주식 상장이 가능할 정도로 상황이 양호한 것으로 보는 것이다. 반면에 부정적 시나리오는 회사의 영업활동 현금흐름 수준이 낮거나 부(−)의 수준이어서 다른 원천에서 자금조달을 하지 않을 수 없는 경우에 처한 것으로 보는 것이다.

재무활동 현금흐름이 긍정적인 내용 범주에 포함되는지 아니면 부정적인 내용 범주에 포함되는지를 평가하기 위해서는 전체 입장에서 살펴보아야 한다.

우선적으로 시도할 한 가지 체계적인 방법은 차입액과 상환액을 매년 각각 비교하고 그 추세를 살펴보는 것이다. 이 회사는 지속적으로 상환하는 금액보다 차입하는 금액이 더 많으며, 1993년도의 경우는 큰 폭의 차이를 보이고 있다. 이러한 상황은 긍정적인 내용이 되는가 아니면 부정적인 내용으로 보아야 하는가? 우리는 이미 이 회사가 영업활동에서 충분한 현금흐름을 창출하고 있는 것을 확인하였다.

따라서 부채를 통한 자금조달의 증가는 아마도 경영자의 의도적인 의사결정의 결과일 수 있으며, 회사가 필사적으로 살아남기 위한 행동의 결과로는 보여지지 않는다. 그럼에도 불구하고 계속적인 차입이 미래 성장을 위한 자금의 원천으로 사용되고 있는지, 또는 회사의 부채 조달한도를 충족시키려는 것인지를 알기 원한다면 더 세밀한 분석이 필요하다.

두 번째 분석 방법은 자본계정에서의 활동을 검토해보는 것이다. 이 회사는 많은 주식을 발행하고 있지 않다. 대신에 자기주식을 상당한 규모로 구입하고 있다. 사실 자사주 구입은 자본적 지출을 제외하면 유일하게 가장 많이 현금을 사용한 항목이다. 이러한 사실은 긍정적 시나리오로 해석해도 좋을 것 같다. 왜냐하면 이 회사는 현재 저평가되었다고 판단되는 자사주를 구입하였다가 주가가 적정수준으로 올랐을 때 매각하여 이익을 발생시키려는 의도로 해석할 수도 있고, 인수합병 시도를 사전에 차단시키기 위한 정책으로도 볼 수 있기 때문이다. 어떤 쪽이던 이 회사는 이러한 큰 규모의 비정규적인 투자에 이용 가능한 충분한 현금을 보유하고 있는 것으로 보여진다.

이제 재무제표 상의 나머지 몇 몇 부분에 대한 검토는 회사의 전체 모습을 보는데 파악하는데 도움을 줄 것이다.

제4단계: 종합분석 및 결론도출

현금흐름표를 평가하는 경우 여러분은 그 동안 분석과정을 통해 얻은 다수의 부분적 증거를 평가하면서 전체 모습을 그려내게 된다. 그러나 여러분이 확보한 모든 증거가 모두 긍정적인 회사 또는 부정적인 회사로 판명되는 경우는 거의 많지 않다. 균형 잡힌 평가를 위해서는 여러분은 현금흐름표에서 확인한 긍정적인 내용과 부정적인 내용 모두를 사용하여야 한다. 전체적인 결론에 도달하기 위해서는 여러분들은 각 부분적인 증거들의 상대적인 중요도를 판단하고, 전체 모습과의 관련성을 평가하여야 한다. 법률적 사례와 마찬가지로 여러분의 결론은 증거의 비중에 토대를 둘 필요가 있다.

전체적인 평가를 진행하기에 앞서서 이 시점에서 결말을 짓기 위해 해결해야 할 점은 여러분이 현금흐름표 전체를 일별하면서 발견하였던 비정상적인 항목에 대한 이해와 평가인 것이다. 이러한 항목은 때때로 전문가의 도움을 필요로 하기도 하는데, 여러분들은 이러한 항목을 대개는 연차보고서의 다른 재무제표에 있는 관련 내용을 통해서 생각해볼 수 있다.

앞에서 우리는 이 회사의 현금흐름표에서 두 가지 비정상적 항목을 발견하였다. 첫 째는 1993년의 "회계변경으로 인한 누적효과"이며, 1993년에 보고된 당기순이익에서 358백만 달러에 해당하는 회계변경으로 인한 누적효과를 차감하지 않았다면 이 회사의 당기순이익은 548백만 달러가 되어 양호한 상태임을 나타냈을 것이다. 회계변경으로 인한 누적효과는 회계변경을 한 시점인 1993년의 당기순이익에다 1993년도 이전의 순이익에 미친 모든 영향을 한꺼번에 모두 부담시켰다는 것을 의미한다. 실제로 회계변경으로 인한 누적효과는 1993년도의 현금지출에는 영향을 미치지 않았기 때문에, 이 금액을 다시 현금흐름표상의 당기순이익에다 가산 처리한 것이다.

회계변경은 단지 서류상의 결정에 지나지 않는다. 이는 당기순이익을 보고하는 방법에 영향을 미치지만 기업의 기본적인 경제활동을 변경시킨 것은 아니다. 따라서 현금의 수입이나 지출에는 영향을 미치지 않는다. 이 회사는 회계변경과 그로 인한 효과를 무시할 경우 당기순이익이 꾸준히 증가하는 모습을 보이고 있기 때문에 이러한 내용을 파악하는 것은 좋은 것이다.

이 회사의 현금흐름표에서 나타나는 또 하나의 비정상적 항목은 구조조정활동 항목으로 당기순이익에서 차감 표시되고 있다. 이러한 처리는 구조조정 활동과 관련된 현금흐름이 구조조정활동 비용이 손익계산서상에서 비용 처리된 연도와 다른 연도에서 발생되었다는 것을 의미한다. 이 회사는 3개 연도에 걸쳐서 손익계산서상에 비용화된 것보다 더 많은 금액을 구조조정을 하는데 사용하였음을 보여주고 있다.

이러한 내용은 긍정적인 신호인가 아니면 부정적인 신호인가? 회사가 사업의 일부에 대해 구조조정을 할 경우 긍정적 신호와 부정적 신호 모두를 포함한다고 볼 수 있다. 구조조정을 해야 할 문제점을 회사가 가지고 있다는 점에서 보면 부정적 신호로 해석할 수 있다.

그러나 회사가 문제점을 인식하고 당면한 문제를 효과적으로 해결하기 위한 방안을 실행에 옮기고 있다는 점에서 보면 긍정적 신호로 해석할 수 있다. 구조조정을 위한 현금지출이 구조조정비용보다 많고 적음은 단순히 타이밍 문제일 뿐이다. 비용은 합리적으로 계상 가능할 때 인식되기 때문에, 발생된 모든 현금지출을 비용으로 계상한 이후에도 여러 연도에 걸쳐 비용으로 계상되는 것이 보통이다.

이 회사는 구조조정비용을 이전 연도에서 인식한 것 같다. 그리고 이것은 단지 구조조정비용으로 뒤따라 지출될 것으로 예상된 현금유출에 지나지 않는다. 더욱이 현금흐름표상의 금액은 매년 감소하고 있다.

이례적인 항목이나 잘 모르는 항목에 대해 그 내용을 파악할 지는 주관적인 요구사항이다. 예를 들어 이 회사의 구조조정비용 차액이 큰 금액이던가, 또는 증가되고 있다면 그 내용 파악을 위해 더 많은 정보를 검색할 필요가 있다. 그러나 지금까지의 증거에 대한 비중을 보면 이 항목은 현금흐름의 전체 모습을 파악하는데 특별히 관련된 것 같지는 않다.

여러분이 이해하고 있지 못한 어떤 항목에 마주쳐 있다면 그 항목의 중요성을 고려해야 한다. 그 항목이 영업활동 현금흐름에 중대한 효과를 미치는 것이라면, 또는 그 항목이 현금의 주된 원천이나 용도의 하나로 위치하고 있다면, 그 내용을 파악하기 위해 노력을 할 필요가 있다. 그런 항목이 아니라면 그 항목을 무시하고 여러분이 알고 있는 많은 항목에 집중하는 것이 더 능률적일 수 있다.

이제 결론을 내리기에 앞서 Colgate-Palmolive회사의 현금흐름표를 검토하면서 파악하게 된 내용을 요약해보자.

〈긍정적인 신호〉

- 당기순이익이 3년 모두 흑자이며, 회계변경의 누적효과를 제외하였을 경우 계속적으로 증가추세를 보이고 있다.
- 영업활동 현금흐름도 3년 모두 정(+)을 나타내고 있으며, 꾸준히 증가추세를 보이고 있다.
- 영업활동현금흐름은 감가상각비와 배당금의 합계액을 큰 폭으로 초과하고 있다. 따라서 이 회사는 사업확장에 필요한 현금을 영업활동에서 충분히 창출하고 있다.
- 운전자본계정은 증가하고 있으며, 성장하고 있는 회사에 대한 기대와 일치되고 있다.
- 감가상각비를 큰 폭으로 초과하는 자본적 지출과 거액의 기업인수를 통해 미래 사업의 모습을 보여주고 있다.
- 기업규모의 축소를 의미하는 고정자산에 대한 대규모 처분이나 사업부분의 정리를 찾아볼 수 없다.
- 배당금 지급을 매년 증가시키고 있는데, 이는 기업의 미래 현금창출능력에 대한 경영자의 신념을 표현한 것으로 볼 수 있다.
- 자사주 구입을 위한 충분한 초과 현금을 보유하고 있다.

〈부정적인 신호〉

- 구조조정비용항목의 존재는 이 회사가 사업의 특정부분에서 문제를 가지고 있다는 의미이다.
- 상환액을 초과할 정도의 차입을 하고 있는데 이는 회사의 부채의존도를 높이게 될 것이다.
- 자사주 구입은 회사가 매수대상이 될 수 있다는 경영자의 염려를 의미한다.
- 타 회사 인수는 때때로 회사에 문제를 야기하기도 한다. 즉 인수한 타 회사를 성공적으로 자 회사의 사업부분에 통합시켜서 적절한 보상을 획득하

는 것이 쉽지 않다.

이 회사의 현금흐름에 대한 긍정적인 신호는 매우 강력하다. 이 회사의 부정적인 신호는 현금흐름의 중요한 문제를 의미하는 것 보다는 단지 염려수준을 의미할 뿐이다. 따라서 증거의 비중을 고려해서 판단한다면 이 회사는 강력하고 긍정적인 현금흐름을 가지고 있는 것으로 결론을 내릴 수 있다.

이제 다음 사례기업의 현금흐름표에 대해 지금까지 살펴 본 현금흐름표 분석 방법을 적용하는 기회를 갖도록 하자. 사례기업의 3개 연도 동안의 현금흐름표를 보면 쉽게 알 수 있듯이 사례기업은 대단히 어려운 곤경 속에 있다. 독자들은 지금까지 배운 현금흐름표 분석 방법을 적용해서 이 회사가 곤경에 처해 있음을 나타내주는 항목들을 발견해내기 바란다.

JCompany	현금흐름표		(단위: 백만달러)
	2009년	2008년	2007년
영업활동			
당기순이익(순손실)	(43)	(189)	(134)
감가상각비	230	271	350
매출채권의 (증가)감소	(121)	(25)	(4)
재고자산의 (증가)감소	50	42	30
기타유동자산의 (증가)감소	16	(8)	(12)
영업활동 현금	132	91	230
투자활동			
유형자산의 취득	(200)	(260)	(300)
유형자산 처분	204	200	180
사업부분 처분	134	51	
투자활동 현금	138	(9)	(120)
재무활동			
장기차입금의 증가	200	450	215
장기차입금의 상환	(460)	(480)	(322)
배당금 지급			(30)
재무활동 현금	(260)	(30)	(137)
현금의 증감액	10	52	(27)

여러분이 발견한 사례기업의 문제점과 아래에 제시한 문제점과 비교해보기 바란다.

〈문제점〉

(1) 3개 연도 계속해서 당기순손실을 기록하고 있음.
(2) 감가상각비로 계상되는 금액이 계속해서 감소되고 있음.
(3) 자본적 지출로 계상되는 금액이 감가상각비보다 적음.
(4) 자본적 지출로 계상되는 금액이 비유동자산의 처분 금액보다 적게 계상되고 있음.
(5) 매출채권의 큰 폭의 증가는 정밀조사 대상임.
(6) 재고자산이 감소되고 있음.
(7) 사업부분의 매각처분이 발생하고 있음.
(8) 배당금 지급이 2년 연속 중단상태임.
(9) 부채상환자금으로 영업활동 현금흐름이 사용되어야 함.
(10) 신규 차입액이 과다한 편임
(11) 금년도의 차입액이 큰 폭으로 감소하고 있음.

(위의 사례는 William J. Bruns의 Accounting for managers 3/e, South-western에 나와 있는 내용을 정리한 것임.)

2. 현금흐름비율분석에 의한 분석사례

A. 삼성전자

다음은 우리나라 기업 중 현금흐름이 매우 양호한 기업의 하나로 알려진 삼성전자의 재무제표이다. 현금흐름비율분석을 통해 이 회사의 현금흐름을 평가해보자.

재무상태표

삼성전자 (단위 : 십억원)

	제 49 기	제 48 기	제 47 기
자산			
유동자산	70,155	69,981	67,002
매출채권	27,882	23,514	20,251
재고자산	7,837	5,982	6,578
비유동자산	128,086	104,822	101,968
장기매도가능금융자산	974	914	3,205
종속, 관계 및 공동기업 투자	55,672	48,743	44,107
유형자산	62,817	47,229	45,149
무형자산	2,827	2,892	3,407
자산총계	198,241	174,803	168,970
부채			
유동부채	44,495	34,076	29,630
매입채무	6,399	6,163	3,888
단기차입금	12,230	9,061	7,128
유동성장기부채	5	6	6
비유동부채	2,177	3,180	2,911
사채	47	59	62
장기미지급금	1,750	2,808	2,388
부채총계	46,672	37,256	32,541
자본			
자본금	898	898	898
우선주자본금	119	119	119
보통주자본금	778	778	778
주식발행초과금	4,404	4,404	4,404
이익잉여금(결손금)	150,929	140,748	143,629
자본총계	151,570	137,547	136,428
자본과부채총계	198,241	174,803	168,970

손익계산서

삼성전자 (단위:십억원)

	제 49 기	제 48 기	제 47 기
수익(매출액)	161,915	133,947	135,205
매출원가	101,370	97,291	99,659
매출총이익	60,515	36,657	35,546
판매비와관리비	25,658	23,009	22,147
영업이익(손실)	34,857	13,647	13,398
기타수익	2,768	2,186	1,543
기타비용	1,065	1,290	792
금융수익	4,076	5,804	4,917
금융비용	4,102	5,622	4,714
법인세비용차감전순이익(손실)	36,534	14,725	14,353
법인세비용	7,733	3,145	2,114
계속영업이익(손실)	28,801	11,580	12,238
당기순이익(손실)	28,801	11,580	12,238
주당이익			
기본주당이익(손실)(단위:원)	208,881	81,602	82,682
희석주당이익(손실)(단위:원)	208,881	81,602	82,680

현금흐름표

삼성전자 (단위: 십억원)

	제49기	제48기	제47기
영업활동 현금흐름	38,906	23,985	19,288
영업에서 창출된 현금흐름	41,350	24,901	19,757
당기순이익	28,801	11,580	12,238
조정	18,013	14,910	13,087
영업활동으로 인한 자산부채의 변동	(5,463)	(1,588)	(5,569)
이자의 수취	492	622	890
이자의 지급	(265)	(208)	(153)
배당금 수입	1,119	904	1,915
법인세 납부액	(3,789)	(2,235)	(3,122)
투자활동 현금흐름	(28,119)	(14,240)	(14,004)
단기금융상품의 순감소(증가)	2,961	(1,407)	(2,309)
단기매도가능금융자산의 처분		3,010	2,143
장기금융상품의 처분	1,700	700	1,700
장기금융상품의 취득	(500)	(1,700)	
장기매도가능금융자산의 처분	98	693	79
장기매도가능금융자산의 취득	(164)	(478)	(17)
종속, 관계 및 공동기업 투자의 처분	1,438	2,417	311
종속, 관계 및 공동기업 투자의 취득	(7,493)	(4,648)	(2,335)
유형자산의 처분	244	335	474
유형자산의 취득	(25,641)	(12,161)	(12,888)
무형자산의 처분	1	6	1
무형자산의 취득	(843)	(1,047)	(1,366)
기타 투자활동으로 인한 현금유출입액	80	39	203
재무활동 현금흐름	(11,802)	(9,037)	(3,855)
단기차입금의 순증가(감소)	3,301	1,738	4,236
자기주식의 취득	(8,350)	(7,708)	(5,015)
자기주식의 처분			3
사채 및 장기차입금의 상환	(6)	(6)	(5)
배당금 지급	(6,746)	(3,061)	(3,073)
외화환산으로 인한 현금의 변동		8	(9)
현금 및 현금성자산의 순증가(감소)	(1,015)	715	1,420
기초 현금 및 현금성자산	3,778	3,063	1,643
기말 현금 및 현금성자산	2,764	3,778	3,063

1) 현금흐름수익성

(1) 주당현금흐름비율

보통주 1주당 귀속되는 영업활동 현금흐름의 몫을 측정하는 주당현금흐름비율을 계산하면 다음과 같다. 단 단위는 백만단위를 생략한 것이다

$$\text{주당현금흐름} = \frac{\text{영업활동 현금흐름}}{\text{보통주의 가중평균유통주식수}}$$

$$\text{제49기 주당현금흐름} = \frac{₩38,906,190}{131\text{주}} = ₩296,994$$

$$\text{제48기 주당현금흐름} = \frac{₩23,984,804}{131\text{주}} = ₩183,090$$

$$\text{제44기 주당현금흐름} = \frac{₩19,287,521}{131\text{주}} = ₩147,233$$

삼성전자의 주당현금흐름은 계속해서 증가추세를 나타내고 있어 현금흐름수익성이 지속적으로 개선되고 있음을 알 수 있다.

(2) 현금흐름이익률

순매출액에서 창출되는 영업활동 현금흐름의 크기를 측정하는 현금흐름이익률을 계산하면 다음과 같다. 이하 비율계산을 위해 사용된 단위는 십억원 단위를 생략해서 계산하였다.

$$\text{현금흐름이익률} = \frac{\text{영업활동 현금흐름}}{\text{순매출액}}$$

$$\text{제49기 현금흐름이익률} = \frac{₩38{,}906}{₩161{,}915} = 0.24$$

$$\text{제48기 현금흐름이익률} = \frac{₩23{,}985}{₩133{,}947} = 0.18$$

$$\text{제47기 현금흐름이익률} = \frac{₩19{,}288}{₩135{,}205} = 0.14$$

현금흐름이익률은 매출액순이익률 산식의 분자에 나타나 있는 당기순이익 대신에 영업활동 현금흐름으로 대체해서 만든 것으로 매출의 현금수익성을 측정하는 비율이다.

이 비율은 기업의 전체적인 효율성과 경영성과를 측정하는 것으로써 매출을 통하여 현금을 창출하는 기업의 능력을 나타낸다. 매출을 통하여 얼마만큼의 현금을 창출하였는가에 대한 측정치는 매우 중요하다. 왜냐하면 기업이 부채의 상환, 배당금의 지급 및 설비투자를 위해서는 현금이 필요하기 때문이다. 현금흐름이익률은 높을수록 매출을 통한 현금창출능력이 양호한 것으로 판단한다.

삼성전자의 현금흐름이익률은 계속해서 증가추세를 나타내고 있어 현금흐름 수익성이 지속적으로 개선되고 있음을 알 수 있다.

(3) 총자산현금이익률

평균총자산에서 창출되는 영업활동 현금흐름의 크기를 측정하는 총자산현금이익률의 계산결과는 다음과 같다.

$$총자산현금이익률 = \frac{영업활동\ 현금흐름}{평균총자산}$$

$$제49기\ 총자산현금이익률 = \frac{₩38,906}{(₩198,241+₩174,803)/2} = 0.21$$

$$제48기\ 총자산현금이익률 = \frac{₩23,985}{(₩174,803+₩168,970)/2} = 0.14$$

$$제47기\ 총자산현금이익률 = \frac{₩19,288}{(₩168,970+₩164,061)/2} = 0.12$$

이 비율은 기업이 보유하고 있는 자산을 이용해서 얼마나 영업활동 현금흐름을 효율적으로 창출시켰는지를 측정하는 비율로 총자산이익률(또는 투자수익률)를 보완하는 비율이다. 영업활동 현금흐름은 배당금을 지급하고 투자활동에 사용할 수 있는 자금이기 때문에 이 비율은 높을수록 바람직하다.

삼성전자의 총자산현금이익률도 계속해서 증가추세를 나타내고 있어 현금흐름수익성이 지속적으로 개선되고 있음을 보여주고 있다.

2) 이익의 질

(1) 매출액 질비율

매출액의 질에 대한 우열을 평가하는 이 비율의 계산결과는 다음과 같다.

$$매출액\ 질비율 = \frac{매출로부터의\ 현금유입액}{순매출액}$$

$$45기\ 매출액\ 질비율 = \frac{₩158,372 + ₩17,297 - ₩17,749}{₩158,372} = 0.997$$

$$44기\ 매출액\ 질비율 = \frac{₩141,206 + ₩15,216 - ₩17,297}{₩31,751} = 0.985$$

$$43기\ 매출액\ 질비율 = \frac{₩120,816 + ₩19,153 - ₩15,216}{₩26,265} = 1.033$$

삼성전자는 현금흐름표를 간접법에 따라 작성하고 있기 때문에 매출로부터의 현금유입액은 다음과 같은 방식으로 추산하였다.

매출현금유입액 = 매출액 + 매출채권기초잔액 − 매출채권기말잔액

이 회사의 매출액 질비율은 3개년 모두 1.0 또는 1.0에 가깝게 나타나고 있다. 이는 당기의 매출액과 매출액으로부터 회수된 현금유입액이 비슷하다는 것이기 때문에 매출액의 질이 매우 양호한 것으로 판단할 수 있다.

(2) 이익 질비율

이익 질비율의 계산결과는 다음과 같다.

$$이익\ 질비율 = \frac{영업활동\ 현금흐름}{당기순이익}$$

$$제49기\ 이익\ 질비율 = \frac{₩38,906}{₩28,801} = 1.35$$

$$제48기\ 이익\ 질비율 = \frac{₩23,985}{₩11,580} = 2.07$$

$$제47기\ 이익\ 질비율 = \frac{₩19,288}{₩12,238} = 1.58$$

이익 질비율은 당기순이익 가운데 현금으로 실현된 부분이 얼마나 되는 지를 측정한다. 매출액 질비율과 마찬가지로 이 비율도 1.0 이상 되는 것이 바람직하다. 삼성전자의 3개년도의 이익 질비율은 모두 1.0을 초과하고 있어 이익의 질이 매우 양호함을 알 수 있다.

3) 현금흐름안전성(장단기지급능력)

(1) 현금흐름유동부채보상비율

현금흐름유동부채보상비율은 영업활동에서 창출된 현금흐름으로 당기에 상환할 부채를 어느 정도 충당하고 있는가를 측정하고 있는 것으로써, 이 비율의 측정치가 높을수록 단기부채상환능력이 우수한 기업인 것이다. 현금흐름유동부채보상비율의 계산 결과는 다음과 같다.

$$\text{현금흐름유동부채보상비율} = \frac{\text{영업활동 현금흐름}}{\text{평균유동부채}}$$

$$\text{제49기 유동부채보상비율} = \frac{₩38,906}{(₩44,495 + ₩34,076)/2} = 0.99$$

$$\text{제48기 유동부채보상비율} = \frac{₩23,985}{(₩34,076 + ₩29,630)/2} = 0.75$$

$$\text{제47기 유동부채보상비율} = \frac{₩19,288}{(₩29,630 + ₩28,209)/2} = 0.67$$

삼성전자의 현금흐름유동부채보상비율은 계속해서 증가추세를 나타내고 있어 단기부채상환능력이 지속적으로 향상되고 있음을 보여주고 있다. 특히 제49기의 경우 현금흐름유동부채보상비율이 0.99(99%)로 유동부채의 대부분을 영업활동에서 창출된 현금으로 상환할 수 있음을 보여주고 있어 단기부채상환능력이 매우 양호하다고 말할 수 있다.

다음과 같은 대체적 비율을 가지고 단기부채상환능력을 측정할 수도 있다.

이 비율은 영업활동 현금흐름을 가지고 당기의 부채상환액을 어느 정도 보상하였는지를 측정한다. 여기서 부채상환액은 현금흐름표상의 재무활동 현금흐름에 나타나 있다.

삼성전자는 장기부채 상환액만 별도로 표시하고 단기부채 상환액은 단기부채 차입액과 상계해서 표시하면서 3개 연도 모두 순증가만 나타나고 있기 때문에 단기부채 상환액을 정확히 알 수가 없다. 따라서 재무상태표상의 이전 연도 단기차입금과 유동성장기부채를 당해 연도의 부채상환액으로 보고 부채상환액에 포함시키는 방식으로 현금흐름부채보상비율을 계산한 것임을 주의할 필요가 있다.

$$\text{현금흐름부채보상비율} = \frac{\text{영업활동 현금흐름}}{\text{단.장기부채 상환액}}$$

$$\text{제49기 현금흐름부채보상비율} = \frac{₩38{,}906}{₩9{,}067+₩6} = 4.29$$

$$\text{제48기 현금흐름부채보상비율} = \frac{₩23{,}985}{₩7{,}133+₩6} = 3.36$$

$$\text{제47기 현금흐름부채보상비율} = \frac{₩19{,}288}{₩2{,}933+₩5} = 6.57$$

삼성전자의 현금흐름부채보상비율은 3개 연도 3~6배 이상을 나타내고 있어 부채상환액을 영업활동에서 창출한 현금흐름으로 충분히 충당하고 있음을 나타내고 있어 단기부채상환능력이 매우 양호함을 보여주고 있다.

(2) 현금흐름이자보상비율

현금흐름이자보상비율은 전통적인 비율인 이자보상비율을 실제현금흐름으로 바꾸어서 이자지급능력을 측정하고 있다. 실제로 이자는 당기순이익으로 지급되는 것이 아니고 현금으로 지급하는 것이기 때문에 현금흐름이자보상비율이 더 합리적인 이자지급능력측정비율인 것이다. 이 비율은 이자와 법인세를 차감하기 전의 영업활동 현금흐름을 가지고 이자지급액을 몇 배나 갚을 수 있는 지를 측정하게 된다. 현금흐름이자보상비율의 계산 결과는 다음과 같다.

$$\text{현금흐름이자보상비율} = \frac{\text{영업활동 현금흐름+이자 및 법인세지급액}}{\text{이자지급액}}$$

$$\text{제49기 이자보상비율} = \frac{₩38,906+₩265+₩3,789}{₩265} = 162.1$$

$$\text{제48기 이자보상비율} = \frac{₩23,985+₩208+₩2,235}{₩208} = 127.1$$

$$\text{제47기 이자보상비율} = \frac{₩19,288+₩153+₩3,122}{₩153} = 147.5$$

삼성전자의 현금흐름이자보상비율은 3기간 모두 130배 이상을 상회하고 있어 이자지급능력이 대단히 양호하다는 것을 보여주고 있다.

(3) 현금흐름보상비율(부채상환계수)

현금흐름보상비율(부채상환계수)은 금융비용 차감전 영업활동 현금흐름으로 금융비용과 단기차입금을 얼마나 감당하는지를 측정하는 비율로 한국은행에서 제공하는 비율이며, 현금흐름이자보상비율보다 더 엄격한 단기부채상환능력 측정비율이라고 말할 수 있다.

현금흐름보상비율의 계산결과는 다음과 같다.

$$\text{현금흐름보상비율} = \frac{\text{영업활동 현금흐름+금융비용}}{\text{금융비용+단기차입금}}$$

$$\text{제49기 현금흐름보상비율} = \frac{₩38{,}906}{₩4{,}102+₩12{,}230} = 2.38$$

$$\text{제48기 현금흐름보상비율} = \frac{₩23{,}985}{₩5{,}804+₩9{,}061} = 1.61$$

$$\text{제47기 현금흐름보상비율} = \frac{₩19{,}288}{₩4{,}714+₩7{,}128} = 1.63$$

계산 결과를 보면 3기간에서 이자비용 차감전 영업활동 현금흐름으로 당기의 이자비용과 단기차입금의 1.6배 이상을 상환할 수 있음을 보여주고 잇어 역시 단기부채상환능력이 매우 양호하다고 평가할 수 있다.

(3) 현금흐름총부채보상비율

현금흐름총부채보상비율은 영업활동 현금흐름으로 기업의 총부채를 얼마나 상환할 수 있는 지를 측정한다. 따라서 이 비율이 높을수록 부채를 상환하는데 이용할 수 있는 영업활동 현금흐름이 충분하다는 의미이기 때문에 이런 기업의 장기지급능력은 양호한 것으로 볼 수 있다. 그리고 이 비율이 높을수록 재무적 융통성도 뛰어나다고 볼 수 있다. 현금흐름총부채보상비율의 계산결과는 다음과 같다.

$$\text{현금흐름총부채보상비율} = \frac{\text{영업활동 현금흐름}}{\text{평균총부채}}$$

$$\text{제49기 총부채보상비율} = \frac{₩38,906}{(₩46,672+₩37,256)/2} = 0.93$$

$$\text{제48기 총부채보상비율} = \frac{₩23,985}{(₩37,256+₩32,541)/2} = 0.69$$

$$\text{제47기 총부채보상비율} = \frac{₩19,288}{(₩32,541+₩31,384)/2} = 0.60$$

삼성전자의 현금흐름총부채보상비율은 3기간 모두에서 0.6 이상을 나타내면서 계속해서 증가추세를 보이고 있어 총부채상환능력이 양호할 분만 아니라 지속적으로 향상되고 있음을 보여주고 있다. 제49기의 경우 현금흐름총부채보상비율은 대체로 93%정도를 나타내고 있다. 따라서 이 회사는 총부채의 93%정도를 영업활동 현금흐름으로 상환할 수 있어, 부채상환능력이 매우 뛰어남을 알 수 있다.

(4) 자본적 지출액 보상비율

경쟁력을 계속 유지하기 위해서는 기업은 적절한 시점에서 설비자산을 대체하거나 확장하지 않으면 안 된다. 이 회사의 설비투자능력을 평가할 수 있게 해주는 자본적 지출액 보상비율을 계산해보면 다음과 같다. 단 자본적 지출액은 유형자산과 무형자산의 취득액에서 각각의 처분액을 차감한 금액을 사용하였다.

$$\text{자본적 지출액보상비율} = \frac{\text{영업활동 현금흐름}}{\text{연간 자본적 지출액}}$$

$$\text{제49기 자본적 지출액 보상비율} = \frac{₩38,906}{₩26,240} = 1.48$$

$$\text{제48기 자본적 지출액 보상비율} = \frac{₩23,985}{₩12,867} = 1.87$$

$$\text{제47기 자본적 지출액 보상비율} = \frac{₩19,288}{₩13,779} = 1.40$$

이 비율이 1.0을 초과하고 있다면 이는 이 기업이 현재의 영업활동을 통해서 이 기업의 바람직한 설비수준을 유지하는데 필요한 현금자금 이상을 창출시키고 있다는 의미이다. 이 비율이 높을수록 장기부채와 같은 외부자금에 대한 의존도가 낮기 때문에 재무적으로 건강한 기업이며, 재무적 융통성도 좋은 기업이라고 말할 수 있다. 한편 이 비율은 장기지급능력의 측정지표로 간주할 수도 있다. 왜냐하면 이 비율이 1.0을 초과하고 있다는 것은 필요한 자본적 지출 소요자금을 초과하는 영업활동 현금흐름이 남아 있다는 것을 의미하는 것으로써 이 자금은 부채를 상환하는데 쓰일 수 있기 때문이다.

삼성전자의 자본적 지출액 보상비율은 3개년도 모두 1.0을 초과하고 있어 영업활동으로부터의 현금창출력이 매우 우수함을 알 수 있다.

(5) 배당금보상비율

배당금보상비율은 영업활동 현금흐름이 배당금지급액의 몇 배에 해당되는지를 측정하며, 이 비율이 높을수록 배당금을 지급할 수 있는 충분한 현금흐름을 영업활동을 통해 창출하고 있는 우량기업이라고 볼 수 있다. 배당금보상비율의 계산 결과는 다음과 같다.

$$배당금보상비율 = \frac{영업활동\ 현금흐름}{배당금지급액}$$

$$제49기\ 배당금보상비율 = \frac{₩38,906}{₩6,746} = 5.77$$

$$제48기\ 배당금보상비율 = \frac{₩23,985}{₩3,061} = 7.84$$

$$제47기\ 배당금보상비율 = \frac{₩19,288}{₩3,073} = 6.28$$

삼성전자의 배당금보상비율은 3기 모두 5배 이상으로 대단히 높게 나타나고 있어 배당금지급능력이 매우 양호함을 확인할 수 있다.

한편 배당금보상비율을 엄격하게 측정하는 대체적 비율인 다음 비율로 계산해보자.

$$배당금보상비율 = \frac{영업활동\ 현금흐름 - 부채상환액}{배당금지급액}$$

$$제49기\ 배당금보상비율 = \frac{₩38,906 - ₩9,073}{₩6,746} = 4.42$$

$$제48기\ 배당금보상비율 = \frac{₩23,985 - ₩7,139}{₩3,061} = 5.50$$

$$제47기\ 배당금보상비율 = \frac{₩19,288 - ₩2,938}{₩3,073} = 5.32$$

채권자에 대한 부채상환은 상환기간이 도래하였을 때 반드시 상환해야 할 강제적 의무사항인데 반해 주주에 대한 배당금지급은 이익의 분배로써 기업의 형편에 따라 임의로 결정할 수 있는 재량적 사항에 지나지 않는다. 이에 따라 부채상환이 배당금지급보다 우선적으로 해결해야 할 사항이기 때문에 부채상환액을 먼저 영업활동 현금흐름에서 차감시킨 잔액을 분자에 사용해서 이를 배당금지급액으로 나누어서 배당금보상정도를 측정하자는 것이 이 비율의 논리이다.

여기서 부채상환액은 삼성전자의 현금흐름표상에는 단기차입금의 상환액이 표시되지 않고 순증감액을 표시하고 있기 때문에 재무상태표상의 이전 연도의 단기차입금과 유동성장기부채에 장기부채상환액을 합산시켜서 이 비율을 계산하였다.

삼성전자의 이 비율은 모두 4.0보다 훨씬 높게 나타내고 있어 배당금지급능력이 매우 양호한 회사이라고 평가하는 데는 아무 문제가 없다고 하겠다.

(6) 잉여현금흐름비율

잉여현금흐름비율은 잉여현금흐름이 영업활동 현금흐름을 기준으로 얼마만큼 비중을 차지하는지를 측정하는 비율인데, 여기서 잉여현금흐름은 영업활동 현금흐름에서 유.무형자산 순취득액을 차감해서 계산하였다. 잉여현금흐름의 비중이 높을수록 회사의 성장, 부채상환, 배당금 지급 및 재무적 탄력성 확보에 필요한 여유자금이 충분하게 되기 때문에 재무건전도가 매우 뛰어난 기업이라 할 수 있다. 잉여현금흐름비율의 계산 결과는 다음과 같다.

$$\text{잉여현금흐름비율} = \frac{\text{잉여현금흐름}}{\text{영업활동 현금흐름}}$$

$$\text{제49기 잉여현금흐름비율} = \frac{₩12,666}{₩38,906} = 0.326$$

$$\text{제48기 잉여현금흐름비율} = \frac{₩11,118}{₩23,985} = 0.464$$

$$\text{제47기 잉여현금흐름비율} = \frac{₩5,509}{₩19,288} = 0.286$$

삼성전자는 제48기에 0.464의 잉여현금흐름 수준을 보이다가 제49기에 0.326으로 다소 낮아졌지만 이는 제48기에 비해 설비투자 수준이 2배나 높았던데 원인이 있기 때문에 잉여현금흐름 창출에 문제가 있는 것으로 볼 필요는 없다.

(7) 외부자금 조달지수

외부자금 조달지수(external financing index)는 재무활동 현금유입액을 영업활동 현금흐름으로 나누어서 계산하며, 자금조달 수단으로서 외부자금 원천의 의존도를 측정한다. 외부자금 조달지수의 계산 결과는 다음과 같다.

$$\text{외부자금 조달지수} = \frac{\text{재무활동 현금흐름}}{\text{영업활동 현금흐름}}$$

$$\text{제49기 외부자금 조달지수} = \frac{-₩11,802}{₩38,906} = -0.303$$

$$\text{제48기 외부자금 조달지수} = \frac{-₩9,037}{₩23,985} = -0.377$$

$$\text{제47기 외부자금 조달지수} = \frac{-₩3,855}{₩19,288} = -0.200$$

계산 결과를 보면 3개 연도의 외부자금 조달지수가 모두 마이너스(−)를 기록하고 있어 삼성전자는 재무활동 현금흐름에 의존하지 않고 오히려 영업활동 현금흐름에서 창출한 현금흐름으로 재무활동 현금흐름을 충당하고 있는 모습을 보여주고 있다. 이는 삼성전자가 영업활동 현금흐름 창출능력 즉, 내부자금 창출능력이 매우 탁월하여 외부자금 의존도가 계속 낮아지는 초우량기업임을 명백히 알 수 있게 해주는 것이다.

4) 현금흐름충분성비율

지금까지는 개별적인 항목에 대한 영업활동 현금흐름의 충분성을 측정하는 비율을 살펴보았다. 그러나 여러 가지 항목을 한꺼번에 포함시켜서 이에 대한 영업활동 현금흐름의 충분성을 종합적으로 측정해보는 것도 의미가 있을 것이다.

현금흐름충분성비율을 계산해보면 다음과 같다. 기간은 3년을 사용하였다.

$$\text{현금흐름충분성비율} = \frac{\text{영업활동 현금흐름의 3년분}}{\text{자본적지출, 재고자산 증가, 현금배당금의 3년분}}$$

$$\text{제49기 현금흐름충분성비율} = \frac{₩82{,}179}{₩52{,}886+₩2{,}879+₩12{,}880} = 1.20$$

$$\text{제48기 현금흐름충분성비율} = \frac{₩61{,}927}{₩38{,}567+₩1{,}024+₩8{,}292} = 1.29$$

이 비율은 기업이 자본적 지출과 재고자산 투자 및 현금배당금을 지급하는 데 필요한 자금을 영업활동 현금흐름으로 얼마나 충당하고 있는 가를 측정하고 있다. 이 비율이 1.0이라면 이는 기업이 외부자금에 의존할 필요 없이 일정한 성장수준을 달성하는 데 필요한 현금을 전액 영업활동에서 충당하고 있다는 뜻이다. 한편 이 비율이 1.0 이하로 나타난다면 이 기업은 기업내부에서 창출한 현금으로 배당과 현재의 영업성장수준을 유지시키지 못하고 있다는 뜻이 될 것이다.

삼성전자의 현금흐름충분성비율은 1.0 이상으로 자본적 지출과 재고자산 투자 및 현금배당금을 지급하는데 필요한 자금을 영업활동 현금흐름으로 충분히 충당하고 있는 현금흐름이 매우 양호한 회사임을 입증해주고 있다.

한편 이와 유사한 비율인 다음 비율을 계산해보면 아래와 같다. 위의 비율과 마찬가지로 3년분 합계액을 사용하였다.

$$\text{현금흐름충분성비율} = \frac{\text{영업활동 현금흐름}}{\text{장기부채상환액+자본적지출액+배당금지급액}}$$

$$\text{제49기 현금흐름충분성비율} = \frac{₩82,179}{₩17+₩52,886+₩12,880} = 1.25$$

$$\text{제48기 현금흐름충분성비율} = \frac{₩61,927}{₩16+₩38,567+₩8,292} = 1.32$$

이 비율은 영업활동 현금흐름으로 장기부채의 상환과 자산의 구입 그리고 배당금지급을 어느 정도 충당하고 있는지를 나타내고 있다. 이 비율 역시 1.0 이상을 보임에 따라 이 회사는 영업활동 현금흐름으로 장기부채의 상환과 자산의 구입 그리고 배당금지급을 충분히 충당하고 있음을 나타내고 있다.

지금까지 삼성전자에 대한 현금흐름을 개별적 및 종합적인 비율을 통해서 분석해 보았다. 그 결과 현금흐름이 매우 양호함을 발견하게 되었다. 즉 영업활동을 통한 내부창출현금이 대단히 충분함에 따라 이 기업의 현재의 현금흐름창출능력, 설비투자능력, 배당금지급능력, 부채상환능력은 매우 양호한 것으로 나타났으며, 또한 순이익의 질도 우수함을 확인하였다.

B. LG전자

다음은 삼성전자의 가전사업부분 경쟁기업이라 할 수 있는 LG전자의 재무제표이다. 현금흐름비율분석을 통해 이 회사의 현금흐름을 평가해보자.

재무상태표

LG전자 (단위 : 십억원)

	제 16 기	제 15 기	제 14 기
자산			
유동자산	9,519	8,312	8,269
매출채권	5,612	4,986	5,607
재고자산	1,344	1,187	1,058
비유동자산	18,644	18,288	17,598
유형자산	7,142	7,165	6,450
무형자산	1,474	1,235	1,155
자산총계	28,160	26,599	25,866
부채			
유동부채	11,476	10,543	9,743
매입채무	6,126	5,517	5,015
차입금	768	661	1,042
비유동부채	7,139	7,290	7,162
차입금	6,674	5,970	5,577
부채총계	18,615	17,834	16,905
자본			
자본금	904	904	904
주식발행초과금	3,088	3,088	3,088
이익잉여금	5,603	4,852	5,046
기타포괄손익누계액	(18)	(46)	(45)
자본총계	9,545	8,765	8,961
부채와 자본 총계	28,160	26,599	25,866

손익계산서

LG전자 (단위 : 십억원)

	제16기	제15기	제14기
매출액	31,967	28,743	28,368
매출원가	25,341	22,760	22,729
매출총이익	6,625	5,984	5,639
판매비와관리비	5,924	6,274	5,657
판매비	2,811	2,612	2,592
관리비	571	589	619
연구개발비	1,995	2,106	1,989
서비스비	547	967	457
영업이익(손실)	701	(290)	(18)
금융수익	220	258	267
금융비용	475	431	459
기타영업외수익	1,265	1,620	1,300
기타영업외비용	939	1,330	1,355
법인세비용차감전순이익(손실)	772	(174)	(266)
법인세비용	14	102	86
계속영업당기순이익(손실)	758	(276)	(352)
중단영업당기순이익(손실)	0	0	(4)
당기순이익(손실)	758	(276)	(356)
주당순이익(손실)(단위:원)			
기본주당순이익(손실)			
보통주기본주당순이익(손실)	4,205	(1,540)	(1,981)
계속영업 보통주기본주당순이익(손실)	4,205	(1,540)	(1,958)
중단영업 보통주기본주당순이익(손실)	0	0	(23)
우선주기본주당순이익(손실)	4,255	(1,490)	(1,931)
계속영업 우선주기본주당순이익(손실)	4,255	(1,490)	(1,908)
중단영업 우선주기본주당순이익(손실)	0	0	(23)

현금흐름표

LG전자 (단위 : 십억원)

	제16기	제15기	제14기
영업활동으로 인한 현금흐름	693	2,165	676
영업으로부터 창출된 현금	558	2,005	753
이자의 수취	13	11	14
이자의 지급	(217)	(234)	(255)
배당금의 수취	454	468	157
법인세의 납부	(116)	(85)	8
투자활동으로 인한 현금흐름	(1,107)	(1,576)	(1,158)
기타수취채권의 감소	90	90	100
기타금융자산의 회수 및 처분	11	1	8
유형자산의 처분	490	57	41
무형자산의 처분	1	2	0
종속, 관계 및 공동기업 투자 회수(처분)	56	75	160
투자부동산의 처분	0	22	1
매각예정분류자산의 처분	13	3	0
사업양도로 인한 현금의 증가	14	1	22
금융기관예치금의 증가	(1)	0	(15)
기타수취채권의 증가	(62)	(49)	(72)
기타금융자산의 취득	(2,963)	(5,600)	(1,740)
유형자산의 취득	(1,108)	(1,304)	(973)
무형자산의 취득	(539)	(378)	(408)
종속기업, 관계기업 및 공동기업 투자 취득	(70)	(92)	(11)
사업결합으로 인한 현금의 감소	0	0	(8)
재무활동현금흐름	824	(85)	247
차입금의 증가	1,527	1,226	1,717
차입금의 상환	(631)	(1,239)	(1,398)
배당금의 지급 등	(73)	(73)	(73)
현금및현금성자산의 환율변동효과	(5)	0	0
현금및현금성자산증가(감소)	405	504	(235)
기초의 현금및현금성자산	1,182	678	913
기말의 현금및현금성자산	1,586	1,182	678

1) 현금흐름수익성

(1) 주당현금흐름비율

주당현금흐름비율을 계산하면 다음과 같다. 단 단위는 백만단위를 생략한 것이다.

$$주당현금흐름 = \frac{영업활동\ 현금흐름}{보통주의\ 가중평균유통주식수}$$

$$제16기\ 주당현금흐름 = \frac{₩692,810}{163주} = ₩4,250.4$$

$$제15기\ 주당현금흐름 = \frac{₩2,164,506}{163주} = ₩13,279.2$$

$$제14기\ 주당현금흐름 = \frac{₩676,441}{163주} = ₩4,149.9$$

LG전자의 주당현금흐름은 제15기의 경우 제14기에 비해 세 배정도 증가를 나타내고 있어 현금흐름수익성이 대폭 개선되었지만 제16기에는 대폭 감소하여 제14기의 수준으로 되돌아가 현금흐름수익성이 약화된 상태를 보이고 있다.

(2) 현금흐름이익률

현금흐름이익률을 계산하면 다음과 같다. 이하 단위는 십억원 단위를 생략해서 계산하였다.

$$\text{현금흐름이익률} = \frac{\text{영업활동 현금흐름}}{\text{순매출액}}$$

$$\text{제16기 현금흐름이익률} = \frac{₩693}{₩31,967} = 0.02$$

$$\text{제15기 현금흐름이익률} = \frac{₩2,165}{₩28,743} = 0.08$$

$$\text{제14기 현금흐름이익률} = \frac{₩676}{₩28,368} = 0.02$$

LG전자의 현금흐름이익률은 제15기에 증가한 모습을 보이다가 제16기에 감소된 모습을 보이고 있어서 매출액에 대한 현금흐름수익성이 약화된 상태에 있음을 보여주고 있다..

(3) 총자산현금이익률

총자산현금이익률은 기업이 보유하고 있는 자산을 이용해서 얼마나 영업활동 현금흐름을 효율적으로 창출시켰는지를 측정하는 비율로 총자산이익률(또는 투자수익률)를 보완하는 비율인데, 총자산현금이익률의 계산결과는 다음과 같다.

$$\text{총자산현금이익률} = \frac{\text{영업활동 현금흐름}}{\text{평균총자산}}$$

$$\text{제16기 총자산현금이익률} = \frac{₩693}{(₩28,160+₩26,599)/2} = 0.03$$

$$\text{제15기 총자산현금이익률} = \frac{₩2,165}{(₩26,599+₩25,866)/2} = 0.08$$

$$\text{제14기 총자산현금이익률} = \frac{₩676}{(₩25,866+₩26,282)/2} = 0.03$$

LG전자의 총자산현금이익률은 현금흐름이익률과 마찬가지로 제15기에 증가하였다가 제16기에 들어서 감소한 모습을 보이고 있어서 자산을 통한 현금흐름수익성도 약화된 모습을 보이고 있다. 소폭의 증가를 나타내고 있지만 현금흐름이익률과 마찬가지로 영업활동에서 창출한 현금흐름이 투자한 자산에 비해 너무 낮기 때문에 비율 값 자체가 너무 낮게 나타나고 있어 역시 현금흐름수익성이 매우 저조하다는 것을 알려주고 있다.

2) 이익의 질

(1) 매출액 질비율

매출액의 질에 대한 우열을 평가하는 이 비율의 계산결과는 다음과 같다.

$$\text{매출액 질비율} = \frac{\text{매출로부터의 현금유입액}}{\text{순매출액}}$$

$$\text{13년 매출액 질비율} = \frac{₩28,079 + ₩4,693 - ₩4,697}{₩28,079} = 0.999$$

$$\text{12년 매출액 질비율} = \frac{₩25,427 + ₩5,077 - ₩4,693}{₩25,427} = 1.015$$

$$\text{11년 매출액 질비율} = \frac{₩28,097 + ₩7,002 - ₩5,077}{₩28,097} = 1.069$$

LG전자는 현금흐름표를 간접법에 따라 작성하고 있기 때문에 매출로부터의 현금유입액은 다음과 같은 방식으로 추산하였다.

$$\text{매출현금유입액} = \text{매출액} + \text{매출채권기초잔액} - \text{매출채권기말잔액}$$

이 회사의 매출액 질비율은 3개년 모두 1.0 또는 1.0에 가깝게 나타나고 있다. 이는 당기의 매출액과 매출액으로부터 회수된 현금유입액이 비슷하다는 것이기 때문에 매출액의 질이 매우 양호한 것으로 판단할 수 있다.

(2) 이익 질비율

이익 질비율의 계산결과는 다음과 같다.

LG전자의 이익 질비율은 당기순이익이 제14기와 제15기 2기간 모두 적자인데 반해 영업활동현금흐름이 모두 흑자를 나타내고 있어 이익의 질은 우수하다고 하겠다. 그리고 제16기에는 단가순이익이 흑자로 전환되었으며 이익 질비율이 1에 약간 미달된 모습을 보이고 있지만 이익의 질에는 큰 문제가 없는 것으로 평가된다.

$$\text{이익 질비율} = \frac{\text{영업활동 현금흐름}}{\text{당기순이익}}$$

$$\text{제16기 이익 질비율} = \frac{₩693}{₩758} = 0.914$$

$$\text{제15기 이익 질비율} = \frac{₩2,165}{-₩276} = -7.86$$

$$\text{제14기 이익 질비율} = \frac{₩676}{-₩356} = -1.90$$

3) 현금흐름안전성(장단기지급능력)

(1) 현금흐름유동부채보상비율

현금흐름유동부채보상비율의 계산 결과는 다음과 같다.

$$현금흐름유동부채보상비율 = \frac{영업활동\ 현금흐름}{평균유동부채}$$

$$제16기\ 유동부채보상비율 = \frac{₩693}{(₩11,476 + ₩10,543)/2} = 0.06$$

$$제15기\ 유동부채보상비율 = \frac{₩2,165}{(₩10,543 + ₩9,743)/2} = 0.21$$

$$제14기\ 유동부채보상비율 = \frac{₩676}{(₩9,743 + ₩9,960)/2} = 0.07$$

LG전자의 현금흐름유동부채보상비율을 보면 제15기는 제14기에 비해 비교적 큰 폭의 증가상태를 나타내고 있었지만 제16기에 다시 감소세로 돌아서 단기부채상환능력이 약회된 상태를 보여주고 있다. 더군다나 이 비율 값 자체가 너무 낮아 단기부채상환능력이 저조함을 보여주고 있다. 제16기의 경우 평균유동부채의 6%만을 영업활동에서 창출한 현금흐름으로 상환할 수 있는 수준에 지나지 않고 있어 단기부채상환능력이 매우 열악한 상태임을 알 수 있다.

다음과 같은 현금흐름유동부채보상비율의 대체적 비율인 현금흐름부채보상비율에서는 제14기를 제외하고서는 1 이상의 측정치를 보여주고 있어 단기부채상환능력이 큰 문제가 없는 것으로 상반된 결과를 보여주고 있다.

이는 영업활동 현금흐름에 비해 당기의 부채상환액이 적기 때문에 영업활동 현금흐름으로 당기의 부채상환액을 충분히 충당할 수 있었기 때문에 그렇게 나타난 것이다.

$$\text{현금흐름부채보상비율} = \frac{\text{영업활동 현금흐름}}{\text{부채상환액}}$$

$$\text{제16기 현금흐름부채보상비율} = \frac{₩693}{₩631} = 1.098$$

$$\text{제15기 현금흐름부채보상비율} = \frac{₩2,165}{₩1,239} = 1.747$$

$$\text{제14기 현금흐름부채보상비율} = \frac{₩676}{₩1,398} = 0.484$$

(2) 현금흐름이자보상비율

현금흐름이자보상비율의 계산 결과는 다음과 같다.

$$\text{현금흐름이자보상비율} = \frac{\text{영업활동 현금흐름+이자 및 법인세지급액}}{\text{이자지급액}}$$

$$\text{제16기 이자보상비율} = \frac{₩693+₩217+₩116}{₩220} = 4.66$$

$$\text{제15기 이자보상비율} = \frac{₩2,165+₩234+₩85}{₩229} = 10.85$$

$$\text{제14기 이자보상비율} = \frac{₩676+₩254+₩8}{₩201} = 4.67$$

LG전자의 현금흐름이자보상비율은 제15기에 큰 폭의 증가가 보이다가 제16기에는 다시 큰 폭의 감소를 보이고 있어 영업활동에서 창출한 현금흐름으로 이자를 지급할 수 있는 능력이 악화된 상태를 보여주고 있으나 이자지급능력에는 큰 문제가 없다고 보여진다.

(3) 현금흐름보상비율(부채상환계수)

현금흐름보상비율(부채상환계수)은 금융비용 차감전 영업활동 현금흐름으로 금융비용과 단기차입금을 얼마나 감당하는지를 측정하는 비율로 한국은행에서 제공하는 비율이며, 현금흐름이자보상비율보다 더 엄격한 단기부채상환능력 측정비율이라고 말할 수 있다.

현금흐름보상비율의 계산결과는 다음과 같다.

$$\text{현금흐름보상비율} = \frac{\text{영업활동 현금흐름+금융비용}}{\text{금융비용+평균단기차입금}}$$

$$\text{제16기 현금흐름보상비율} = \frac{₩693+₩475}{₩475+₩715} = 0.982$$

$$\text{제15기 현금흐름보상비율} = \frac{₩2,165+₩431}{₩431+₩852} = 2.023$$

$$\text{제14기 현금흐름보상비율} = \frac{₩676+₩459}{₩459+₩1,030} = 0.762$$

계산 결과를 보면 제14기 0.762에서 제15기 2.023로 3배 정도의 증가된 상태를 보이다가 제16기 0.982 감소하여 영업활동 현금흐름으로 부채를 상환하는 능력이 퇴조한 상태를 보여주고 있다. 제16기의 경우 비율 값이 0.982이기 때문에 영업활동에서 창출한 현금흐름으로 단기차입금과 이자를 상환하면 남는 현금흐름이 없어서 자본적 지출과 배당금 지급에 필요한 자금을 외부자금에 의존해서 조달할 수밖에 없으며, 이는 앞으로 영업활동 창출현금흐름의 개선이 없으면 부채의존도를 높이는 쪽으로 작용을 하여 재무구조의 건실화에 부정적인 영향을 미칠 수 있을 것이다. 실제로 제16기의 단기차입금이 제15기에 비해 107십억 원 증가된 것을 재무상태표에서 확인할 수 있다.

(4) 현금흐름총부채보상비율

현금흐름총부채보상비율의 계산결과는 다음과 같다.

$$현금흐름총부채보상비율 = \frac{영업활동\ 현금흐름}{평균총부채}$$

$$제16기\ 총부채보상비율 = \frac{₩693}{(₩18,615 + ₩17,834)/2} = 0.04$$

$$제15기\ 총부채보상비율 = \frac{₩2,165}{(₩17,834 + ₩16,905)/2} = 0.13$$

$$제14기\ 총부채보상비율 = \frac{₩676}{(₩16,905 + ₩16,794)/2} = 0.04$$

LG전자의 현금흐름총부채보상비율은 제14기에 비해 제15기는 3배 이상의 증가상태 나타내고 있어 총부채상환능력이 개선되고 있음을 보여주고 있다. 그러나 제16기의 경우 다시 제14기 수준으로 저하된 모습을 보이고 있어 부채상환능력이 악화된 상태임을 보여주고 있다.

LG전자의 현금흐름총부채보상비율은 3기간 모두 매우 낮은 상태를 나타내고 있어서 총부채상환능력은 매우 저조한 것으로 보여진다.

총부채상환능력의 악화는 추가적인 부채조달의 원인이 되게 되며, 이는 재무구조의 건실성을 해치게 된다. LG전자의 경우 실제로 제16기의 차입금을 보면 제15기에 비해 단기차입금이 107십억 원, 장기차입금이 704십억 원 증가하여 총 811십억원 증가된 것을 재무상태표에서 확인할 수 있다.

현금흐름총부채보상비율의 대체비율인 현금흐름차입금보상비율을 계산해보면 다음과 같다.

$$현금흐름총부채보상비율 = \frac{영업활동\ 현금흐름}{평균총차입금}$$

$$제16기\ 총차입금보상비율 = \frac{₩693}{(₩7,442 + ₩6,631)/2} = 0.10$$

$$제15기\ 총차입금보상비율 = \frac{₩2,165}{(₩6,631 + ₩6,619)/2} = 0.33$$

$$제14기\ 총차입금보상비율 = \frac{₩676}{(₩6,619 + ₩6,250)/2} = 0.11$$

LG전자의 현금흐름총차입금보상비율은 제14기에 비해 제15기는 3배 증가상태 나타내고 있어 차입금상환능력이 개선되고 있음을 보여주고 있으나 제16기의 경우 다시 제14기 수준으로 저하된 모습을 보이고 있어 차입금상환능력이 악화된 상태임을 보여주고 있다.

LG전자의 현금흐름총차입금보상비율은 현금흐름총부채보상비율보다는 3기간 모두 3배 이상 높게 나타나고 있지만 아직은 차입금상환능력이 양호한 수준에 도달하지 못한 정도로 영업활동 현금흐름 수준이 낮은 것으로 보여진다.

(5) 자본적 지출액 보상비율

LG전자의 자본적 지출액 보상비율을 계산해보면 다음과 같다. 단 자본적 지출액은 유형자산의 취득액에서 처분액을 차감한 금액을 사용하였다. 이 비율은 한국은행의 기업경영분석에서 제공하는 투자안정성비율과 동일하다.

자본적 지출액 보상비율이 1.0에 미달될 경우 영업활동 현금흐름의 부족분을 외부자금으로 조달할 수밖에 없으며, 이는 부채의존도를 높이는 쪽으로 작용을 하여 재무구조 건실화에 부정적인 영향을 미치게 되며, 유동성 위기의 원인이 될 수 있다.

$$자본적\ 지출액보상비율 = \frac{영업활동\ 현금흐름}{연간\ 자본적\ 지출액}$$

$$제16기\ 자본적\ 지출액\ 보상비율 = \frac{₩693}{₩618} = 1.121$$

$$제15기\ 자본적\ 지출액\ 보상비율 = \frac{₩2,165}{₩1,247} = 1.736$$

$$제14기\ 자본적\ 지출액\ 보상비율 = \frac{₩676}{₩932} = 0.725$$

LG전자의 자본적 지출액 보상비율은 제14기를 제외하고 모두 1.0을 상회하고 있다. 이에 따라 제16기와 제15기는 영업활동 현금흐름으로 자본적 지출액을 충당하고 있음을 보여주고 있어 자본적 지출액과 관련한 현금창출 수준은 양호한 것으로 평가할 수 있다.

(6) 배당금보상비율

배당금보상비율의 계산 결과는 다음과 같다.

$$배당금보상비율 = \frac{영업활동\ 현금흐름}{배당금지급액}$$

$$제16기\ 배당금보상비율 = \frac{₩693}{₩73} = 9.493$$

$$제15기\ 배당금보상비율 = \frac{₩2,165}{₩73} = 29.66$$

$$제14기\ 배당금보상비율 = \frac{₩676}{₩73} = 9.26$$

LG전자의 배당금보상비율은 제15기에는 20배 이상으로 대단히 높게 나타나고 있어 배당금지급능력은 매우 양호한 모습을 보였지만 제16기에 들어서 다시 제14기 수준으로 저하되어서 배당금지급능력이 약화된 상태이지만, 영업활동에서 창출한 현금흐름 범위내에서 배당금이 지급되고 있기 때문에 배당금지급능력에 이상이 있는 것은 아니다.

한편 배당금보상비율을 엄격하게 측정하는 대체적 비율인 다음 비율로 계산해보자. 여기서 부채상환액은 LG전자의 현금흐름표상에 나타나 있는 차입금의 상환액으로 계산한 금액이다.

$$\text{배당금보상비율} = \frac{\text{영업활동 현금흐름} - \text{부채상환액}}{\text{배당금지급액}}$$

$$\text{제16기 배당금보상비율} = \frac{₩693 - ₩631}{₩73} = 0.849$$

$$\text{제15기 배당금보상비율} = \frac{₩2,165 - ₩1,239}{₩73} = 12.68$$

$$\text{제14기 배당금보상비율} = \frac{₩676 - ₩1,396}{₩73} = -9.863$$

이 회사의 이 비율은 제14기의 마이너스(−)에서 제15기 12.68배로 급상승하여 배당금 지급능력이 매우 양호한 상태임을 보여주다가 제16기 들어서 급감하여 영업활동에서 우선적으로 부채를 상환하고 남은 금액으로 겨우 배당금을 지급할 수 있는 상태를 나타내고 있어 배당금지급능력이 양호한 상태라고 보기는 어렵다 하겠다. 그러나 차입금 증가액이 있는 것을 고려하면 배당금지급능력에 문제가 있다고 말할 수도 없다.

(7) 잉여현금흐름비율

이 비율은 잉여현금흐름이 영업활동 현금흐름을 기준으로 얼마만큼 비중을 차지하는지를 측정하고 있다. 여기서 잉여현금흐름은 영업활동 현금흐름에서 자본적 지출액인 유형자산 순취득액을 차감해서 계산하였다. 잉여현금흐름의 비중이 높을수록 회사의 성장, 부채상환, 배당금 지급 및 재무적 탄력성 확보에 필요한 여유자금이 충분하게 되기 때문에 재무건전도가 매우 뛰어난 기업이라 할 수 있다. 잉여현금흐름비율의 계산 결과는 다음과 같다.

$$\text{잉여현금흐름비율} = \frac{\text{잉여현금흐름}}{\text{영업활동 현금흐름}}$$

$$\text{제16기 잉여현금흐름비율} = \frac{₩75}{₩693} = 0.108$$

$$\text{제15기 잉여현금흐름비율} = \frac{₩918}{₩2,165} = 0.424$$

$$\text{제14기 잉여현금흐름비율} = \frac{-₩256}{₩676} = -\ 0.379$$

LG전자는 제14기를 제외하고는 제15기와 제16기 모두에서 잉여현금흐름이 +로 나타나고 있어, 잉여현금흐름이 창출되고 있는 상태를 보여주고 있다. 그러나 그 수준이 낮은 편이어서 추가적인 자본적 지출, 부채 상환, 배당금 지급이나 이자지급 등을 감당하기는 부족한 편이라고 말할 수 있다.

(8) 외부자금 조달지수

외부자금 조달지수(external financing index)는 재무활동 현금유입액을 영업활동 현금흐름으로 나누어서 계산하며, 자금조달 수단으로서 외부자금 원천의 의존도를 측정한다. 외부자금 조달지수의 계산 결과는 다음과 같다.

$$\text{외부자금 조달지수} = \frac{\text{재무활동 현금흐름}}{\text{영업활동 현금흐름}}$$

$$\text{제16기 외부자금 조달지수} = \frac{₩824}{₩693} = 1.19$$

$$\text{제15기 외부자금 조달지수} = \frac{-₩85}{₩2,165} = -0.04$$

$$\text{제14기 외부자금 조달지수} = \frac{₩813}{₩676} = 1.20$$

계산 결과를 보면 제15기는 마이너스(-)를 보여서 외부자금 의존도를 낮추는 쪽으로 작용하였지만 제16기와 제14기에서는 1 이상의 비율 측정값을 보여주고 있어 외부자금 의존도가 높아진 것으로 판단된다. 이러한 점은 제16기의 차입금이 제15기에 비해 단기차입금은 107십억 원, 장기차입금은 704십억 원 증가하여 총 811십억 원 증가된 것을 재무상태표를 통해서 확인이 되고 있다.

4) 현금흐름충분성비율

지금까지는 개별적인 항목에 대한 영업활동 현금흐름의 충분성을 측정하는 비율을 살펴보았다. 그러나 여러 가지 항목을 한꺼번에 포함시켜서 이에 대한 영업활동 현금흐름의 충분성을 종합적으로 측정해보는 것도 의미가 있을 것이다.

현금흐름충분성비율을 계산해보면 다음과 같다. 기간은 3년을 사용하였다.

$$\text{현금흐름충분성비율} = \frac{\text{영업활동 현금흐름의 3년분}}{\text{자본적지출, 재고자산 증가, 현금배당금의 3년분}}$$

$$\text{제16기 현금흐름충분성비율} = \frac{₩3{,}534}{₩2{,}797+₩286+₩219} = 1.070$$

$$\text{제15기 현금흐름충분성비율} = \frac{₩3{,}504}{₩3{,}156+₩328+₩183} = 0.956$$

이 비율은 기업이 자본적 지출과 재고자산 투자 및 현금배당금을 지급하는데 필요한 자금을 영업활동 현금흐름으로 얼마나 충당하고 있는 가를 측정하고 있다. 이 비율이 1.0이라면 이는 기업이 외부자금에 의존할 필요 없이 일정한 성장수준을 달성하는 데 필요한 현금을 전액 영업활동에서 충당하고 있다는 뜻이다. 한편 이 비율이 1.0 이하로 나타난다면 이 기업은 기업내부에서 창출한 현금으로 배당과 현재의 영업성장수준을 유지시키지 못하고 있다는 뜻이 될 것이다.

이 회사의 현금흐름충분성비율은 제16기 1.07, 제15기 0.956으로 자본적 지출과 재고자산 투자 및 현금배당금을 지급하는데 필요한 자금을 영업활동 현금흐름으로 충당하고 있는 상태임을 알 수 있다.

한편 이와 유사한 비율인 다음 비율을 계산해보면 아래와 같다. 위의 비율과 마찬가지로 3년분 합계액을 사용하였다.

$$\text{현금흐름충분성비율} = \frac{\text{영업활동 현금흐름}}{\text{장기부채상환액} + \text{자본적지출액} + \text{배당금지급액}}$$

$$\text{제16기 현금흐름충분성비율} = \frac{₩3{,}534}{₩3{,}268 + ₩2{,}797 + ₩219} = 0.563$$

$$\text{제15기 현금흐름충분성비율} = \frac{₩3{,}504}{₩4{,}110 + ₩3{,}156 + ₩183} = 0.470$$

이 비율은 영업활동 현금흐름으로 장기부채의 상환과 자산의 구입 그리고 배당금지급을 어느 정도 충당하고 있는지를 나타내고 있다. 계산 결과 이 비율이 제16기 0.563, 제15기 0.47에 지나지 않아 이 회사는 영업활동 현금흐름으로 장기부채의 상환과 자산의 구입 그리고 배당금지급을 충분히 충당하고 있지 못함을 나타내고 있으나, 제15기에 비해 소폭 상승한 것이 긍정적인 모습이라 할 수 있다. 그런데 LG전자의 현금흐름표에는 차입금 상환에 대해 장·단기 구분이 되어 있지 않아서 장·단기 모두 포함된 금액으로 계산하였으므로 이 비율 값이 다소 과소 계산되었다는 점을 고려할 필요가 있다.

지금까지 LG전자에 대한 현금흐름을 개별적 및 종합적인 비율을 통해서 분석해 보았다. 그 결과 현금흐름이 개선된 상태를 보이고 있으나 양호한 수준에 도달하지는 못한 것으로 평가된다. 이는 영업활동을 통한 내부창출현금이 아직 충분하지 않기 때문인데, 이제 제16기에 들어서 당기순이익으로의 흑자전환이 앞으로 영업활동을 통한 현금창출능력의 개선을 가져올 것으로 기대를 할 수 있을 것이다.

C. 주식회사 모뉴엘

다음은 가전제품업종의 기업인 주식회사 모뉴엘의 재무제표이다. 주식회사 모뉴엘은 2004년에 설립된 IT기반의 종합가전회사로서 홈미디어, 로봇가전 및 네트워크장비 관련사업 등이 주력 사업인데, 2008년 700억대 매출에서 2013년(제10기)에 1조 원이 넘는 매출액을 기록할 정도로 급성장하면서 업계의 큰 주목을 받았던 유망한 회사였다. 그러나 2014년에 들어와서 심각한 자금난을 겪다가 결국 법정관리를 신청하고 도산으로 이어지게 되었다. 이 회사는 조사결과 회계분식을 통해 재무제표를 조작하고 가공수출을 이용해 금융기관의 대출을 받은 것이 드러나 금융기관과 주주에게 큰 피해를 안겨주게 되었다.

이 회사의 재무제표를 토대로 현금흐름비율분석을 통해 이 회사의 현금흐름을 평가해보고 현금흐름의 문제점과 분식징후를 발견해보자.

재무상태표

주식회사 모뉴엘 (단위 : 백만원)

과 목	제 10 기	제 9 기	제 8 기
자 산			
유동자산	247,692	168,004	118,260
당좌자산	101,907	83,313	67,052
재고자산	145,785	84,692	51,208
비유동자산	97,847	61,476	32,032
투자자산	48,180	34,858	14,512
유형자산	48,500	25,324	16,260
무형자산	489	689	859
기타비유동자산	677	605	401
자산총계	345,539	229,480	150,292
부 채			
유동부채	149,828	120,387	77,783
비유동부채	55,900	19,048	8,784
부채총계	205,728	139,435	86,567
자 본			
자본금	3,700	3,700	3,700
기타포괄손익누계액	(4,855)	(1,710)	2,058
이익잉여금	140,966	88,055	57,967
자본총계	139,811	90,045	63,725
부채와자본총계	345,539	229,480	150,292

손익계산서

주식회사 모뉴엘 (단위 : 백만원)

과 목	제 10 기	제 9 기	제 8 기
매출액	1,140,985	825,132	460,539
매출원가	975,0181	695,005	390,477
매출총이익	165,967	130,128	70,062
판매비와관리비	60,902	44,155	31,263
영업이익	105,065	85,972	38,799
영업외수익	10,413	4,652	4,561
영업외비용	31,952	23,680	15,837
(이자비용)	5,161	3,455	3,187
법인세차감전순이익	83,526	66,944	27,523
법인세비용	23,560	31,140	3,456
당기순이익	59,966	35,804	24,067

현 금 흐 름 표

주식회사 모뉴엘 (단위 : 백만원)

과 목	제 10 기		제 9 기	
영업활동으로 인한 현금흐름		1,540		14,309
당기순이익	59,966		35,804	
현금 유출 없는 비용 등 가산	36,765		22,359	
매출채권처분손실	13,279		10,599	
대손상각비	10,847		700	
감가상각비	1,014		1,225	
무형자산상각비	250		244	
재고자산평가손실	4,031		2,466	
재고자산감모손실	-		430	
현금 유입 없는 수익 등 차감	(2,281)		(1,050)	
영업활동 자산부채의 변동	(92,911)		(42,804)	
매출채권의 증가	(32,431)		(25,868)	
미수금의 증가	(2,355)		(355)	

과 목	제 10 기		제 9 기	
미수수익의 증가	(369)		(198)	
선급금의 감소(증가)	(586)		513	
선급비용의 감소(증가)	219		(270)	
재고자산의 증가	(65,124)		(33,565)	
매입채무의 증가(감소)	6,476		(8,4901)	
미지급금의 증가	1,195		4,356	
미지급비용의 증가	345		2	
예수금의 증가(감소)	(3)		5	
선수금의 증가(감소)	36		(220)	
당기법인세부채의 증가	(4,298)		11,898	
마일리지충당부채의 감소	-		(3)	
퇴직금의 지급	(496)		(156)	
퇴직연금운용자산의 증가	(491)		(318)	
이연법인세의 증가	6,380		6,598	
정부보조금의 증가(감소)	(1,408)		3,268	
투자활동 현금흐름		(47,763)		(37,678)
투자활동 현금유입액	9,135		10,574	
단기금융상품의 감소	3,106		4,280	
단기매매증권의 처분	198		-	
단기대여금의 감소	4,450		6,245	
장기금융상품의 감소	70		-	
장기대여금의 감소	65		39	
지분법적용투자주식의 처분	1,000		-	
유형자산의 처분	38		-	
보증금의 감소	208		10	
투자활동 현금유출액	(56,898)		(48,252)	
단기금융상품의 증가	1,898		4,709	
단기매매증권의 증가	305		112	
단기대여금의 증가	6,856		6,810	
장기금융상품의 증가	9		501	
장기대여금의 증가	130		770	
지분법적용투자주식의 취득	11,377		21,396	

과　　　목	제 10 기		제 9 기	
매도가능증권의 취득	11,850		5,000	
유형자산의 취득	24,143		8,667	
무형자산의 취득	50		74	
보증금의 증가	280		214	
재무활동 현금흐름		48,685		33,083
재무활동 현금유입액	243,556		145,861	
단기차입금의 차입	205,417		145,721	
장기차입금의 차입	38,139		140	
재무활동 현금유출액	(194,871)		(112,778)	
단기차입금의 상환	184,777		111,375	
유동성금융리스부채의 상환	130		136	
유동성장기부채의 상환	2,934		1,267	
중간배당금의 지급	7,030		-	
현금의 증가		2,461		9,713
기초의 현금		49,092		39,379
기말의 현금		51,554		49,092

현 금 흐 름 표

주식회사 모뉴엘 (단위 :백만 원)

과　　　목	제 8 기		제 7 기	
Ⅰ. 영업활동 현금흐름		12,869		(3,238)
1. 당기순이익	24,067		16,175	
2. 현금 유출 없는 비용 등 가산	13,305		5,154	
나. 매출채권처분손실	5,677		3,593	
다. 대손상각비	2,635		359	
라. 감가상각비	952		639	
마. 무형자산상각비	206		95	
차. 재고자산평가손실	478		-	
3. 현금 유입 없는 수익 등 차감	(65)		(27)	
4. 영업활동 관련 자산부채 변동	(24,438)		(24,541)	
가. 매출채권의 감소(증가)	(10,585)		(13,345)	
나. 미수금의 감소(증가)	2,664		(2,238)	

과 목	제 8 기		제 7 기	
다. 미수수익의 감소(증가)	(28)		(6)	
라. 선급금의 감소(증가)	(7,167)		(918)	
마. 선급비용의 감소(증가)	(17)		(103)	
바. 재고자산의 감소(증가)	(25,053)		(15,559)	
사. 매입채무의 증가(감소)	14,780		5,561	
아. 미지급금의 증가(감소)	185		2,364	
자. 미지급비용의 증가(감소)	78		(263)	
차. 예수금의 증가(감소)	(77)		126	
카. 선수금의 증가(감소)	(783)		(166)	
타. 미지급법인세의 증가(감소)	1,758		210	
Ⅱ. 투자활동 현금흐름		(22,134)		(9,305)
1. 투자활동 현금유입액	27		289	
가. 단기금융상품의 감소	-		266	
나. 차량운반구의 처분	2		23	
2. 투자활동 현금유출액	(22,162)		(9,594)	
가. 단기금융상품의 증가	1,610		-	
나. 단기대여금의 증가	639		464	
다. 장기금융상품의 증가	439		251	
라. 장기대여금의 증가	460		142	
마. 지분법적용투자주식의 취득	11,704		560	
바. 토지의 취득	748		1,932	
사. 건물의 취득	4,472		3,565	
아. 시설장치의 취득	296		1,394	
자. 차량운반구의 취득	-		53	
차. 공구와기구의 취득	557		486	
카. 비품의 취득	76		85	
타. 산업재산권의 취득	-		330	
파. 소프트웨어의 취득	219		298	
하. 보증금의 증가	301		34	
거. 단기매매증권의 증가	10		-	
너. 파생상품의 증가	630		-	

과 목		제 8 기		제 7 기
Ⅲ. 재무활동 현금흐름		36,811		11,692
1. 재무활동 현금유입액	103,106		57,462	
가. 단기차입금의 차입	100,819		52,162	
나. 장기차입금의 차입	2,287		5,300	
2. 재무활동 현금유출액	(66,295)		(45,770)	
가. 단기차입금의 상환	65,600		45,733	
나. 유동성금융리스부채의 상환	95		37	
다. 유동성장기부채의 상환	600		-	
Ⅳ. 현금의 증가(감소)(Ⅰ+Ⅱ+Ⅲ)		27,545		(852)
Ⅴ. 기초의 현금		11,834		12,686
Ⅵ. 기말의 현금		39,379		11,834

1) 현금흐름수익성

(1) 주당현금흐름비율

주당현금흐름비율을 계산하면 다음과 같다. 단 단위는 백만원과 백만단위를 생략한 것이다.

$$\text{주당현금흐름} = \frac{\text{영업활동 현금흐름}}{\text{보통주의 가중평균유통주식수}}$$

$$\text{제10기 주당현금흐름} = \frac{₩1,540}{7.4\text{주}} = ₩208.1$$

$$\text{제09기 주당현금흐름} = \frac{₩14,309}{7.4\text{주}} = ₩1,933.6$$

$$\text{제08기 주당현금흐름} = \frac{₩12,869}{7.4\text{주}} = ₩1,739.1$$

모뉴엘의 주당현금흐름은 제9기에 와서 제8기에 비해 약간의 증가가 이루어졌지만 제10기에는 대폭 감소를 기록하여 영업활동을 통한 현금창출력이 급감하였을 보여주고 있다.

(2) 현금흐름이익률

현금흐름이익률은 매출액을 통해서 얼마나 영업활동 현금흐름을 효율적으로 창출시켰는지를 측정하는 비율인데, 모뉴엘의 현금흐름이익률을 계산하면 다음과 같다. 이하 단위는 백만원 단위를 생략해서 계산하였다.

$$\text{현금흐름이익률} = \frac{\text{영업활동 현금흐름}}{\text{순매출액}}$$

$$\text{제10기 현금흐름이익률} = \frac{₩1,540}{₩1,140,985} = 0.001$$

$$\text{제09기 현금흐름이익률} = \frac{₩14,309}{₩825,132} = 0.017$$

$$\text{제08기 현금흐름이익률} = \frac{₩12,869}{₩460,539} = 0.028$$

산업평균

제10기 0.148 제09기 0.126 제08기 0.109

모뉴엘의 현금흐름이익률과 그 추세를 보면 제8기 0.028(2.8%), 제9기 0.017(1.7%) 그리고 제10기 0.001(0.1%)로 그 값이 매우 저조하여 매출액을 통한 현금창출력이 매우 낮다는 것을 보여주고 있으며, 추세 또한 계속적으로 급감하고 있어 매출을 통한 현금수익성에 심각한 문제가 있음을 알 수 있다.

모뉴엘의 3개 연도 현금흐름이익률은 모두 산업평균을 훨씬 하회하고 있어 매출액을 통한 영업현금 창출능력이 매우 낮은 상태라는 것을 확인할 수 있다.

한편 현금흐름의 건전성을 판단하기 위해 매출액순이익률과 비교해보았는데 그 결과를 보면 매출액순이익률이 현금흐름이익률보다 두 배 이상 높게 나타나고 있음을 알 수 있다. 보통 현금흐름이익률이 매출액순이익률보다 높게 나타나는 것이 정상인데, 모뉴엘은 3년 동안 계속해서 반대로 나타나고 있어 매출액의 현금수익성에 문제가 심각하다는 것을 뒷받침해주고 있다.

$$매출액순이익률 = \frac{당기순이익}{순매출액}$$

$$제10기\ 매출액순이익률 = \frac{₩59,966}{₩1,140,985} = 0.053$$

$$제09기\ 매출액순이익률 = \frac{₩35,804}{₩825,132} = 0.043$$

$$제08기\ 매출액순이익률 = \frac{₩24,067}{₩460,539} = 0.052$$

(3) 총자산현금이익률

총자산현금이익률은 기업이 보유하고 있는 자산을 이용해서 얼마나 영업활동 현금흐름을 효율적으로 창출시켰는지를 측정하는 비율이다.

$$총자산현금이익률 = \frac{영업활동\ 현금흐름}{평균총자산}$$

$$제10기\ 총자산현금이익률 = \frac{₩1,540}{₩287,510} = 0.005$$

$$제09기\ 총자산현금이익률 = \frac{₩14,309}{₩189,886} = 0.075$$

$$제08기\ 총자산현금이익률 = \frac{₩12,869}{₩110,138} = 0.117$$

산업평균

제10기 0.154　제09기 0.138　제08기 0.114

모뉴엘의 총자산현금이익률과 그 추세를 보면 제8기 0.117(11.7%), 제9기 0.075(7.5%) 그리고 제10기 0.005(0.5%)로 그 값이 매우 낮고 계속적으로 급감하는 추세를 보여주고 있으며, 제10기의 경우는 현금흐름창출력이 바닥에 이르렀다는 것을 알 수 있다.

모뉴엘의 3개 연도 총자산현금이익률을 산업평균과 비교하면 제8기를 제외하고는 두 기간 모두 산업평균을 훨씬 하회하고 있어 총자산을 통한 영업현금창출능력이 매우 낮은 상태라는 것을 확인할 수 있다.

한편 현금흐름의 건전성을 판단하기 위해 총자산이익률(투자수익률)과 비교해보았는데 그 결과를 보면 총자산이익률이 총자산현금이익률보다 두 배 이상 높게 나타나고 있음을 알 수 있다. 보통 총자산현금이익률도 총자산이익률보다 높게 나타나는 것을 정상으로 보는데, 모뉴엘은 3년 동안 계속해서 반대로 나타나고 있어 순이익의 질과 현금수익성에 문제가 심각하다는 것을 다시 한 번 뒷받침해주고 있다.

$$총자산이익률 = \frac{당기순이익}{평균총자산}$$

$$제10기\ 총자산이익률 = \frac{₩59,966}{₩287,510} = 0.209$$

$$제09기\ 총자산이익률 = \frac{₩35,804}{₩189,886} = 0.189$$

$$제08기\ 총자산이익률 = \frac{₩24,067}{₩110,138} = 0.219$$

2) 이익의 질

발생주의에 입각해서 측정한 당기순이익의 질이 양호한지 여부를 판단하기 위해 발생주의 순이익을 현금주의 순이익인 영업활동 현금흐름과 비교를 하게 된다. 이익 질비율의 계산 결과는 다음과 같다.

$$\text{이익 질비율} = \frac{\text{영업활동 현금흐름}}{\text{당기순이익}}$$

$$\text{제10기 이익 질비율} = \frac{₩1{,}540}{₩59.966} = 0.026$$

$$\text{제09기 이익 질비율} = \frac{₩14{,}309}{₩35{,}804} = 0.40$$

$$\text{제08기 이익 질비율} = \frac{₩12{,}869}{₩24{,}067} = 0.535$$

산업평균

제10기 2.23 제09기 1.79 제08기 2.51

모뉴엘의 이익 질비율은 제8기 0.535(53.5%), 제9기 0.40(40.0%) 그리고 제10기 0.026(2.6%)로 그 값이 매우 낮고 계속적으로 급감하는 추세를 보여주고 있어서 당기순이익의 질이 매우 나쁘다는 것을 명백하게 표시하고 있다. 이익 질비율은 기업이 성장단계나 성숙단계에 접어들면 1 이상의 값을 보여주는 것이 정상적인 모습인데, 모뉴엘은 1보다 현저히 낮은 값을 보여주고 있어 발생주의로 측정한 손익계산서 상의 순이익의 질은 매우 불량하다고 평가할 수 있다.

한편 모뉴엘의 3개연도 이익 질비율은 모두 산업평균을 훨씬 하회하고 있어 발생주의 순이익의 현금전환능력이 매우 낮은 상태라는 것을 확인할 수 있다. 여기서 사용한 이익 질비율의 산식은 한국은행에서 사용하는 산식과 반대이기 때문에 산업평균은 한국은행 기업경영분석에서 제시된 현금흐름표 자료를 토대로 다시 계산한 것임을 밝힌다.

모뉴엘의 순이익 질비율이 현저하게 낮게 측정되고 있고 지속적으로 감소추세를 보이는 것은 순이익의 조작 가능성과도 연관시켜 해석할 수 있다.

3) 현금흐름안전성(장·단기지급능력)

(1) 현금흐름유동부채보상비율

현금흐름유동부채보상비율은 영업활동에서 번 돈으로 유동부채를 얼마나 상환할 수 잇는가를 측정하는 비율인데 이비율의 계산 결과는 다음과 같다.

$$\text{현금흐름유동부채보상비율} = \frac{\text{영업활동 현금흐름}}{\text{평균유동부채}}$$

$$\text{제10기 유동부채보상비율} = \frac{₩1{,}540}{₩135{,}108} = 0.0114$$

$$\text{제09기 유동부채보상비율} = \frac{₩14{,}309}{₩99{,}085} = 0.1444$$

$$\text{제08기 유동부채보상비율} = \frac{₩12{,}869}{₩51{,}487} = 0.250$$

모뉴엘의 현금흐름유동부채보상비율은 제8기 0.250(25.0%), 제9기 0.1444(14.44%) 그리고 제10기 0.0114(1.14%)로 그 값이 매우 낮고 계속적으로 급감하고 있어 단기부채상환능력이 매우 저조함을 보여주고 있다. 제10기의 경우 평균유동부채의 1.14%만을 영업활동에서 창출한 현금흐름으로 상환할 수 있는 수준에 지나지 않고 있어 단기부채상환능력이 실질적으로 상실된 상태임을 알 수 있다.

전통적으로 사용되고 있는 유동성 측정비율인 유동비율을 계산해보았다. 그 결과 제8기 1.52(152%), 제9기 1.396(139.6%) 그리고 제10기 1.653(165.3%)로 현금흐름유동부채보상비율과는 달리 그 값이 대체로 양호함을 보여주고 있어 해석상의 주의가 필요하게 된다. 모뉴엘의 현금흐름표 상의 영업활동 현금흐름 조정부분을 보면 매출채권과 재고자산이 3기간 모두 큰 폭으로 증가된 것을 표시하고 있는데, 바로 이 매출채권의 증가와 재고자산의 증가가 유동자산을 증가시켜서 유동비율을 양호한 값으로 측정시킨 주원인일 것으로 보여진다. 분식을 통한 가공의 매출채권과 재고자산의 과대계상으로 인한 유동비율의 측정 값은 조작된 수치에 지나지 않기 때문에 절대로 신뢰해서는 안 된다.

$$\text{유동비율} = \frac{\text{유동자산}}{\text{유동부채}}$$

$$\text{제10기 유동비율} = \frac{₩247,692}{₩149,828} = 1.653$$

$$\text{제09기 유동비율} = \frac{₩168,004}{₩120,387} = 1.396$$

$$\text{제08기 유동비율} = \frac{₩118,260}{₩77,783} = 1.520$$

유동비율의 재고자산을 통한 조작가능성은 당좌비율을 계산해보면 확인할 수 있다.

$$\text{당좌비율} = \frac{\text{당좌자산}}{\text{유동부채}}$$

$$\text{제10기 당좌비율} = \frac{₩101,907}{₩149,828} = 0.68$$

$$\text{제09기 당좌비율} = \frac{₩83,313}{₩120,387} = 0.692$$

$$\text{제08기 당좌비율} = \frac{₩67,052}{₩77,783} = 0.862$$

전통적으로 사용되고 있는 유동성의 엄격한 측정비율인 당좌비율을 계산해 본 결과 제8기 0.862(86.2%), 제9기 0.692(69.2%) 그리고 제10기 0.68 (68.0%)로 유동비율과 격차가 많은 것을 보여주고 있다. 이는 주로 유동자산과 당좌자산의 차이인 재고자산 때문에 발생한 것으로 재고자산에 대한 가공계상의 가능성을 뒷받침하는 신호로 추정할 수 있다. 한편 당좌자산에 포함된 매출채권 중에 가공계상분이 있다면 당좌비율도 과대측정된 것일 가능성도 높다.

모뉴엘의 사례로부터 회계분식에 취약한 전통적 유동성 측정비율인 유동비율과 당좌비율을 전적으로 신뢰해서는 안 되고 반드시 현금흐름비율로 보완해야 된다는 사실을 명심할 필요가 있다.

현금흐름유동부채보상비율의 대체비율로 현금흐름부채보상비율이 사용되기도 하는데, 이는 영업활동에서 번 돈으로 부채상환액을 얼마나 충당했는지를 측정하는 비율이다. 계산 결과는 다음과 같다.

$$\text{현금흐름부채보상비율} = \frac{\text{영업활동 현금흐름}}{\text{부채상환액}}$$

$$\text{제10기 현금흐름부채보상비율} = \frac{₩1,540}{₩187,711} = 0.008$$

$$\text{제09기 현금흐름부채보상비율} = \frac{₩14,309}{₩112,640} = 0.127$$

$$\text{제08기 현금흐름부채보상비율} = \frac{₩12,869}{₩66,200} = 0.194$$

계산 결과를 보면 제8기 0.194(19.4%), 제9기 0.127(12.7%) 그리고 제10기 0.008(0.8%)로 영업활동 현금흐름으로 부채를 상환하는 능력이 매우 취약한 상태임을 알 수 있다. 이에 따라 부채상환자금을 외부자금에 계속 의존해서 조달할 수밖에 없었으며 이는 심각한 자금난을 가중시켰을 것으로 판단된다.

(2) 현금흐름이자보상비율

현금흐름이자보상비율은 이자와 법인세 지급액을 차감하기 전의 영업활동 현금흐름으로 이자지급액을 얼마나 감당했는지를 계산하는 비율이다. 이 비율의 계산 결과는 다음과 같다. 이 비율의 계산시 실제 이자지급액과 법인세 지급액을 사용해야 정확한 비율이 계산되는데, 모뉴엘의 현금흐름표에 이런 정보가 제시되지 않아서 손익계산서 상의 발생비용인 이자비용과 법인세비용을 사용하였다.

$$\text{현금흐름이자보상비율} = \frac{\text{영업활동 현금흐름} + \text{이자 및 법인세지급액}}{\text{이자지급액}}$$

$$\text{제10기 이자보상비율} = \frac{₩1,017 + ₩5,161 + ₩23,560}{₩5,161} = 5.863$$

$$\text{제09기 이자보상비율} = \frac{₩14,309 + ₩3,455 + ₩31,140}{₩3,455} = 14.155$$

$$\text{제08기 이자보상비율} = \frac{₩12,869 + ₩3,187 + ₩3,456}{₩3,187} = 6.122$$

계산 결과를 보면 제8기 6.122, 제9기 14.155 그리고 제10기 5.863로 이자와 법인세 차감전 영업활동 현금흐름으로 이자를 상환하는 능력이 있으며, 제9기는 제8기에 비해 큰 폭으로 개선된 모습을 보였으나, 제10기에 가서는 급감하여 영업현금 창출능력에 경고신호가 켜졌음을 알 수 있다.

현금흐름이자보상비율을 한국은행에서 사용하는 산식에 따라 계산한 결과는 다음과 같다. 한국은행에서 사용하는 산식의 분자에는 이자와 법인세 지급액을 차감하기 전의 영업활동 현금흐름 대신에 이자비용 차감전 영업활동 현금흐름으로 되어 있다.

$$현금흐름이자보상비율 = \frac{영업활동\ 현금흐름 + 이자비용}{이자비용}$$

$$제10기\ 이자보상비율 = \frac{₩1,017 + ₩5,161}{₩5,161} = 1.197$$

$$제09기\ 이자보상비율 = \frac{₩14,309 + ₩3,455}{₩3,455} = 5.142$$

$$제08기\ 이자보상비율 = \frac{₩12,869 + ₩3,187}{₩3,187} = 5.038$$

산업평균

제10기 25.860 제09기 19.211 제08기 15.420

계산 결과를 보면 제8기 5.038, 제9기 5.142 그리고 제10기 1.197로 제8기와 제9기에 5배 수준을 유지하다가 제10기에 가서는 1배 수준으로 급감하고 있어 이자비용 차감전 영업활동 현금흐름으로 이자를 상환하는 능력이 현저하게 저하되었음을 보여주고 있다.

한편 모뉴엘의 3개 연도 현금흐름이자보상비율은 모두 산업평균을 훨씬 하회하고 있어 영업현금 창출능력과 영업활동 현금흐름으로 이자를 상환하는 능력이 매우 낮으며 계속기업으로의 존속가능성에 경고신호가 켜졌음을 확인할 수 있다.

(3) 현금흐름보상비율(부채상환계수)

현금흐름보상비율(부채상환계수)은 금융비용 차감전 영업활동 현금흐름으로 금융비용과 단기차입금을 얼마나 감당하는지를 측정하는 비율로 한국은행에서 제공하는 비율이며, 현금흐름이자보상비율보다 더 엄격한 단기부채상환능력 측정비율이라고 말할 수 있다.

계산 결과를 보면 제8기 0.463(46.3%), 제9기 0.251(25.1%) 그리고 제10기 0.065(6.5%)로 영업활동 현금흐름으로 부채를 상환하는 능력이 매우 취약한 상태임을 알 수 있다. 이에 따라 부채상환자금을 외부자금에 계속 의존해서 조달할 수밖에 없게 되어 부채의존도를 높이게 되고 이런 악순환은 심각한 자금난을 야기시켜 부도가능성을 높이게 된다.

모뉴엘의 현저한 단기부채상환능력 저하상태는 산업평균과의 비교에서도 드러나고 있다. 3개 연도 모두에서 산업평균에 훨씬 밑도는 결과를 보이고 있기 때문에 모뉴엘의 단기부채상환능력은 심각한 상태에 처한 것으로 판단할 수 있다.

$$\text{현금흐름보상비율} = \frac{\text{영업활동 현금흐름} + \text{금융비용}}{\text{금융비용} + \text{단기차입금}}$$

$$\text{제10기 현금흐름보상비율} = \frac{₩1,540 + ₩5,161}{₩5,161 + ₩97,918} = 0.065$$

$$\text{제09기 현금흐름보상비율} = \frac{₩14,309 + ₩3,455}{₩3,455 + ₩67,274} = 0.251$$

$$\text{제08기 현금흐름보상비율} = \frac{₩12,869 + ₩3,187}{₩3,187 + ₩31,499} = 0.463$$

산업평균

제10기 2.099 제09기 1.639 제08기 1.301

(4) 현금흐름총부채보상비율

현금흐름총부채보상비율은 영업활동 현금흐름으로 총부채를 얼마나 감당하는지를 측정하는 비율로 한국은행에서 제공하는 비율이며, 총부채상환능력 측정비율 또는 장기지급능력 측정비율이라고 말할 수 있다. 현금흐름총부채보상비율의 계산결과는 다음과 같다.

$$현금흐름총부채보상비율 = \frac{영업활동\ 현금흐름}{평균총부채}$$

$$제10기\ 총부채보상비율 = \frac{₩1,540}{₩172,582} = 0.009$$

$$제09기\ 총부채보상비율 = \frac{₩14,309}{₩116,193} = 0.123$$

$$제08기\ 총부채보상비율 = \frac{₩12,869}{₩59,453} = 0.216$$

산업평균

제10기 0.443 제09기 0.406 제08기 0.289

계산 결과를 보면 제8기 0.216(21.6%), 제9기 0.123(12.3%) 그리고 제10기 0.009(0.9%)로 영업활동 현금흐름으로 총부채를 상환하는 장기지급능력이 매우 취약한 상태로 계속 악화되고 있는 모습을 보여주고 있다. 이에 따라 영업활동 현금흐름으로 부채상환자금을 마련할 수 없기 때문에 어쩔 수 없이 외부자금에 계속 의존해서 조달할 수밖에 없으며, 이는 부채의존도를 높이게 되고 이런 악순환은 심각한 자금난을 야기시켜 부도위험을 높이게 된다.

모뉴엘의 현저한 장기부채상환능력 저하상태는 산업평균과의 비교에서도 드러나고 있다. 3개 연도 모두에서 산업평균에 훨씬 밑도는 결과를 보이고 있으며, 산업평균이 증가하는 추세를 보이는 것과는 정반대의 추세를 보이고 있는 것은 모뉴엘의 장기부채상환능력이 심각한 상태로 치닫고 있는 것으로 판단할 수 있다.

한편 모뉴엘의 현금흐름총부채보상비율은 현금흐름유동부채보상비율과 큰 차이를 보여주지 않고 있는데, 이는 이 기업이 장기부채보다는 단기부채에 의

존을 많이 한다는 것으로 단기부채의 조달에 문제가 생길 경우 곧바로 부도위기에 봉착할 가능성이 높다는 것을 보여주는 것이라 할 수 있다.

(5) 자본적 지출액 보상비율

자본적 지출액 보상비율은 영업활동에서 벌어들인 현금흐름으로 자본적 지출을 얼마나 충당하는지를 측정하는 비율이며, 자본적 지출액은 유형자산의 취득액에서 처분액을 차감한 금액을 사용하였다.

$$\text{자본적 지출액보상비율} = \frac{\text{영업활동 현금흐름}}{\text{연간 자본적 지출액}}$$

$$\text{제10기 자본적 지출액 보상비율} = \frac{₩1,540}{₩24,105} = 0.064$$

$$\text{제09기 자본적 지출액 보상비율} = \frac{₩14,309}{₩8,667} = 1.651$$

$$\text{제08기 자본적 지출액 보상비율} = \frac{₩12,869}{₩6,122} = 2.102$$

산업평균

제10기 2.023 제09기 1.358 제08기 1.921

계산 결과를 보면 제8기 2.102(210.2%), 제9기 1.651(165.1%) 그리고 제10기 0.064(6.4%)로 영업활동 현금흐름으로 자본적 지출을 감당하는 능력이 제8기와 제9기는 양호하였지만 제10기에 가서 감당능력이 거의 상실된 상태임을 알 수 있다. 제10기에 들어서 자본적 지출의 규모는 큰 폭으로 증가하였지만 영업활동에서 현금을 창출하는 능력이 매우 취약해져 있었기 때문에 자본적 지출에 필요한 자금은 결국 부채에 의존하는 상황을 만들게 되었으며, 이는 기업에 자금난을 심화시키는 쪽으로 작용하여 부도위기가 가중되었다는 것을 짐작할 수 있다.

모뉴엘의 현저한 자본적 지출 감당능력 악화상태는 산업평균과의 비교에서도 확인된다.

(6) 배당금보상비율

배당금보상비율은 영업활동에서 벌어들인 현금흐름으로 배당금을 얼마나 충당하는지를 측정하는 비율이며, 계산 결과는 다음과 같다.

$$\text{배당금보상비율} = \frac{\text{영업활동 현금흐름}}{\text{배당금지급액}}$$

$$\text{제10기 배당금보상비율} = \frac{₩1,540}{₩7,030} = 0.219$$

$$\text{제09기 배당금보상비율} = \frac{₩14,309}{₩0} = \text{계산불능}$$

$$\text{제08기 배당금보상비율} = \frac{₩12,869}{₩0} = \text{계산불능}$$

산업평균

제10기 29.7　제09기 28.2　제08기 10.5

계산 결과를 보면 제8기와 제9기에서는 배당을 하지 않았으며, 제10기에 가서 배당을 실시하였는데 0.219(21.9%)로 영업활동 현금흐름 범위를 초과해서 배당이 이루어진 것을 알 수 있다. 이는 배당금 재원의 대부분을 외부자금 즉, 부채를 조달해서 실시했다는 의미로 회사에 자금난을 가져오는 바람직하지 못한 조치라 할 수 있다. 배당금 지급능력이 양호하지 못한데도 부채로 배당을 실시하는 행태는 대개 이익조작을 하고 자금을 빼가는 도산하기 직전의 부실기업에서 찾아볼 수 있는 전형적인 모습이다.

모뉴엘의 배당금 지급능력의 부실상태는 산업평균과의 비교에서도 확인된다.

(7) 잉여현금흐름비율

잉여현금흐름비율은 잉여현금흐름이 영업활동 현금흐름을 기준으로 얼마만큼 비중을 차지하는지를 측정하는 비율인데, 여기서 잉여현금흐름은 영업활동 현금흐름에서 유형자산 순취득액을 차감해서 계산하였다. 잉여현금흐름의 비중이 높을수록 회사의 성장, 부채상환, 배당금 지급 및 재무적 탄력성 확보에 필요한 여유자금이 충분하게 되기 때문에 재무건전도가 매우 뛰어난 기업이라 할 수 있다. 계산 결과는 다음과 같다.

$$\text{잉여현금흐름비율} = \frac{\text{잉여현금흐름}}{\text{영업활동 현금흐름}}$$

$$\text{제10기 잉여현금흐름} = \frac{₩1,540 - ₩24,105}{₩1,540} = -14.65$$

$$\text{제09기 잉여현금흐름} = \frac{₩14,309 - ₩8,667}{₩14,309} = 0.394$$

$$\text{제08기 잉여현금흐름} = \frac{₩12,869 - ₩6,122}{₩12,869} = 0.524$$

산업평균

제10기 0.506　제09기 0.264　제08기 0.021

계산 결과를 보면 제8기 0.524(52.4%), 제9기 0.394(39.4%) 그리고 제10기 -14.65(-1,465%)로 잉여현금흐름이 차지하는 비중이 저하되다가 급기야는 제10기에 들어 큰 폭의 마이너스(-)를 기록하여 잉여현금흐름이 없는 상태로 되었다. 생산설비를 갖추지 않고 전체 제품을 외주생산하고 있는 모뉴엘의 생산특성을 고려하면 잉여현금흐름수준이 높은 것이 정상인데 그렇지 못한 것은 재무건전도가 매우 취약한 상태에 처해 있다는 것을 보여주고 있다. 이는 영업활동에서 창출된 현금흐름 수준이 대폭 하락한 상태에서도 자본적 지출 수준이 높았던데 그 원인이 있다고 볼 수 있다. 잉여현금흐름의 대폭적인 마이너스

(-)는 역시 외부자금 의존도가 큰 폭으로 증가되어 부도위기를 높이는 원인이 된다.

한편 잉여현금흐름의 산업평균을 한국은행 기업경영분석에서 제시한 현금흐름표 자료를 통해 계산해본 결과와 비교해보면 특이하게도 제8기와 제9기에서는 산업평균을 상회하고 있는데 이는 생산설비를 갖추지 않고 전체 제품을 외주생산하고 있는 모뉴엘의 상황으로 인해 자본적 지출의 수준이 산업평균보다 낮을 수밖에 없는 모뉴엘의 제품생선 특성에서 그 원인을 찾을 수 있을 것으로 판단된다. 그러나 제10기에 들어서서는 자본적 지출의 수준이 높아지면서 산업평균보다 현저하게 하락한 상태를 보여주고 있다.

(8) 현금흐름창출력비율

현금흐름창출력비율(cash generating power ratio)은 영업활동을 통한 현금흐름창출능력을 측정하는 비율로 영업활동 현금흐름, 투자활동과 재무활동에서 유입된 현금의 총합계액과 비교해서 영업활동에서 창출한 현금흐름이 차지하는 비중을 측정하게 되며, 계산 결과는 다음과 같다.

$$\text{현금흐름창출력비율} = \frac{\text{영업활동 현금흐름}}{\text{영업활동현금흐름} + \text{투자와 재무활동현금유입액}}$$

$$\text{제10기 현금흐름창출력비율} = \frac{₩1{,}540}{₩1{,}540 + ₩9{,}135 + ₩243{,}556} = 0.006$$

$$\text{제09기 현금흐름창출력비율} = \frac{₩14{,}309}{₩14{,}309 + ₩10{,}574 + ₩145{,}861} = 0.08$$

$$\text{제08기 현금흐름충분성비율} = \frac{₩12{,}869}{₩12{,}869 + ₩27 + ₩103{,}106} = 0.111$$

산업평균

제10기 0.526 제09기 0.428 제08기 0.376

계산 결과를 보면 제8기 0.111(11.1%), 제9기 0.08(8.0%) 그리고 제10기 0.006(0.6%)로 영업활동현금흐름이 차지하는 비중이 저하되다가 급기야는 제10기에 들어 큰 폭의 감소를 기록하여 영업활동현금흐름의 비중이 대단히 낮고 외부자금 의존도가 높기 때문에 재무건전도가 매우 취약한 상태임을 보여주고 있다.

이 비율이 기간에 걸쳐서 현저한 감소 추세를 보이면 영업활동에서 현금흐름을 창출하는 능력의 이상이 생겼다는 경고신호이기 때문에 심층 분석이 필요하다.

현금흐름창출력의 산업평균을 한국은행 기업경영분석에서 제시한 현금흐름표 자료를 통해 계산해본 결과와 비교해보면 3기간 모두 산업평균을 크게 하회하고 있어서 영업활동 현금흐름의 수준이 낮고 외부자금 의존도가 높은 상태임임을 확인할 수 있다.

한편 이 비율과 관련된 비율로 외부자금 조달지수(external financing index)가 있다. 이 비율은 재무활동 현금유입액을 영업활동 현금흐름으로 나누어서 계산하며, 자금조달 수단으로서 외부자금 원천의 의존도를 측정한다. 외부자금 조달지수의 계산 결과는 다음과 같다.

$$\text{외부자금 조달지수} = \frac{\text{재무활동 현금흐름}}{\text{영업활동 현금흐름}}$$

$$\text{제10기 외부자금 조달지수} = \frac{₩243,556}{₩1,540} = 158.15$$

$$\text{제09기 외부자금 조달지수} = \frac{₩145,861}{₩14,309} = 10.194$$

$$\text{제08기 외부자금 조달지수} = \frac{₩103,106}{₩12,869} = 8.012$$

산업평균

제10기 - 0.055 제09기 0.058 제08기 0.199

모뉴엘의 계산 결과를 보면 제8기 8.012(801.2%), 제9기 10.194(1,019.4%) 그리고 제10기 158.15(15,815%)로 영업활동현금흐름에 비해 재무활동 현금흐름이 차지하는 비중이 엄청나게 높은 것을 극명하게 보여주고 있다. 이 비율이 높게 나타날수록 영업활동 현금흐름 창출능력 즉, 내부자금 창출능력이 낮고 외부자금 의존도가 높다는 것을 의미하는데, 모뉴엘은 이 비율이 지나치게 높아서 정상적인 기업에서는 찾아볼 수 없을 정도로 부채에 의존해서 기업이 운영되는 재무위험이 대단히 높은 부실기업인 것을 명백히 알 수 있다.

외부자금조달지수의 산업평균을 한국은행 기업경영분석에서 제시한 현금흐름표 자료를 통해 계산해본 결과와 비교해보면 3기간 모두 산업평균을 크게 상회하고 있어서 영업활동 현금흐름의 수준이 낮고 외부자금 의존도가 매우 높은 상태임임을 확인할 수 있다.

4) 현금흐름충분성비율

지금까지는 개별적인 항목에 대한 영업활동 현금흐름의 충분성을 측정하는 비율을 살펴보았다. 그러나 여러 가지 항목을 한꺼번에 포함시켜서 이에 대한 영업활동 현금흐름의 충분성을 종합적으로 측정해보는 것도 의미가 있다.

현금흐름충분성비율은 기업이 자본적 지출과 재고자산 투자 및 현금배당금을 지급하는데 필요한 자금을 영업활동 현금흐름으로 얼마나 충당하고 있는가를 측정하고 있는데, 이 비율을 계산해보면 다음과 같다. 기간은 3년을 사용하였다.

$$\text{현금흐름충분성비율} = \frac{\text{영업활동 현금흐름의 3년분 합계}}{\text{자본적지출, 재고자산 증가, 현금배당금의 3년분 합계}}$$

$$\text{현금흐름충분성비율} = \frac{₩28,718}{₩38,784 + ₩123,742 + ₩7,030} = 0.169$$

이 비율이 0.169(16.9%)로 자본적 지출과 재고자산 투자 및 현금배당금을 지급하는데 필요한 자금을 영업활동 현금흐름으로 16.9%만큼만 충당하고 있다는 것이다. 따라서 필수지출항목의 나머지 83.1%에 해당되는 부분은 외부자금을 조달해서 충당해오고 있다는 것으로 부채의존도가 지나치게 높은 상태일 것을 쉽게 짐작하고도 남는다. 특히 자본적 지출보다 5배나 넘는 재고자산의 증가는 이해하기 힘든 것으로 가공계상을 통한 회계분식의 가능성에 대한 신호로 받아들여도 문제가 없을 것이다.

한편 이와 유사한 비율로 영업활동 현금흐름에 의해 장기부채의 상환과 자산의 구입(자본적 지출) 그리고 배당금지급을 어느 정도 충당하고 있는지를 나타내는 비율이 있다. 이 비율을 계산해보면 아래와 같다. 위의 비율과 마찬가지로 3년분 합계액을 사용하였다.

$$\text{현금흐름충분성비율} = \frac{\text{영업활동 현금흐름}}{\text{장기부채상환액} + \text{자본적 지출액} + \text{배당금지급액}}$$

$$\text{현금흐름충분성비율} = \frac{₩28,718}{₩4,296 + ₩38,784 + ₩7,030} = 0.573$$

이 비율 역시 0.573(57.3%)에 지나지 않아 이 회사는 영업활동 현금흐름으로 장기부채의 상환과 자산의 구입 그리고 배당금지급을 충분히 충당하고 있지 못하고 부족분을 외부자금에 의존하고 있음을 나타내고 있다.

지금까지 모뉴엘에 대한 현금흐름을 개별적 및 종합적인 비율을 통해서 분석해 보았다. 그 결과 정상적인 현금흐름을 나타내는 비율은 하나도 없었고, 모든 현금비율에서 현금수익성, 장·단기지급능력에 문제가 심각한 부실상태에 있으며, 여기에 한 발 더 나아가 분식가능성이 농후하다는 경고신호까지도 보여주고 있음을 발견하였다.

모뉴엘의 사례를 통해서 현금흐름비율의 분석이 얼마나 중요한지를 명백하게 알게 되었을 것이다. 따라서 전통적인 재무비율만에 의존해서 재무분석하는 것은 반드시 지양하여야 되고 현금흐름비율을 추가해서 분석하는 것이 기업의 실상을 올바르게 파악할 수 있는 길이란 사실을 재차 강조하는 바이다.

모뉴엘 사기극 기사모음

'모뉴엘 사기극' 재무제표만 잘 봤어도…
수조 원 꿔주면서 곳간 한번 안봤나

'모뉴엘 사기극'의 피해가 일파만파다. 모뉴엘에 돈을 빌려준 금융기관들의 피해는 물론, 코스닥 상장 계열사인 잘만테크 주주들의 피해까지 현실화되는 모습이다. 급작스러워 보이는 모뉴엘의 사기극은 그러나 회계 상식이 있는 상태에서 재무제표를 잘 들여다봤다면 이상 징후는 일찌감치 감지할 수 있었다. 최수현 금융감독원장도 공개적으로 이를 인정했다. 결국 일반 투자자들은 몰라도 금융기관과 기관투자자들로부터 사전 경고가 나왔어야 한다는 뜻이다. 또 다른 미스터리인 셈이다.

지난 2004년 아하닉스라는 이름으로 출범한 모뉴엘은 2008년 삼성전자 출신 박홍석 대표를 영입하면서 사세가 급성장했다. 2008년 739억 원이던 매출은 2009년 1,637억 원으로 불어났고, 지난해는 1조 1,410억 원 매출에 무려 1,051억 원의 흑자를 냈다. 그럼에도 회사에는 돈이 없었다. 2008년 이후 지난해까지 매출과 이익 누적액은 각각 3조 원, 2,800억여 원에 달한다. 하지만 회사로 실제 들어온 돈은 고작 398억 원에 불과했다.

회사에 실제 자금이 드나드는 상황은 손익계산서가 아니라 '현금흐름표'를 봐야 한다. 2008년 이후 지난해까지 영업활동으로 인한 현금흐름의 합이 398억 원이다. 주목할 부분은 2011년 코스닥 상장사인 유통회사 잘만테크를 약 22억 7,000만 원에 인수하면서 해외 매출이 급증하는데, 이후 영업손익과 영업활동 현금흐름의 괴리는 더욱 커진다. 그리고 잘만테크는 올 들어 경영실적이 급속히 악화돼 대규모 적자가 나고 자본잠식이 시작된다.
<이하 생략>

일요신문 2014.11.12.

현대판 '김선달'.. 모뉴엘의 대출사기 행각
수출채권 가격 부풀려 6,000억대 대출
공식 인증 '히든챔피언'.. 은행들도 뒤통수

로봇청소기를 만드는 모뉴엘이 무역보험공사와 시중 은행들을 상대로 초대형 사기극을 벌인 정황이 드러나고 있다. 수출 물품의 가격을 부풀려 수천억 원의 대출을 받고, 회사는 법정관리를 신청해 '뒤통수'를 친 모양새다. "대동강 물도 팔았다"는 봉이 김선달이 울고 갈 정도로 치밀해 은행들도 '사고'가 터지고서야 정황을 파악, 사태 수습에 비상이 걸렸다.

23일 관계당국에 따르면 모뉴엘은 홍콩과 미국 등지로 수출하는 물품의 가격을 부풀려 금융사로부터 대출을 받는 수법으로 자금을 융통해왔다. 무역보험공사로부터 3,000억 원을 보증받았고, 시중은행에서 빌린 여신은 6,000억 원을 넘는 것으로 전해졌다. 그러나 지난 20일 돌연 법정관리를 신청하며 은행들을 곤경에 빠뜨렸다.

모뉴엘의 사기는 대범하면서도 치밀하게 진행됐다. 가격 가치가 없는 물품을 담보로 은행에서 대출을 받았다. 똑같은 물품을 홍콩과 미국 등에 '뺑뺑이' 돌리는 수법을 써서 100원짜리 물품을 1,000원으로 부풀렸다. 지난해 모뉴엘은 은행들을 상대로 1조 원이 넘는 매출채권을 양도하고 현금을 챙긴 것으로 확인됐다.

대출 심사 과정에서는 어느 한 곳도 모뉴엘의 신용을 의심하지 않았다. 모뉴엘은 2012년 한국수출입은행으로부터 첫 '히든챔피언' 인증을 받을 정도로 기대를 모았던 곳이다. 지난해 매출은 1조 원을 넘었고, 영업현금창출력(EBITDA)은 1,000억 원, 이자보상비율은 500%를 넘는 우량 기업이었다. <이하 생략>

비즈니스워치 2014.10.23.

"모뉴엘 분식회계, 현금흐름을 봤으면 충분히 알 수 있었는데…"

회계는 기업의 언어다. 재무제표는 기업 현실에 대해 뭔가를 애기하려 하지만 투자자나 이해관계자들은 대수롭지 않게 넘어가는 게 다반사다. 때로는 모른체 하고 있다가 일이 터진 후에야 뒤늦게 책임을 떠넘기려 하기도 한다.

분식회계는 실제 재무제표를 작성한 경영진이 일차적이며 가장 큰 책임이 있다. 그다음으로 이를 감사해야 할 회사의 책임이며 마지막으로 제도적으로 분식회계 가능성을 막지 못한 감독당국에게도 책임이 따른다.

글로벌이코노믹은 경제개혁연구소의 '대우조선해양의 분식 논란과 상장회사의 현금흐름 분석'을 토대로 분식회계 가리는 법을 소개한다. 분식회계를 가려내기 위해서는 약간의 회계 지식이 필요하다. 경제개혁연구소는 발생주의 회계처리와 현금주의 회계처리와의 차이점을 이해하면 분식회계를 가려내는 데 도움이 될 수 있다고 설명하고 있다.

회사의 이익에 현금 유출이 없는 감가상각비와 같은 비용을 가산하는 경우 현금흐름표의 영업활동현금흐름 누적액과 장기적인 추세로 유사해야 한다는 주장이다. 이 주장에 따르면 대우조선해양의 분식회계는 이상 징후가 충분했고 분식회계는 당연히 발견될 수 있었다는 것.

또 모뉴엘의 분식회계의 경우 많은 전문가들이 현금흐름표를 보았더라면 충분히 알 수 있었다고 얘기하고 있다.

경제개혁연구소는 '당기순이익(영업이익) + 감가상각비'로 정의한 추정영업현금흐름과 실제 영업현금흐름 간의 괴리가 큰 경우 분식 징후가 있다고 보고 그 괴리비율이 200%를 초과하면서 동시에 괴리금액이 1조 원이 넘는 기업들을 분석했다.

<중략>

모뉴엘의 대출사기 금액은 약 3조 4,000억 원 상당으로 발표됐는데 영업이익을 기준으로 2007년부터 마지막으로 재무제표가 공시된 시점인 2013년까지의 누적된 괴리금액은 2,544억 원 규모다.

모뉴엘은 2014년 10월 분식회계가 밝혀지면서 그해 12월에 법원으로부터 파산선고를 받았다. 모뉴엘은 회계상, 서류상 데이터를 조작했고 우리은행 계약직 사원이 영업심사부장과 함께 '이상하다'는 판단 아래 850억 원 대출금 전액을 회수하는 결정을 내리면서 분식회계가 드러나기 시작했다.

<이하 생략>

글로벌이코노믹 2016.06.27.

모뉴엘 파산 선고, 거액 대출 사기혐의에 이어 자산 초과한 부채… '모뉴엘은 어떤 기업?'

법원이 거액의 대출 사기로 검찰의 수사를 받고 있는 가전업체 모뉴엘에 파산을 선고했다.

9일 수원지방법원 파산 2부(부장 오석준)는 수천억 원대 사기 대출을 한 가전업체 모뉴엘의 파산 선고를 결정했다.

재판부는 "장부상 가액에서 지난 9월까지 파악된 가공 매출 채권을 배제할 경우 모뉴엘의 자산은 2,390억 원, 부채는 7,302억 원으로 부채가 자산을 초과해 파산 원인 사실이 있으므로 파산을 선고한다"고 밝혔다.

이어 "모뉴엘의 가공 매출 규모가 지난 2008년 이후 2조 7,397억 원으로 전체 매출의 약 90퍼센트나 된다는 점이 드러났고 운영 자금이 부족해 신규 영업 활동이 이뤄지지 않고 있으며, 핵심 인력 다수가 빠져나가 조직을 유지하기 어려운 상황"이라고 선고 이유를 전했다.

파산에 이른 이유로는 "로봇 개발 사업 등에 대한 투자가 수익으로 연결되지 않은 상태에서 사옥 건립, 기업 인수 등에 대규모 자금을 투입해 자금 압박을 받게 되는 등 경영이 방만했다"고 설명했다.

이번 파산 선고에 따라 재판부가 선임한 파산관재인이 모든 관리처분권을 행사하게 되며 모뉴엘이 보유한 자산을 채권자에게 분배하는 절차를 밟는다. 앞서 모뉴엘은 회사 규모를 과장한 뒤 사기대출을 받다가 덜미를 잡혔다. 모뉴엘은 로봇 청소기와 홈시어터 생산으로 지난해 매출이 1조 2,000억 원, 영업이익 1,100억 원으로 재무 여건이 튼실하다는 평가를 받았지만 이는 사실과 달랐다.

또한 모뉴엘은 지난 10월 20일 은행에 갚아야 할 수출환어음을 결제하지 못해 돌연 법정관리를 신청했다. 이후 모뉴엘 박홍석(52) 대표 등 임원진은 모뉴엘의 수출입 규모를 1조 3,000억 원가량 부풀려 신고하고 400억 원대 재산을 해외로 몰래 빼돌린 혐의(특경법 재산 국외도피 등)로 검찰에 구속됐다. <이하 생략>

헤럴드POP 2014.12.10.

'3조대 사기대출' 모뉴엘, 하룻밤 1,200만 원 향응로비

박홍석 대표, 무보·수출입은행 관계자에 전방위 금품로비… 검찰, 총 13명 기소

3조 4,000억 원에 달하는 사기대출을 일으킨 가전업체 모뉴엘의 대담한 행각은 한국무역보험공사와 한국수출입은행 직원에 대한 전방위 로비가 있었기에 가능했던 것으로 드러났다. 모뉴엘은 중소기업 대출을 담당하는 공사 관계자 등에게 하룻밤에만 1,200만 원을 쏟아붓는 등 다양한 수법을 동원해 뇌물을 전달했다. 이 때문에 서류상으로만 존재하던 실적을 바탕으로 수년에 걸쳐 천문학적인 금액의 사기대출을 받았다.

<중략>

검찰에 따르면 모뉴엘은 사기대출을 받기 위해 회사 실적을 부풀리고 분식회계를 일삼는 등 치밀하고 계획적으로 국책금융기관과 시중은행을 속였다. 모뉴엘은 저가의 홈씨어터 컴퓨터(HTPC)를 고가인 것처럼 부풀려 허위로 해외수출한 뒤 수출대금 채권을 금융기관에 매각하는 방식으로 3조 4,000억 원대의 여신을 제공받았다.

박 대표는 당초 회사 규모가 크지 않아 대출이 여의치 않을 것으로 판단, KT ENS를 중간에 끼워 넣는 방식으로 사기대출을 받다 점차 직접적으로 수출실적을 조작하는 수법을 썼다. 허위수출 대금을 갚아야 할 시기가 오면 모뉴엘은 이른바 '돌려막기' 수법으로 또 다른 사기대출을 받았다.

'돌려막기'를 계획하던 모뉴엘이 주목한 곳은 무역보험공사와 수출입은행 등 국책금융기관이다. 무역보험공사가 기업의 무역보험 한도액을 책정하면 시중은행에서 특별한 의심 없이 대출을 받을 수 있다는 점과 수출입은행에서는 자체 한도액을 책정해 기업에 대출을 해주고 있는 점을 노린 것이다.

전방위 로비를 벌인 박 대표는 국책금융 관계자들에게 '모뉴엘의 수출보험과 여신한도를 늘릴 수 있도록 도와달라'는 등의 청탁을 넣었다. 실제로 로비가 집중적으로 이뤄진 2011년부터 지난해까지 두 기관의 모뉴엘에 대한 여신지원이나 무역보험 한도는 2~3년 새 최대 5배를 넘어서기도 했다.

<이하 생략> 아시아경제 2015.01.25.

'3조 4,000억 사기대출' 모뉴엘 대표 징역 15년 확정

세관과 은행을 속여 수조 원대의 허위 대출을 받은 혐의로 재판에 넘겨진 박홍석 모뉴엘 대표(54)에게 징역 15년이 확정됐다. 대법원 1부(주심 이기택 대법관)는 특정경제범죄 가중처벌법상 사기 등 혐의로 기소된 박 대표에게 징역 15년에 벌금 1억 원을 선고하고 357억 6,000만 여원을 추징하라고 명령한 원심 판결을 확정했다고 20일 밝혔다.

박 대표는 개당 8,000원짜리 저가 홈시어터 컴퓨터(HTPC)가 최대 260만 원에 달하는 것처럼 가짜 자료를 만들어 제품을 수출했다. 이후 해외 페이퍼 컴퍼니 등을 거쳐 제품을 분해한 뒤 다시 수입하는 수법으로 '허위 회전거래'를 만들어냈다.

박 대표는 이 과정에서 HTPC를 정상 수출하는 것처럼 세관에 허위 신고하고, 이를 통해 발생한 수출대금채권을 시중은행에 팔아 2007년부터 2014년까지 3조 4,000억 원을 대출받은 혐의로 기소됐다. 이외에 박 대표는 수입대금 명목으로 재산 361억 원을 해외로 빼돌린 혐의도 받았다. <이하 생략>

머니투데이 2016.10.20.

3. 공통형 현금흐름표에 의한 분석사례

1) 공통형 현금흐름표에 의한 수직적 분석

현금흐름표의 작성은 두 가지 방법, 즉 직접법과 간접법에 의해 작성된다. 따라서 공통형 현금흐름표도 두 가지 방법에 따라 다르게 작성된다. 우리나라 실무에서는 작성의 용이성을 이유로 간접법을 압도적으로 선호하는 것으로 알려지고 있다.

본 사례에서는 1995년에 직접법에 따라 현금흐름표를 작성한 바 있는 주식회사 대농의 현금흐름표를 대상으로 해서 직접법과 간접법에 따른 각각의 공통형 현금흐름표의 작성 및 분석을 실시해보고자 한다. 한편 주식회사 대농은 극심한 자금난을 견디다 못해 1997년 5월에 사실상의 부도기업인 부도유예협약 대상기업에 선정된 바 있다.

따라서 본 사례에서는 주식회사 대농의 1994년부터 1996년까지의 최근 3개년분의 현금흐름표를 공통형 현금흐름표로 작성해서 자금난에 봉착하게 된 원인을 분석해봄으로써 공통형 현금흐름표의 유용성을 실증해 보고자 한다. 특별히 주식회사 대농이 속한 산업의 우량기업인 태광산업주식회사를 비교대상 기업으로 해서 부실기업과 건전기업의 현금흐름표상의 차이에 대해서도 살펴보고자 한다.

주식회사 대농의 1995년의 직접법과 간접법에 따른 현금흐름표를 공통형 현금흐름표로 작성한 것은 <표 4-1>와 <표 4-2>에 각각 제시되어 있다.

직접법의 경우 현금흐름의 총유입을 100%로 했을 때 유입액과 유출액을 구성하고 있는 각 항목의 구성비를 각각 백분율로 표시하여 작성한 것이다. <표 4-1>을 보면 현금흐름의 총유입액을 100%로 했을 때 유입의 구성비는 영업활동으로 인한 현금유입이 62.1%, 투자활동으로 인한 현금유입이 8.6%, 재무활동으로 인한 현금유입이 29.3%로 각각 구성되어 있다.

한편 유출의 구성비를 볼 것 같으면 영업활동으로 인한 현금유출이 71.0%,

투자활동으로 인한 현금유출이 13.8.%, 재무활동으로 인한 현금유출이 15.7%로 각각 구성되어 있으며, 이에 따라 총유출액이 100.5%나 되어 총유입액을 0.5%초과하고 있다.

각 항목의 구성비율을 볼 것 같으면 영업활동으로 인한 현금유입이 62.1%인데 대해 영업활동으로 인한 현금유출은 71.0%로 유출이 더 많아 내부자금을 창출시키는 정상적인 영업활동이 이루어지고 있지 못하는 문제점이 극명하게 드러나고 있다.

영업활동으로 인한 현금유입이 영업활동으로 인한 현금유출보다 많을수록 내부창출여유자금이 충분해지기 때문에 이 자금으로 설비투자를 하거나 부채를 상환하고 배당금을 지급할 수 있게 된다. 바로 영업활동으로 인한 현금흐름이 충분한, 즉 내부자금의 창출능력이 충분한 기업이 건강한 기업의 징후인 것이다. 영업활동으로 인한 현금흐름이 부족할 경우 재무활동을 통한 추가자금조달의 필요성이 불가피해지며, 이런 현상이 계속될 경우 과도한 부채의존경영으로 인해 심각한 자금난에 봉착할 가능성이 높아지게 된다.

주식회사 대농은 영업활동으로 인한 현금유입이 부족함에 따라 재무활동을 통해서 자금을 조달하고 있는데 자금조달원천의 비중을 보면 총유입액 가운데 단기차입이 6.5%, 장기차입이 18.3%, 자기자본이 4.5%로 되어 있어 부채의존도가 심화되고 있음을 알 수 있다.

재무활동으로 인한 현금유출항목 중 단기차입금의 상환으로 인한 현금유출이 15.4%나 차지하고 있는 것만 보아도 이 기업이 부채에 얼마나 의존하고 있는지를 잘 알 수 있다. 자금난을 겪고 있는 상황에서 배당을 해서는 안되는데 이 회사는 총유입액의 0.2%의 배당을 하고 있다. 이는 부채를 조달해서 배당하고 있는 셈으로 자금난을 가중시키는데 일조하고 있는 것이라 하겠다.

결국 주식회사 대농은 영업활동으로 인한 현금흐름이 부족하고 이에 따라 부채의존도가 심화되고 있어 자금난을 겪고 있다는 사실이 공통형 현금흐름표에 잘 나타나고 있음을 알 수 있다.

간접법의 경우 현금흐름의 총유입을 100%로 하는데 현금흐름의 총유입은 영업활동으로 인한 현금흐름과 투자활동으로 인한 현금유입 그리고 재무활동으로 인한 현금유입을 모두 합산한 것이다. 만약 영업활동으로 인한 현금흐름이-인 경우에는 현금유입액 계산에서 제외되며, 현금유출항목이 되게 된다.

<표 4-2>에 나타난 간접법의 공통형 현금흐름표를 보면 총유입은 투자활동으로 인한 현금유입 22.7%와 재무활동으로 인한 현금유입 77.3%를 합해서 100%로 되어 있다. 유출은 영업활동으로 인한 현금흐름 23.6%, 투자활동으로 인한 현금유출 36.6%, 재무활동으로 인한 현금유출 41.3%를 모두 합해서 101.5%로 유입액의 1.5%나 초과 유출이 되어 있다.

간접법의 공통형 현금흐름표에서도 직접법의 공통형 현금흐름표와 마찬가지로 영업활동으로 인한 현금흐름이 －로 내부자금의 창출능력에 큰 문제점을 안고 있다는 것과 이에 따라 부채의존도가 심화되고 있음에 따라 극심한 자금난이 초래되었다는 사실을 잘 보여주고 있다.

〈표 4-1〉 공통형 현금흐름표(직접법)

1995년 1월 1일부터 1995년 12월 31일까지

주식회사 대농 (단위 : 백만원)

과 목	유 입 액	유 출 액	비율(%)	비 율(%)
Ⅰ. 영업활동 현금흐름				
매출대금	377,365		60.9	
이자수입	6,966		1.1	
배당금수입	386		0.1	
매입 및 종업원에대한지급		370,941		59.9
이자비용의 지급		64,699		10.4
법인세비용의 지급		4,425		0.7
	384,717	440,065	62.1	71.0
Ⅱ. 투자활동 현금흐름				
유동자산의 감소	40,420		6.5	
투자자산의 감소	12,452		2.0	
유형자산의 감소	405		0.1	
유동자산의 증가		38,566		6.2
투자자산의 증가		22,476		3.6
유형자산의 증가		24,874		4.0
	53,277	85,916	8.6	13.8

Ⅲ. 재무활동 현금흐름				
유동부채의 증가	40,313		6.5	
고정부채의 증가	113,241		18.3	
자본의 증가	28,011		4.5	
이연자산의 증가		330		0.1
유동부채의 감소		95,186		15.4
고정부채의 감소		165		
배당금의 지급		1,316		0.2
	181,565	96,997	29.3	15.7
Ⅳ. 총현금흐름	619,559	622,978	100.0	100.5
Ⅴ. 현금의 감소		(3,419)		(0.5)

〈표 4-2〉 공통형 현금흐름표(간접법)

1995년 1월 1일부터 1995년 12월 31일까지

주식회사 대농 (단위 : 백만원)

과 목	금 액		유입(%)	유출(%)
Ⅰ. 영업활동 현금흐름		(55,348)		23.6
당기순이익	3,510			
현금유출이 없는 비용등 가산	21,418			
현금유입이 없는 수익등 차감	(1,377)			
영업활동으로 인한 자산·부채의 변동				
영업활동으로 인한 자산의 감소	4,484			
영업활동으로 인한 부채의 증가	2,366			
영업활동으로 인한 자산의 증가	(72,630)			
영업활동으로 인한 부채의 감소	(13,119)			
Ⅱ. 투자활동 현금흐름		(32,638)		
투자활동으로 인한 현금유입액	53,278		22.7	
유동자산의 감소	40,420		17.2	
투자자산의 감소	12,452		5.3	
유형자산의 감소	405		0.2	
투자활동으로 인한 현금유출액	(85,916)			36.6
유동자산의 증가	(38,566)			16.4
투자자산의 증가	(22,476)			9.5
유형자산의 증가	(24,874)	84.568		10.6

Ⅲ. 재무활동 현금흐름				
재무활동으로 인한 현금유입액	181,565		77.3	
유동부채의 증가	40,313		17.2	
고정부채의 증가	113,241		48.2	
자본의 증가	28,011		11.9	
재무활동으로 인한 현금유출액	(96,997)			41.3
이연자산의 증가	(330)			0.1
유동부채의 감소	(95,186)			40.5
고정부채의 감소	(165)			0.1
배당금의 지급	(1,316)			0.6
			100%	101.5%
Ⅳ. 현금의 감소		(3,419)		(1.5)

2) 3년분 공통형 현금흐름표에 의한 분석

주식회사 대농과 태광주식회사의 1994년부터 1996년까지의 현금흐름표는 <표 4-3>과 <표 4-4>에 제시되어 있다. 현금흐름은 회계기간에 따라 기복이 있을 수 있으며, 또한 현금흐름상태를 일시적으로 양호한 것처럼 보이기 위한 일시적인 기간조정을 행할 수 있다. 이러한 조정은 당해 기간의 현금흐름을 증가시키지만 다음 기간에는 반대의 영향을 미치게 된다. 따라서 현금흐름의 분석은 최소한 3년 내지 5년 간의 장기간의 추세분석을 해야 올바른 분석을 할 수 있다.

미국에서 현재 3년분의 비교현금흐름표를 공시하도록 하고 있는 것도 이런 점 때문이다. 또한 회사에 따라서는 3년분의 비교현금흐름표와 함께 3년분의 합산액을 공시하여 현금흐름패턴의 기간 간 불안정성이 배제된 올바른 현금흐름 분석이 가능하도록 하고 있다. 이에 따라 본 사례에서도 3년분의 비교현금흐름표와 함께 3년분의 합산액을 이용하여 현금흐름 분석을 시도해 보았다.

주식회사 대농과 태광산업 주식회사의 3개년도 및 3년 치 합산분에 대한 공통형 현금흐름표를 작성한 결과가 <표 4-5>과 <표 4-6>에 나타나 있다.

<표 4-5>에 나타난 대농의 3년간의 공통형 현금흐름표를 분석한 결과는 다음과 같다. 먼저 영업활동으로 인한 현금흐름을 보면 3년 모두 −를 기록하고 있어 내부자금창출 능력이 매우 취약해지고 있음을 보이고 있다. 특히 1996년에는 −55.2%의 대폭 감소된 모습을 보이고 있어 심각한 자금난에 봉착한 것으로 추정된다. 3년간 영업활동으로 인한 현금흐름이 −의 하향 추세를 보이고 있으며 평균적으로 −34.9%를 나타내고 있어 심각한 자금난을 겪고 있음을 잘 보여주고 있다.

영업활동으로 인한 현금흐름이 계속 감소함에 따라 투자활동으로 인한 현금흐름의 비중은 별로 높지가 않다. 1994년과 1995년에는 투자활동으로 인한 현금유입액보다 유출액이 많았던 것이 1996년에 와서는 반대로 유입액이 많은 것으로 나타나서 자금난의 심각함에 대한 일면을 엿보게 해 준다.

또한 영업활동으로 인한 현금흐름이 계속 감소함에 따른 부족자금은 거의 대부분 재무활동을 통해서 조달되고 있음을 보여주고 있다. 자금조달의 원천을 보면 자기자본보다는 타인자본에 의존하는 비중이 커지고 있으며, 타인자본의 경우도 기간이 장기인 고정부채를 통한 현금유입은 감소 추세를 보이는 것과 대조적으로 기간이 1년 미만인 유동부채, 즉 단기차입을 통한 현금유입이 증가 추세를 보이고 있어 지급능력을 계속 악화시키고 있음을 보여주고 있다. 이렇게 내부자금의 창출능력이 계속 악화되고 있음에도 불구하고 일정 수준의 배당금이 지급되고 있는 상황은 이 기업의 자금난을 더욱더 가중시키는데 한몫하고 있음을 알 수 있다.

결국 3년간의 공통형 현금흐름표는 대농이 치명적인 재무적 위험에 직면할 수밖에 없었던 원인을 극명하게 보여주고 있는 것이다.

〈표 4-3〉 **현금흐름표**

주식회사 대농 (단위 : 백만원)

과 목	1996	1995	1994	합 산
Ⅰ. 영업활동 현금흐름				
1.당기순이익	(293,169)	3,510	3,594	
2.현금의 유출이 없는 비용 등의 가산	232,605	28,268	30,390	
3.현금의 유입이 없는 수익 등의 차감	(70,903)	(87,126)	(77,981)	
계	(131,467)	(55,348)	(43,997)	(230,812)
Ⅱ. 투자활동 현금흐름				
1.투자활동으로 인한 현금유입액	73,112	53,277	38,277	164,667
유동자산의 감소	33,693	40,420	26,285	100,398
투자자산의 감소	37,975	12,452	9,847	60,274
유형자산의 감소	1,444	405	2,145	3,994
2.투자활동으로 인한 현금유출액	(55,666)	(85,916)	(57,230)	(198,812)
유동자산의 증가	33,595	38,566	22,501	(94,662)
투자자산의 증가	9,541	22,476	15,506	(47,523)
유형자산의 증가	12,530	24,874	19,223	(56,627)
계	17,446	(32,638)	(18,953)	(34,145)
Ⅲ. 재무활동 현금흐름				
1.재무활동으로 인한 현금유입액	165,066	181,565	149,415	496,046
유동부채의 증가	93,995	40,313	55,543	189,851
고정부채의 증가	71,071	113,241	93,743	278,055
자본의 증가		28,011	129	28,140
2.재무활동으로 인한 현금유출액	(44,384)	(96,997)	(101,941)	(243,322)
유동부채의 감소	(37,611)	(95,186)	(100,253)	(233,050)
고정부채의 감소	(5,664)	(165)	(552)	(6,381)
배당급의 지급	(907)	(1,316)	(856)	(3,079)
기타	(202)	(330)	(280)	(812)
계	120,682	84,568	47,474	252,724
Ⅳ. 현금의 증가(감소)	6,661	(3,417)	(15,476)	(12,233)

〈표 4-4〉 현금흐름표

태광산업주식회사 (단위 : 백만원)

과 목	1996	1995	1994	합 산
Ⅰ. 영업활동 현금흐름				
1.당기순이익	29,092	17,902	84,295	131,289
2.현금의 유출이 없는 비용 등의 가산	184,406	174,839	166,350	525,595
3.현금의 유입이 없는 수익 등의 차감	(55,432)	(139,311)	(49,059)	(243,802)
계	(158,066)	53,430	201,586	413,082
Ⅱ. 투자활동 현금흐름				
1.투자활동으로 인한 현금 유입액	30,225	6,392	44,175	80,792
유동자산의 감소	1,529	2,573	107	4,209
투자자산의 감소	20,346	3,142	7,746	31,234
유형자산의 감소	8,350	677	36,322	45,349
2.투자활동으로 인한 현금유출액	(411,055)	(176,534)	(257,614)	(845,204)
유동자산의 증가	(42,476)	(28,018)	(1,931)	72,425
투자자산의 증가	(39,051)	(8,460)	(11,425)	58,936
유형자산의 증가	(329,528)	(140,056)	(244,258)	713,842
계	(380,830)	(170,142)	(213,439)	(764,412)
Ⅲ. 재무활동 현금흐름				
1.재무활동으로 인한 현금유입액	240,084	531,487	53,036	824,607
유동부채의 증가	113,995	512,813	52,084	678,892
고정부채의 증가	126,089	18,674		144,763
자본의 증가			952	952
2.재무활동으로 인한 현금유출액	(17,165)	(430,629)	(10,116)	457,911
유동부채의 감소	(620)	(428,960)		(429,580)
고정부채의 감소	(230)		(114)	(344)
자본의 감소	(15,222)		(9,188)	(24,411)
배당금의 지급	(1,093)	(1,669)	(814)	(3,576)
계	222,919	100,857	42,920	366,696
Ⅳ. 현금의 증가(감소)	155	(15,856)	31,067	15,366
Ⅴ. 기초의 현금	22,033	37,889	6,822	
Ⅵ. 기말의 현금	22,188	22,033	37,889	

〈표 4-5〉 **공통형 현금흐름표**

주식회사 대농 (단위 : %)

과 목	합산	1996	1995	1994
Ⅰ. 영업활동 현금흐름	(34.9)	(55.2)	(23.6)	(23.4)
Ⅱ. 투자활동 현금흐름				
1.투자활동으로 인한 현금 유입액	24.9	30.7	22.7	20.4
유동자산의 감소	15.2	14.1	17.2	14.0
투자자산의 감소	9.1	16.0	5.3	5.2
유형자산의 감소	0.6	0.6	0.2	1.2
2.투자활동 현금유출액	(30.1)	(23.4)	(36.6)	(30.5)
유동자산의 증가	(14.3)	(14.1)	(16.4)	(12.0)
투자자산의 증가	(7.2)	(4.0)	(9.6)	(8.3)
유형자산의 증가	(8.6)	(5.3)	(10.6)	(10.2)
Ⅲ. 재무활동 현금흐름				
1.재무활동으로 인한 현금유입액	75.1	69.3	77.3	79.6
유동부채의 증가	28.7	39.5	17.2	29.6
고정부채의 증가	42.1	29.8	48.2	50.0
자본의 증가	4.3		11.9	
2.재무활동으로 인한 현금유출액	(36.8)	(18.6)	(41.5)	(54.3)
유동부채의 감소	(35.3)	(15.8)	(40.5)	(53.4)
고정부채의 감소	(1.0)	(2.4)	(0.1)	(0.3)
배당금의 지급	(0.5)	(0.4)	(0.6)	(0.5)
기 타	-		(0.1)	
Ⅳ. 현금의 증가(감소)	(1.8)	2.8	(1.5)	(8.2)

〈표 4-6〉 공통형 현금흐름표

태광산업주식회사 (단위 : %)

과 목	합산	1996	1995	1994
Ⅰ. 영업활동 현금흐름	31.3	36.9	9.0	67.5
Ⅱ. 투자활동 현금흐름				
1.투자활동으로 인한 현금 유입액	6.1	7.1	1.1	14.8
유동자산의 감소	0.3	0.4	0.4	
투자자산의 감소	2.4	4.7	0.6	2.6
유형자산의 감소	3.4	2.0	0.1	12.2
2.투자활동으로 인한 현금유출액	(64.1)	(95.9)	(29.9)	(86.2)
유동자산의 증가	(5.5)	(9.9)	(4.7)	(0.6)
투자자산의 증가	(4.5)	(9.1)	(1.4)	(3.8)
유형자산의 증가	(54.1)	(76.9)	(23.7)	(81.8)
Ⅲ. 재무활동 현금흐름				
1.재무활동으로 인한 현금유입액	62.6	56.0	89.9	17.7
유동부채의 증가	51.5	26.6	86.7	17.4
고정부채의 증가	11.0	29.4	3.2	
자본의 증가	0.1			0.3
2.재무활동으로 인한 현금유출액	(34.8)	(4.0)	(72.8)	(3.4)
유동부채의 감소	(32.6)	(0.1)	(72.5)	
고정부채의 감소				
자본의 감소	(1.9)	(3.6)		(3.1)
배당금의 지급	(0.3)	(0.3)	0.3	(0.3)
Ⅳ. 현금의 증가(감소)	1.1	0.1	(2.7)	10.4

<표 4-6>에 나타난 태광산업의 3년간의 현금흐름표를 분석한 결과는 다음과 같다. 먼저 영업활동으로 인한 현금흐름을 보면 1994년에 67.5%의 큰 폭의 증가를 보였다가 1995년에 9.0%로 큰 폭의 감소를 보였으며, 1996년에는 36.9%의 증가를 보이고 있다. 3년에 걸쳐 영업활동으로 인한 현금흐름은 기복이 심한 증감 변동을 일으키고 있으나, 평균적으로 보았을 때 31.3%를 영업활동을 통해서 내부자금을 창출시키고 있음을 보여주고 있다.

투자활동에 따른 현금유입액은 1994년에 14.8%를 기록했다가 1995년에는

1.1%로 대폭 감소하였고 1996년에는 7.1%의 증가를 보임으로써 3년 평균 6.1%의 높지 않은 비중을 보이고 있다.

재무활동에 따른 현금유입액은 영업활동으로 인한 현금흐름이 매우 높았던 1994년에 17.7%를 기록했다가 영업활동으로 인한 현금흐름이 매우 낮았던 1995년에는 89.9%로 대폭 증가하였고 1996년에는 56.0%의 증가를 보임으로써 3년 평균 62.6%란 자금원천 중의 가장 높은 비중을 보이고 있다. 재무활동에 따른 현금유입액은 거의 전적으로 장·단기부채에 의존하고 있는데, 이는 우리나라의 우량기업이나 부실기업 불문하고 대부분의 기업이 차입경영에 의존하고 있다는 모습을 단적으로 잘 보여주는 사례인 것이다.

투자활동으로 인한 현금유출을 보면 1994년에 86.2%를 기록했다가 영업활동으로 인한 현금흐름이 매우 저조했던 1995년에는 29.9%로 대폭 감소하였고 1996년에는 95.9%의 대폭 증가를 보임으로써 3년 평균 64.1%의 높은 비중을 보이고 있다. 특히 투자활동에 따른 현금유출액의 대부분은 고정자산의 증가에 기인한 것임을 보여주고 있다.

재무활동에 따른 현금유출액은 영업활동으로 인한 현금흐름이 매우 높았던 1994년에 3.4%를 기록했다가 1995년에는 72.8%로 대폭 증가하였고 1996년에는 4.0%의 증가를 보임으로써 3년 평균 34.8%의 높지 않은 비중을 보이고 있다. 특히 배당금의 지급이 0.3%로써 내부창출자금이 없는 대농의 평균 0.5%수준보다 낮은 점이 눈에 띤다.

결론적으로 현금흐름표상에 나타난 두 기업의 차이점은 영업활동으로 인한 현금흐름과 투자활동으로 인한 현금흐름에서 나타나고 있다. 즉 우량기업인 태광산업은 내부자금창출능력이 훨씬 양호하며, 이 내부창출자금에다 외부차입자금을 합쳐서 큰 폭으로 고정자산에 투자함으로써, 미래의 현금창출능력을 향상시키고자 노력을 하고 있다. 반면에 대농은 영업활동을 통해서 내부자금이 창출되지 못함으로써 부족자금을 전적으로 외부차입자금에 의존하고 있으며, 이렇게 조달된 외 부차입자금도 영업활동과 차입금 상환에 대부분 사용됨에 따라 고정자산에 대한 투자는 저조하게 나타나고 있다. 이에 따라 대농은 현재의 자금난이 심각한 지경에 이르렀을 뿐만 아니라 미래의 현금창출능력도 기대하기가 어려운 형편에 처해 있다고 판단된다.

한편 <표 4-7>과 <표 4-8>은 기업회계기준 양식에 따른 공통형 현금흐름표인 <표 4-9>과 <표 4-9>를 유입-유출양식(종전의 재무상태변동표의 원천-운영양식과 같음)으로 재작성한 것이다. 유입-유출양식은 3가지 기업활동별로 발생한 유입액과 유출액 및 순현금흐름액을 나타내는 기업회계기준의 양식과는 달리 유입액은 유입액 별로 유출액은 유출액 별로 모아서 각각의 총현금흐름을 나타내는 양식으로 정보이용자 입장에서 볼 때 더 이해하기 쉬운 방법이라고 생각된다.

유입-유출양식을 보면 <표 4-8>의 태광산업과는 달리 대농은 <표 4-7>에 나타난 것처럼 3년 내내 영업활동으로 인한 현금흐름이 유입에 나타나지 않고 유출에만 나타남으로써 영업활동상의 현금창출 능력에 심각한 문제가 있으며, 이에 따라 초래된 부족자금을 주로 차입자금에 의존해서 가까스로 연명해 오고 있었음을 확연히 식별할 수 있게 해주고 있다.

따라서 이 양식에 따른 3 내지 5개 연도분의 공통형 현금흐름표를 작성해서 사업보고서에 첨부하여 회계정보이용자의 현금흐름표에 대한 이해를 증진시키게 하는 방안도 고려할만하다고 생각된다.

〈표 4-7〉 **공통형 현금흐름표**

주식회사 대농 (단위 : %)

과 목	합산	1996	1995	1994
유 입				
Ⅰ. 투자활동으로 인한 현금유입액	24.9	30.7	22.7	20.4
유동자산의 감소	15.2	14.1	17.2	14.0
투자자산의 감소	9.1	16.0	5.3	5.2
유형자산의 감소	0.6	0.6	0.2	1.2
Ⅱ. 재무활동으로 인한 현금유입액	75.1	69.3	77.3	79.6
유동부채의 증가	28.7	39.5	17.2	29.6
고정부채의 증가	42.1	29.8	48.2	50.0
자본의 증가	4.3		11.9	
유 입 합 계	100.0	100.0	100.0	100.0
유 출				

Ⅰ. 영업활동 현금흐름	34.9	55.2	23.6	23.4
Ⅱ. 투자활동으로 인한 현금유출액	30.1	23.4	36.6	30.5
유동자산의 증가	14.3	14.1	16.4	12.0
투자자산의 증가	7.2	4.0	9.6	8.3
유형자산의 증가	8.6	5.3	10.6	10.2
Ⅲ. 재무활동으로 인한 현금유출액	36.8	18.6	41.5	54.3
유동부채의 감소	35.3	15.8	40.5	53.4
고정부채의 감소	1.0	2.4	0.1	0.3
배당금의 지급	0.5	0.4	0.6	0.5
기 타			0.1	
유 출 합 계	101.8	97.2	101.5	108.2

〈표 4-8〉 공통형 현금흐름표

태광산업주식회사 (단위 : %)

과 목	합산	1996	1995	1994
유 입				
Ⅰ.영업활동 현금흐름	31.3	36.9	9.0	67.5
Ⅱ. 투자활동으로 인한 현금유입액	6.1	3.1	1.1	14.8
유동자산의 감소	0.3	0.4	0.4	
투자자산의 감소	2.4	4.7	0.6	2.6
유형자산의 감소	3.4	2.0	0.1	12.2
Ⅲ. 재무활동으로 인한 현금유입액	62.6	56.0	89.9	17.7
유동부채의 증가	51.5	26.6	86.7	17.4
고정부채의 증가	11.0	29.4	3.2	
자본의 증가	0.1			0.3
유 입 합 계	100.0	100.0	100.0	100.0
유 출				
Ⅰ. 투자활동으로 인한 현금유출액	64.1	95.9	29.9	86.2
유동자산의 증가	5.5	9.9	4.7	0.6
투자자산의 증가	4.5	9.1	1.4	3.8
유형자산의 증가	54.1	76.9	23.7	81.8
Ⅱ. 재무활동으로 인한 현금유출액	34.8	4.0	72.8	3.4
유동부채의 감소	32.6	0.1	72.5	
고정부채의 감소	1.9	3.6		3.1
배당금의 지급	0.3	0.3	0.3	0.3
유 출 합 계	98.9	99.9	102.7	89.6

4. 재무제표 분석을 통한 신용분석 사례

다음 사례는 미국에서 설립역사가 가장 오래되었으며, 규모도 가장 큰 소매 백화점인 Montgomery Ward & Co.의 실제 재무제표를 이용한 것이다.

이 회사는 1988년에 경영자에 의해서 은행으로부터 $3.8(단위: 10억)을 차입해서 인수되었으며, 당신의 은행과 35년 동안이나 거래를 유지해오고 있다 하자. 1997년 초에 이 회사의 경영자는 당신의 은행에게 신용대출한도를 $1.0(단위: 10억)에서 $2.0(단위: 10억)으로 상향조정을 해줄 것을 신청하였다. 신용대출 승인과정의 한 절차로써 당신의 은행은 최근 5년분의 영업활동에 관련된 재무정보를 제공해줄 것을 요청하였다. 이 회사의 사업년도가 1996년 12월 31일로 종료되기 때문에 1996년의 최종 확정된 재무적 결과자료를 이용할 수가 없다. 그래서 신용분석에 필요한 1991에서 1995년까지의 자료가 제공되었으며, 이는 다음과 같다.

요약손익계산서(지수표시)

	91년(백만)	92년(%)	93년(%)	94년(%)	95년(%)
매출액	$5,655.0	102.21	106.14	124.46	125.29
매출원가	4,103.0	102.53	107.90	123.86	125.74
매출총이익	1,552.0	101.35	101.48	126.03	124.10
판매비와 관리비	1,243.0	103.14	102.49	129.53	137.25
영업이익					
감가상각비차감전	309.0	94.17	97.41	111.97	71.20
감가상각비	95.0	102.11	103.16	114.74	125.26
영업이익	214.0	90.65	94.86	110.75	47.20
이자비용	75.0	68.00	58.67	80.00	125.33
경상이익	19.0	36.84	5.26	10.53	15.79
특별항목	17.0	0.00	0.00	0.00	0.00
법인세차감전순이익	175.0	85.71	91.43	102.29	5.71
법인세비용	40.0	125.00	147.50	155.00	(2.50)
당기순이익	$135.0	74.07	74.81	86.67	8.15

공통형요약손익계산서

	91년(%)	92년(%)	93년(%)	94년(%)	95년(%)
매출액	100.00	100.00	100.00	100.00	100.00
매출원가	(72.56)	(72.79)	(73.76)	(72.21)	(72.82)
매출총이익	27.44	27.21	26.24	27.79	27.18
판매비와 관리비	(21.98)	(22.18)	(21.23)	(22.88)	(24.08)
영업이익					
감가상각비차감전	5.46	5.03	5.01	4.92	3.11
감가상각비	(1.68)	(1.68)	(1.63)	(1.55)	(1.68)
영업이익	3.78	3.35	3.38	3.37	1.43
이자비용	(1.33)	(0.88)	(0.73)	(0.85)	(1.33)
경상이익	0.34	0.12	0.02	0.03	0.04
특별항목	0.30	0.00	0.00	0.00	0.00
법인세차감전순이익	3.09	2.59	2.67	2.55	0.14
법인세비용	(0.74)	(0.87)	(0.98)	(0.88)	0.01
당기순이익	2.38	1.72	1.69	1.67	0.15

요약재무상태표(지수표시)

	91년(백만)	92년(%)	93년(%)	94년(%)	95년(%)
현금및현금성자산	$623.0	18.94	25.04	10.75	11.24
매출채권	73.0	93.15	90.41	161.64	257.53
재고자산	1,000.0	103.80	124.20	162.50	177.00
매입채무	1,227.0	98.61	110.68	140.10	147.03

공통형요약재무상태표

	91년(%)	92년(%)	93년(%)	94년(%)	95년(%)
자 산					
현금및현금성자산	16.08	3.44	14.07	1.48	1.43
매출채권	1.88	1.98	1.72	2.60	3.85
재고자산	25.81	30.24	32.39	35.79	36.24
자산총계	100.00	100.00	100.00	100.00	100.00
부채와 자본					
매입채무	31.66	35.25	35.41	37.86	36.94
비유동부채	13.94	5.97	7.35	6.48	9.17
부채합계	84.26	83.89	84.17	83.22	82.08
자본합계	15.74	16.11	15.83	16.78	17.92
부채와 자본총계	100.00	100.00	100.00	100.00	100.00

요약현금흐름표 (단위: 백만달러)

	91년	92년	93년	94년	95년
영업활동					
당기순이익	$135.0	$100.0	$101.0	$117.0	$11.0
비현금조정항목					
감가상각비	95.0	97.0	98.0	109.0	119.0
이연법인세	(16.0)	32.0	25.0	29.0	(7.0)
유형자산처분익	0.0	0.0	0.0	0.0	(11.0)
매출채권의 (증)감	21.0	8.0	5.0	(40.0)	(70.0)
재고자산의 (증)감	(73.0)	(38.0)	(204.0)	(243.0)	(145.0)
이연법인세	(8.0)	(34.0)	(1.0)	5.0	(9.0)
기타	70.0	(10.0)	105.0	179.0	(58.0)
영업활동현금흐름	224.0	155.0	129.0	156.0	(182.0)
투자활동					
투자자산의 증가	(751.0)	(707.0)	(688.0)	(691.0)	(803.0)
투자자산의 처분	729.0	698.0	669.0	671.0	775.0
유가증권의 순변동액	55.0	146.0	(8.0)	16.0	2.0
자본적지출액	(128.0)	(146.0)	(142.0)	(184.0)	(122.0)
유형자산의 처분	3.0	7.0	3.0	4.0	39.0
타회사의 인수	0.0	0.0	0.0	(120.0)	0.0
기타	2.0	2.0	3.0	0.0	0.0
투자활동현금흐름	(90.0)	0.0	(163.0)	(304.0)	(109.0)

재무활동					
주식발행대금	-	1.0	1.0	78.0	193.0
자기주식 구입	(7.0)	(97.0)	(11.0)	(9.0)	(98.0)
배당금지급액	(13.0)	(19.0)	(23.0)	(24.0)	(4.0)
장기차입금 차입액	0.0	0.0	100.0	168.0	205.0
장기차입금 상환액	(137.0)	(403.0)	(18.0)	(275.0)	(17.0)
단기차입금 변동액	-	-	-	144.0	16.0
기타	3.0	2.0	2.0	1.0	0.0
재무활동현금흐름	(154.0)	(516.0)	51.0	83.0	295.0
현금및현금성자산증감	($20.0)	($361.0)	$17.0	($65.0)	$ 4.0

비율자료요약

	91년	92년	93년	94년	95년
주당현금흐름	4.98	4.31	4.46	5.10	2.94
재고자산회전율	4.26	4.13	3.88	3.55	3.04
매출채권회전률	67.72	81.99	89.58	76.50	46.31
총자산회전률	1.47	1.58	1.65	1.68	1.50
매출채권회수기간	5	4	4	5	8
재고자산보유기간	85	87	93	102	118
영업순환주기	90	92	97	106	126
수익성					
매출액세차감전순이익률	3.09	2.60	2.67	2.54	0.14
매출액순이익률	2.39	1.73	1.68	1.66	0.16
자산이익률	3.48	2.91	2.63	2.58	0.23
자기자본이익률	25.96	18.08	16.64	17.03	1.57
안전성					
이자보상비율	3.33	3.94	4.64	3.98	1.11
부채 대 자산비율	16.13	6.41	7.87	9.98	13.29
총자산 대 보통주 자본	7.45	6.21	6.32	6.61	6.98
비유동부채 대 자본	46.98	27.04	31.72	27.84	33.86
비유동부채 대 보통주자본	103.85	37.07	46.46	42.79	64.00

1996년의 재무제표가 최종적으로 확정된 것은 아니지만 경영자는 1996년 12월 31일로 종료되는 사업년도의 재무제표에 보고될 것으로 예상되는 다음과 같은 정보를 추가로 제공하였다(단위는 백만 달러 생략).

매출수익총액 $6,620(1995년은 $7,085)
당기순손실 $237(1995년은 당기순이익 $11)
영업활동 현금흐름 −$356(1995년은 −$182)
투자활동 현금흐름 −$148(1995년은 −$109)
재무활동 현금흐름 $499(1995년은 $295)

단기차입금 $588가 1996년 재무활동 현금흐름의 주된 원천임.
1996년의 현금흐름 증감분은 −$5임.
이제 여러분이 이 회사 거래은행의 대출심사 책임자라고 할 때 신용대출 한도액의 상향조정안을 승인할 것인지에 대해 재무제표의 분석을 통해서 결정한다고 하자. 그리고 최종 결정을 내리기 전에 참고해야 할 추가정보에는 무엇이 있는지도 생각해보자.

1) 재무제표 분석과정

(1) 손익계산서 분석

지수형태의 손익계산서와 공통형 손익계산서가 보여주는 정보를 분석해보면 이 회사의 수익성이 양호하지가 못하다. 손익계산서 분석 결과를 정리하면 다음과 같다.

① 이 회사의 매출액이 1991년부터 1995년까지 매년 증가하고 있지만, 매출원가도 증가하고 있다. 사실 매출원가의 증가율이 5년 동안의 매출액 증가율을 약간 능가하고 있는 것이 수익성 악화의 한 원인이 되고 있음을 보여주고 있다.

② 이 회사의 판매비와 관리비는 최근 2년(94년과 95년)에 걸쳐서 급격히 증가하고 있음을 보여주고 있다. 판매비와 관리비의 5년 동안의 증가율인 37.25%는 매출액총성장율인 25.29%를 훨씬 초과하고 있어, 수익성 악화의 주된 원인임을 알 수 있다.

③ 공통형 손익계산서에서도 당기순이익이 1991년 2.38%에서 1995년 0.15%로의 감소원인이 주로 판매비와 관리비의 증가에 있음을 보여주고 있다.

(2) 재무상태표 분석

손익계산서 정보와 마찬가지로 재무상태표 분석에 의해서 밝혀진 정보도 이 회사가 재무적으로 양호한 상태가 아님을 보여주고 있다. 재무상태표 분석결과를 정리하면 다음과 같다.

① 이 회사의 현금은 91년에서 92년까지 약 80% 정도 급감하고 있다. 92년에서 93년 사이에는 현금이 약간 증가하고 있지만 94년에 다시 급격히 감소하고 있다.

② 91년에서 95년까지 걸쳐서 이 회사의 매출채권과 재고자산은 매우 큰 폭으로 증가하였다. 매출채권은 총 157.53% 증가하였으며, 재고자산은 77.0% 증가하였다. 재고자산의 증가분은 동일한 기간동안의 47.03% 증가한 매입채무의 증가에 의해서 가능하였던 것으로 보여진다.

③ 91년에서 95년까지 기간에 걸쳐서 회사의 현금상태가 감소되고 있는 상황을 설명해주는 원인 중의 하나는 재고자산 증가분 중 일부를 신용거래를 기피하는 거래처의 요구에 따라 현금구입하고 있기 때문인 것으로 추정된다. 매출채권의 증가율도 최근의 낮은 현금수준을 설명해주고 있다.

④ 공통형 재무상태표는 총자산 대비 현금비율이 계속해서 감소하고 있음을 보여주고 있다. 반면에 매출채권과 재고자산의 비율은 증가하고 있다. 이러한 점은 앞서 논의한 추세분석결과와도 일치되고 있음을 확인할 수 있다.

(3) 현금흐름표 분석

다른 재무제표의 분석결과와 마찬가지로 현금흐름표에서도 이 회사가 재무상의 곤경에 빠져있음을 보여주는 확실한 추가적 정보를 제공되고 있다. 현금흐름표의 분석결과를 정리하면 다음과 같다.

① 93년을 제외하고는 이 회사의 영업활동으로 인한 현금흐름이 매년 감소되고 있음을 보여주고 있다. 사실 가장 최근인 95년에는 영업활동에서 현금을 창출하지 못하고 오히려 $182(백만)를 영업활동에 사용하는 상황이 돼 버렸으며, 이것이 현금흐름 사정 악화의 주된 원인으로 작용되고 있다.

② 95년에는 이 회사는 투자활동에 사용된 현금흐름이 94년 −$304(백만)에서 95년 −$109(백만)으로 대폭 삭감되었다. 이러한 삭감의 주된 원인은 회사의 현금흐름사정이 여의치 못함에 따른 자본적 지출의 축소, 신규확장투자의 중지 등에서 찾을 수 있다.

③ 95년도에 이 회사는 재무활동을 통해 현금을 조달하고 있다. 재무활동으로 인한 현금흐름이 91년과 92년에 −를 보였지만, 93년에서 95년까지의 기간에는 +의 증가 추세를 보이고 있다. 예를 들어 93년에서 95년까지의 기간에는 현금을 조달하기 위해 주식 발행을 증가시키고 있다. 또한 91년 92년 및 94년에 각각 $137(백만), $403(백만), $107(백만)씩 장기차입금을 상환시킨 반면에, 93년과 95년에는 각각 $82(백만)와 $188(백만)의 장기차입금을 증가시켰다.

④ 5년을 전체적으로 볼 때, 91년에서 95년까지의 5년 중 3개 연도에서 현금흐름의 감소가 나타나고 있다. 더욱이 현금흐름의 증가를 보인 93년과 95년의 경우에 있어서도 그 금액은 매우 적은 편이라고 말할 수 있다. 91년, 92년, 94년의 현금흐름 감소액의 합계액인 $446과 비교하면 93년과 95년의 현금흐름 증가액 합계액 $21(백만)는 매우 적은 금액이라고 할 수 있다.

(4) 재무비율 분석

다양한 재무비율 분석 결과도 이 회사가 자산관리능력, 이익창출 능력 및 지급능력이 양호한 상황이 아님을 뒷받침해주고 있다. 재무비율의 분석 결과를 정리하면 다음과 같다.

① 주당 현금흐름이 94년 5.10에서 95년 2.94로 약 42% 감소되었다.

② 재고자산회전율이 과거 5년에 걸쳐서 계속 하락 추세를 보이고 있다. 이 점은 이 회사가 소비자의 현재 욕구를 충족시키지 못하는 유행에 뒤지거나 품질이 떨어지는 제품이나 상품을 보유·판매함으로써 자산관리의 비효율성이 존재하고 있다는 징후로 받아들일 수 있다.

③ 재고자산회전율이 하락추세를 보임에 따라 재고자산보유기간도 계속 증가 추세를 보이고 있으며, 그 결과로 영업순환주기도 계속 증가 추세를 나타내고 있다. 이는 이 회사의 유동성이 계속 악화되고 있다는 신호인 것이다.

④ 이 회사는 5개 연도 기간에 걸쳐서 수익성이 매년 악화되고 있다. 예를 들어 매출액세차감전순이익률이 91년 3.09%에서 95년 0.14%로 대폭 하락하였다. 또한 91년의 자산이익률이 3.48%로 매우 저조한 상태였는데, 95년에 가서는 더욱 악화되어서 0.23%를 기록하고 있다.

⑤ 95년 이전까지 3.0 이상을 보이던 이자보상비율이 95년에는 1.11 수준으로 떨어져 영업이익으로 겨우 이자비용을 감당하는 수준임을 보여주고 있다.

⑥ 그 밖의 안전성을 나타내는 비율을 보면 이 회사가 최근 들어 부채의존도가 매우 높아졌음을 알 수 있으며, 이에 따라 재무적 건전성이나 장기지급능력이 매우 취약한 상태에 처해 있는 것으로 보인다.

(5) 1996년도의 잠정적 결과에 대한 분석

96년도의 잠정적인 재무적 결과를 분석해볼 때, 개선의 징후를 전혀 발견할 수 없고 오히려 더 악화되어 매우 심각한 위기 상황에 빠져들어가고 있음을 알 수 있다. 96년도 재무자료의 분석 결과를 정리하면 다음과 같다.

① 이 회사는 95년도 소폭의 흑자에서 96년도 $237(백만)이란 큰 폭의 적자로 전환되었다.

② 매출 수익이 95년 $7,085(백만)에서 96년 $6,620(백만)으로 7%정도 감소되었다.

③ 영업활동 현금흐름이 95년도에 이어서 96년도에도 −를 기록하고 있어 현금의 내부창출 능력이 급속도로 악화되고 있음을 보여주고 있다. 즉 영업활동 현금흐름이 95년도의 −$182(백만)에서 96년도에 −$356(백만)으로 큰 폭의 적자를 기록하여 심각한 유동성 위기를 초래할 가능성이 높아지고 있다.

④ 96년의 최종적인 현금흐름을 보면 −$5(백만)라는 현금흐름의 감소가 예상되는데, 이 정도의 금액마저도 $500(백만) 정도의 단기차입금을 조달했기 때문에 가능한 것이라고 말할 수 있다. 이 회사와 같이 이익창출 능력과 현금흐름의 내부창출 능력이 상실되어 심각한 위기 상황에 처해 있는 회사라면 영업활동에 필요한 현금을 창출하는 수단으로써 단기차입금에 의존하면서 계속 생존해 간다는 것은 기대하기가 어렵다.

(6) 신용대출한도 승인에 대한 의사결정

이상의 분석 결과를 종합해보면 이 회사에 대해 신용대출한도 증가를 승인해줄 강력한 재무적 증거를 찾아볼 수가 없다. 즉 이 회사의 과거 수 개 연도의 재무제표 자료의 분석 결과는 이 회사가 심각한 재무상의 위기 속으로 빠져들어가고 있다는 징후를 잘 보여주고 있기 때문에 추가대승인하는 것은 매우 위험하다고 판단된다. 다만 이 회사의 재고자산이나 다른 자산의 담보 가능성이 충분히 있는 경우에 한해서 제한적으로 고려해볼 수는 있을 것이다.

참고적으로 이 회사는 실제로 1997년 초에 파산신청을 하였음을 밝혀둔다.

2) 최종 의사결정시 고려사항

과거 5년분의 재무제표 분석에 대한 종합적인 결과와 함께 다음과 같은 사항을 고려해서 최종 의사결정을 내려야 한다.

(1) 회사를 희생시킬 경영자의 전략적 계획

(2) 96년도의 최종 재무제표

(3) 계속기업으로서의 존속가능성에 대한 이 회사의 외부감사인의 감사의견

(4) 이 회사가 속한 소매업종의 전문 재무분석가의 보고서

(5) 소매업종에 속한 다른 기업의 재무제표

이는 이 회사의 재무적 위기가 이 회사에만 한정된 것인지, 아니면 이 업종에 전반적으로 발생하고 있는 현상인지를 파악하는데 참고자료가 된다.

(위 사례는 Revsine, Colline & Johnson의 Financial Reporting & Analysis, 1999, pp.270~3에 있는 사례문제를 정리한 것임)

【부록】 재무상태표와 손익계산서 관련 재무비율 요약

비 율	산 출 식	용 도
유동성 :		
순운전자본	유동자산 − 유동부채	단기부채
유동비율	유동자산 ÷ 유동부채	상환능력
당좌비율	당좌자산 ÷ 유동부채	측정 지표
활동성 :		
매출채권회전율	매출액 ÷ 평균매출채권잔액	
평균매출채권 회수기간	365 ÷ 매출채권회전율	자산(매출채권,
재고자산회전율	매출원가 ÷ 평균재고자산잔액	재고자산,
평균재고 보유기간	365 ÷ 재고자산회전율	총자산)과
정상영업주기	평균매출채권회수기간 + 평균재고보유기간	부채(매입채무)
매입채무회전률	매출원가 ÷ 평균매입채무잔액	관리 효율성
평균매입채무 지급기간	365 ÷ 매입채무회전율	및 유동성
운전자본 소요기간	정상영업주기 − 평균매입채무지급기간	측정 지표
총자산회전율	매출액 ÷ 평균자산총계	
안정성 :		
부채 대 자산비율	부채총액 ÷ 자산총액	장기부채
부채 대 자본비율(부채비율)	부채총액 ÷ 자본총액	상환능력 및
이자보상비율	이자와 법인세비용차감전순이익 ÷ 이자비용	자금조달/운용
비유동장기적합률	비유동자산 ÷ (자기자본 + 비유동부채)	적합능력 측정
		지표
수익성 :		
매출총이익률	매출총이익 ÷ 매출액	매출액,
매출액영업이익률	영업이익 ÷ 매출액	자산,
매출액순이익률	당기순이익 ÷ 매출액	자기자본의
투자이익률	순이익 ÷ 평균자산총계	이익창출 능력
자기자본이익률	(당기순이익 − 우선주배당금) ÷ 평균보통주자본	측정 지표
주당순이익	보통주 귀속 당기순이익 ÷ 보통주유통주식수	
시장가치비율 :		
주가수익률	주당시가 ÷ 주당순이익	주식투자에
주당장부가치	(자본총계 − 우선주지분) ÷ 보통주유통주식수	따른 미래
배당수익률	주당배당액 ÷ 주당시가	수익성 및
배당성향	주당배당액 ÷ 주당순이익	배당능력 측정
		지표

찾아보기

저 자 약 력

■ 윤 주 석

· 성균관대학교 경영학과 졸업
· 경영학박사(동국대 대학원)
· 공무원 임용시험 출제위원
· 한국상업교육학회 부회장
· 목원대학교 사회과학연구소 소장
· 목원대학교 인터넷창업보육센터 센터장
· 목원대학교 사회과학대학장
· 미국 미시시피대학교 방문교수
현) 목원대학교 서비스경영학부 교수

저 서

· 재무제표 이해와 분석(도서출판 두남)
· 재무제표분석의 기초(도서출판 두남)
· 현대회계원론(명경사)
· K-IFRS회계원리(세학사)
· 관리회계원리(도서출판 두남)
· 현금흐름표 분석과 작성(도서출판 두남)
· 창업과 사업계획서(도서출판 두남)
· 재무회계원리(지필미디어)
· 회계입문(일문사)
· 원가회계입문(일문사)

주요논문

· 기업도산예측을 통한 현금흐름정보의 유용성에 관한 실증적 연구(중소기업연구)
· 자금흐름비율에 의한 재무상태변동표의 유용성에 관한 실증적 연구(학술진흥재단)
· 목원대학교 교육원가계산에 관한 연구 등

쉽게 풀어 쓴 현금흐름표 분석

초 판 1쇄 인쇄 —— 2018년 11월 19일
초 판 1쇄 발행 —— 2018년 11월 24일
지은이 —— 윤 주 석
펴낸이 —— 전 두 표
펴낸곳 —— 도서출판 **두남**
서울시 강동구 성내로6길 34-16 두남빌딩
신 고 : 제25100-1988-9호
TEL : 02) 478-2065~7, 2311
FAX : 02) 478-2068
E-mail : dunam1@unitel.co.kr
http://www.dunam.co.kr

정가 20,000원

ISBN 978-89-6414-821-1 93320